007
학지컴인사이트총서

엔터테인먼트

이형민 · 전종우 · 이상원 · 박세진 · 장병희 · 남상현 · 원종원 · 남윤재 · 박진우 공저

콘텐츠 기반

Public Diplomacy through
Entertainment Content

공공외교

학지사

KOREA **KF**
FOUNDATION

이 책은 한국국제교류재단의 'KF 공공외교 역량강화대학 지원사업'의
지원으로 출간하였습니다.

　대한민국 대중문화의 세계적인 위상이 날로 높아져 가고 있다는 것을 실감하는 요즘이다. 얼마 전 미국 뉴욕의 대표적인 관광 명소이자 세계주의의 상징으로 여겨지는 타임스스퀘어에서 놀라운 장면이 외신을 통해 전 세계로 보도되었다. 한 무리의 사람들이 넷플릭스 〈오징어게임〉에 등장하는 초록색 트레이닝복을 입고 딱지치기 놀이를 하고 있는 장면이었다. 특히 많은 한국인이 초현실적이라고 느꼈을 법한 역사적 순간이라고 할 수 있다. 미국 뉴욕 한복판에서 외국 사람들이 대한민국의 전통 놀이인 딱지치기를 하며 즐거워하다니 분명 기존 질서의 변화와 새로운 시작을 상징하는 장면일 것이다.

　대한민국이라는 국가를 생각할 때 많은 해외 국민이 떠올리는 이미지와 느낌이 더욱 다채로워지고 있으며, 대한민국의 문화, 특히 음악, 드라마, 영화 같은 대중문화의 세계적인 영향력과 위상이 날로 제고되고 있다. 많은 사람이 국가와 문화의 경계를 뛰어넘어 대한민국의 대중문화에 대해 순수하고도 열광적인 관심을 보이고 있다. 이제 우리에게 어느 정도 익숙해진 이러한 장면들은 엔터테인먼트 콘텐츠가 공공외교의 영역에서 얼마나 강력하고 독보적인 영향력을 행사할 수 있는지 보여 주는 명백한 증거이자 사례라고 할 수 있다. 무엇보다 엔터테인먼트 콘텐츠는 해외 공중의 자발적인 관심과 동기에 의해서 소비되기 때문에 우리나라의 문화적 정체성을 알리고, 호의적인 이미지를 구축하는 데 매우 효과적이라고 할 수 있다. 그 어떤 때보다 많은 해외 공중이 K-콘텐츠에 열광하고 있는 지금이 대한민국 공공외교에 있어서 더할 나위 없는 호기인 것이다.

앞서 설명한 현상과 상황에 주목하여, 이 책은 엔터테인먼트 콘텐츠가 공공외교에서 담당하는 고유한 역할과 기능에 대해 다양한 차원에서 논의하고 정리하고자 기획되었다. 우선 제1부 '기본 개념에 대한 이해'에서는 공공외교 중에서도 문화적인 소통과 교류에 방점을 두고 있는 문화공공외교에 대한 개념을 소개하고, 엔터테인먼트 콘텐츠가 공공외교의 주요한 권력인 소프트 파워를 창출하는 과정과 이유를 설명하였다. 제2부 '공공외교 메시지의 효과적인 전달'에서는 공공외교를 국가 브랜딩과 브랜디드 엔터테인먼트의 시각에서 논의하였으며, 국가 간, 문화 간 엔터테인먼트 콘텐츠의 유통과 소비를 보다 쉽고 빠르게 촉진시키고 있는 글로벌 미디어 플랫폼, 소셜 미디어에 대한 개념적, 실무적 이해를 돕는 내용들이 포함되었다.

마지막으로 제3부 '엔터테인먼트 콘텐츠 기반 공공외교'에서는 여러 가지 실제 사례를 바탕으로 영상콘텐츠, 음악콘텐츠, 공연콘텐츠, 관광콘텐츠, 스포츠콘텐츠 등 다양한 형태의 엔터테인먼트 콘텐츠가 공공외교에서 담당하는 역할과 기능을 조명하였다.

이 책이 출간되기까지 물심양면으로 도움을 주신 많은 분에게 감사의 말씀을 전하지 않을 수 없다. 우선 '공공외교 역량강화대학 지원사업'을 통해 재정적인 도움을 준 한국국제교류재단(Korea Foundation)에 깊은 감사의 인사를 드린다. 아무쪼록 이 책이 공공외교에 대한 일반인들의 인식과 이해를 제고하고, 민관을 초월하여 효과적인 공공외교 체계 수립을 위해 고심하는 재단의 노력에 일조하기를 희망한다. 해당 사업의 수주와 운영을 위해 불철주야 수고해 주시는 성신여자대학교 정치외교학과 한의석 교수님과 성신여자대학교 동아시아연구소 고우정 박사님께도 감사의 말씀을 전한다. 두 분의 열정이 없었다면 이 책의 기획조차 어려웠을 것이다. 학지사 최임배 부사장님, 김순호 이사님, 김영진 선생님 덕분에 이 책이 무사히 그리고 멋진 모습으로 출판될 수 있었다. 저자들을 대표하여 감사의 말씀을 드린다. 마지막으로 한국엔터테인먼트학회 회원들의 적극적인 참여와 헌신이 없었다면 이 책이 완성될 수 없었을 것이라고 생각한다. 이 책의 기획과 집필 전 과정에서 다양한 역할을 수행해 주신 한국엔터테인먼트학회 회원들에게 무한한 감사와 애정을 보낸다.

　지금까지 공공외교에 대한 개론서는 많았지만, 공공외교의 주요한 기제 또는 수단으로서 엔터테인먼트 콘텐츠에 오롯이 분석의 초점을 맞춘 저서는 없었다. 이 책을 기점으로 엔터테인먼트 콘텐츠를 기반으로 하는 공공외교에 대해 더욱 심도 있는 학문적, 실무적 논의가 촉발되기를 기원한다.

2022년 3월
저자들을 대표하여
성신여자대학교 미디어커뮤니케이션학과 이형민

차례

■ 머리말 / 003

▶ **제1부 기본 개념에 대한 이해 · 011**

_____ **01 문화공공외교 / 013**
공공외교의 이해 _ 014
문화공공외교: 문화외교와 공공외교의 접점 _ 021
문화공공외교 실제와 적용 _ 030

_____ **02 엔터테인먼트 콘텐츠와 소프트 파워 / 043**
외교 권력에 대한 이해 _ 044
엔터테인먼트 콘텐츠와 소프트 파워 _ 053

▶ **제2부 공공외교 메시지의 효과적인 전달 · 061**

_____ **03 국가 브랜딩과 브랜디드 엔터테인먼트 / 063**
국가 브랜드 _ 063
브랜디드 엔터테인먼트 _ 075

사례 _ 079

결론 _ 092

_____ 04 글로벌 미디어 플랫폼과 공공외교 / 099

디지털 트랜스포메이션과 글로벌 미디어 플랫폼 확산 _ 100

글로벌 미디어 플랫폼을 통한 한류 확산과 공공외교 _ 114

글로벌 미디어 플랫폼을 활용한 '디지털 문화공공외교 2.0 전략'의 추구 _ 123

_____ 05 소셜 미디어 공공외교 / 127

소셜 미디어 공공외교의 등장 배경 _ 128

소셜 미디어 공공외교의 이론적 배경 _ 135

▶ 제3부 엔터테인먼트 콘텐츠 기반 공공외교 · 153

_____ 06 영상콘텐츠와 공공외교 / 155

방송 _ 156

영화 _ 165

게임 _ 171

영상한류와 공공외교 _ 178

_____ 07 음악콘텐츠와 공공외교 / 193

한류 현황과 대중음악 _ 194

한국 대중음악의 확산과 파급효과 _ 200

한국 대중음악의 기회요인과 공공외교 _ 214

_____08 공연콘텐츠와 공공외교 / 229

공연콘텐츠의 특성과 한국 뮤지컬 시장의 발전 _ 233

뮤지컬의 이해 _ 235

글로벌 전략의 등장 그리고 현안과 향후 발전방향 _ 249

공공외교로서의 공연콘텐츠 그리고 한류의 확장 _ 264

_____09 관광콘텐츠와 공공외교 / 271

관광콘텐츠의 특징 _ 272

한국 관광 산업 현황 _ 277

국제관광 동향 _ 281

관광과 외교 _ 288

양국 외교의 지렛대로서의 관광 _ 294

결론 _ 297

_____10 스포츠콘텐츠와 공공외교 / 301

스포츠 공공외교란 _ 302

소프트 파워 관점에서의 스포츠 공공외교 _ 306

스포츠콘텐츠와 국가 이미지 _ 310

공공외교의 도구 혹은 목표로서의 스포츠콘텐츠 _ 314

스포츠콘텐츠 공공외교의 사례 _ 317

■ 참고문헌 / 329

■ 찾아보기 / 355

엔터테인먼트 콘텐츠 기반
공공외교

제1부
기본 개념에
대한 이해

01 문화공공외교
02 엔터테인먼트 콘텐츠와 소프트 파워

01
문화공공외교

이형민(성신여자대학교 미디어커뮤니케이션학과 교수)

공공외교는 정부와 해외 공중 간 직접적이고 쌍방향적인 커뮤니케이션을 바탕으로 상호 이해 증진과 상호 호혜적인 관계 수립을 목적으로 한다. 이 장은 공공외교의 기본적인 개념과 역사적 전개 과정을 살펴보고, 공공외교에서 중요한 도구이자 수단이 될 수 있는 문화를 매개로 한 문화공공외교를 정확하게 이해하는 데 초점을 두고 있다. 문화공공외교에 대한 기본적인 이해는 이 책의 제목이자 핵심적인 화두라고 할 수 있는 엔터테인먼트 콘텐츠 기반 공공외교가 어떠한 특징을 가지고 있고, 어떻게 작동하며, 왜 효과적인지를 정확하게 파악하는데 필수적이라고 할 수 있다. 이에 이 장에서는 문화공공외교의 이론과 실제를 살펴보고자 한다.

공공외교의 이해

공공외교의 개념적 정의와 특징

공공외교(public diplomacy)는 급변하는 국제 정세와 환경 속에서 비교적 최근에 등장한 외교의 새로운 개념이자 방식이라고 할 수 있다. 공공외교를 처음으로 제안하고 개념화했다고 알려져 있는 터프츠 대학교의 에드먼드 걸리언(Edmund Gullion) 교수는 공공외교를 "일국 정부의 타국 대중에 대한 외교"로 정의하였다(한팡밍, 2014). 이 정의에서 공공외교의 대상을 '타국 대중'으로 하고 있다는 점에 주목할 필요가 있다. 전통적 외교는 한 국가의 정부와 다른 국가의 정부 간 공식적이고 전문적이며 독점적인 소통과 협상을 바탕으로 진행되는 데 비해, 공공외교는 외교의 대상을 해외에 거주하고 있는 일반 국민들로 한다는 것이 개념상 극명한 차이점이기 때문이다. 즉, 기존 정무외교나 경제외교는 정부와 정부 간(Government to Government: G2G) 소통과 협상을 기반으로 하는 반면, 공공외교는 정부와 해외 공중 간(Government to Public: G2P) 상호작용을 중심으로 전개된다는 특징을 갖고 있다.

니콜슨(Nicolson, 1988)은 "전통외교의 범주를 넘어서 국제관계, 타국에서 여론을 형성하고 해당 국가의 이익집단과 타국의 이익집단이 정부 체제에서 벗어나 상호 영향을 주고받는 일, 외교관과 언론 기자 간의 소통과 연계, 혹은 이러한 과정을 통해 정책 제정 및 대외사무 처리에 영향을 미치는 행위"로 공공외교를 정의하였다. 공공외교의 초기 개념에서 조금 더 확장하여 정부기관뿐만 아니라 비영리단체, 기업 등을 포괄하는 국가의 여러 이익집단도 공공외교의 주체가 될 수 있음을 강조하였으며, 다양한 차원과 주체 간 소통과 협력을 통해 해외에서 특정 국가와 국민에 대한 긍정적이고 호의적인 여론을 형성해 나가는 제반 행위로 공공외교를 정의했다는 점이 특징적이라고 할 수 있다. 길보아(Gilboa, 2000)는 "다른 문화주체 간의 상호 이해 및 인지도를 높이기 위한 정부의 사회적 책임이자 긍정적인 이미지를 형성, 판매하기 위한 전략"으로 공공외교를 개념화하였다. 기존 정치, 외교적인 차원에서만 논의되던 공공외교를 전략적 커뮤니케이션(strategic communication)의 시각과 관점에서 바라보았다는 측면에서 의의가 있다. 실제로 공공외교는 정치학, 외교학, 커뮤니케이션학 등 사회 과학의 다양한 학문이 교차하는 융합분야로 인식, 정립되고 있다(한팡밍, 2014).

공공외교를 포함한 우리나라 외교정책을 주도하는 외교부에서는 공공외교를 "외국 국민들과의 직접적인 소통을 통해 한 국가의 역사, 전통, 문화, 예술, 가치, 정책, 비전 등에 대한 공감대를 확산하고 신뢰를 확보함으로써 외교관계를 증진시키고, 국가 이미지와 국가 브랜드를 높여 국제사회에서 영향력을

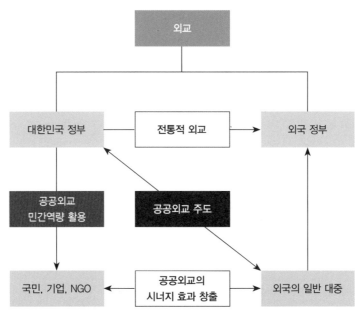

[그림 1-1] 공공외교의 참여자와 관계(외교부, 2021)

높이는 외교활동"(외교부, 2021)으로 정의하고 있다. [그림 1-1]
에서 확인할 수 있듯이 한 국가의 정부는 공공외교정책을 수립
하고 관련 행사를 총괄하는 주도적인 기관으로서 해외 일반 공
중과 긴밀하고 직접적이며 쌍방향적인 커뮤니케이션을 수행
한다. 그뿐만 아니라 NGO(non-government organization), 기업,
비영리단체, 개인 등은 한 국가의 공공외교 민간자산이자 역량
으로서 해외 일반 공중과 다양한 교류를 수행하고, 이를 통해
공공외교의 시너지 효과를 창출하는 데 기여한다. 공공외교가
궁극적으로 달성하고자 하는 목적은 해당 국가와 국민에 대한

긍정적이고 호의적인 세계 여론 형성, 국제사회에서 해당 국가의 위상 강화, 국가 간 상호 이해와 신뢰를 바탕으로 한 생산적인 관계 구축 등이다(최광진, 2018). 자국의 이익 극대화를 추구하는 기존 외교와는 달리 공공외교는 상호 이해 중심의 커뮤니케이션과 상호 호혜적인 관계 구축을 통해 보다 보편적이고 지속가능한 국제사회의 안정과 평화를 추구한다는 점이 특징적이라고 할 수 있다.

공공외교의 역사적 전개

21세기 국제정치와 외교 영역에서 중심적인 패러다임을 구축하고 있는 공공외교는 기존 전통적인 외교 방식에 대한 비판적 관점과 성찰로부터 출발하였다(김화정, 2020). 교통과 통신기술의 비약적인 발전으로 국가 간, 지역 간, 문화 간 물리적, 심리적 거리가 날로 좁혀지고 있다. 지구촌 시대라는 단어가 단지 선언적인 표현이 아니라 실제 우리가 살고 있는 현실을 정확하게 묘사하는 단어로 자리 잡을 만큼 각 국가 간 그리고 국민들 간 상호의존도와 상호영향력이 심화되고 있다. 이러한 상황에서 외교적인 커뮤니케이션이 정부기관의 독점적인 영역으로 간주되고, 경제, 무역, 안보 등 전통적인 국제정치 의제들에만 초점이 경도되었으며, 자국의 이익 극대화를 위해 일방적인 선전(propaganda) 일변도로 구성된 전통적인 외교 방식은 이론적, 실무적 한계를 곳곳에서 드러내고 있다(송태은, 2019; 조동준, 2019).

특히 제1차, 제2차 세계대전의 경험 속에서 체제 옹호적 정치 메시지 중심의 외교 커뮤니케이션에 대한 국제사회의 반감이 최고조에 달하게 되었다. 이러한 분위기 속에서 일방적, 설득적 목적을 지닌 전통적 외교 커뮤니케이션보다 상호적, 관계적 차원에 초점을 맞춘 새로운 외교 커뮤니케이션의 필요성에 대한 인식이 확산되기 시작하였다(한의석, 2020). 또한 제1차, 제2차 세계대전 이후 시작된 소위 냉전 시대(cold war)에서 미국, 중국 등 세계열강 국가 정부들은 이데올로기적 경쟁을 보다 효과적으로 수행하기 위해 공공외교를 전략적 국제 커뮤니케이션의 관점에서 바라보기 시작하였다. 이 시점부터 국제 PR과 국가 브랜딩 등 전략적 커뮤니케이션의 개념과 이론들이 공공외교와 접목되어 논의되기 시작하였다(송기돈, 2020). 그러나 이데올로기 대립으로 인해 경색된 국제정치 분위기 때문에 공공외교가 실제 외교 현장에서 전면적으로 논의되고 실행된 사례는 극히 드물었다(한팡밍, 2014).

2001년 전 세계를 충격으로 몰아넣었던 9·11 테러 사태 이후 공공외교에 대한 개념적 논의와 실제 적용은 급물살을 타게 되었다. 미국은 9·11 테러로 인해 극적인 방식으로 표출되었던 국제사회의 미국 정부와 국민들에 대한 증오와 적개심이 전통적, 일방적 소통 방식에만 집중하였던 과거 외교정책의 총체적인 실패에 기인한다고 분석하였다. 이에 대한 대응책으로 2001년 11월 미국 외교협회는 공공외교 TF(task force)를 구성하고 향후 국가 외교정책은 공공외교를 중심으로 재편되어야 한다는 의견을 강력하게 개진하였다. 특히 라디오, TV, 인터넷 등 다양한 매스 미디어(mass media) 채널을 적극적으로 활용하여 미국적 가치와 문화에 대한 긍정적 인식 증진과 공감대 형성에 초점을 맞춘 일련의 정책들이 제안되고 실행되었다(송기돈, 2020). 9·11 테러로 촉발된 미국 정부의 공공외교 중심 대외정책은 이후 오바마, 트럼프 행정부를 거치면서 여러 가지 형태로 변모했지만, 다양한 미디어 채널의 활용, 해외 공중에 대한 타기팅, 국가 이미지 및 브랜드 중심의 메시지 개발, 상호주의적 접근방법 등 공공외교의 핵심적인 정책 기조는 크게 바뀌지 않았다. 이러한 미국 정부의 공공외교에 대한 관심과 활발한 실무 적용은 전 세계 다른 국가들의 외교정책에도 큰 영향을 미쳐 지금은 많은 국가 정부가 공공외교를 외교정책의 중요하고 핵심적인 철학이자 수단으로 받아들이고 있다(윤석준, 2020).

최근에는 외교의 주체, 수단, 관계 차원에서의 변화를 역설하는 신공공외교(new public diplomacy)라는 개념까지 등장하였다(Melissen, 2005). 우선 정부가 주도하는 전략 및 활동만을 공공외교로 바라보던 과거의 개념에서 탈피하여 신공공외교에서는 NGO, 기업, 비영리단체, 개인 등의 민간 영역으로 공공외교의 주체를 확장시킨다. 신공공외교는 정부와 민간행위자 간 공공외교 거버넌스 구축을 통해 다양한 차원과 방식의 교류와 소통을 장려한다. 신공공외교는 외교의 수단에 있어서도 TV, 라디오, 신문, 잡지 등 전통적인 매스 미디어보다는 인터넷과 소셜 미디어를 중심으로 한 소위 디지털 미디어(digital media)를 통한 소통에 초점을 맞춘다. 인터넷과 소셜 미디어가 가지고 있는 참여, 개방성, 연결성, 대화적 특성 등을 외교 커뮤니케이션에서 적극적으로 활용하고자 함이다. 이러한 커뮤니케이션 수단의 특징은 필연적으로 관계의 변화를 수반하게 된다. 신공공외교에서 특히 강조하는 관계는 수평적, 쌍방향적 관계이다. 정부와 정부, 정부와 공중, 그리고 공중과 공중 간 다양한 방향으로 정보를 교환하고 수평적인 관계 구축을 통해 상호이해와 공감대 형성을 전략적인 목표로 한다(윤석준, 2020).

〈표 1-1〉 **전통적 공공외교와 신공공외교의 비교**

	전통적 공공외교	신공공외교
주체	정부기관	정부기관 및 민간행위자
수단	매스 미디어	디지털 미디어
관계	정부주도적, 수직적	수평적, 쌍방향적

출처: 한의석(2020); 홍석인(2019)을 재구성함.

문화공공외교: 문화외교와 공공외교의 접점

문화외교의 개념

문화외교(cultural diplomacy)라는 개념은 1920년대 독일에서 처음 등장했던 것으로 알려져 있다(Cull, 2009). 문화외교는 말 그대로 한 국가의 문화적 전통과 유산을 다른 국가와의 외교에 활용하는 것을 의미한다. 커밍스(Cummings, 2003)는 문화외교를 "상호 이해를 증진시키기 위해 한 국가와 국민들의 생각, 정보, 예술 등 다양한 문화를 교환하는 것"(p. 1)이라고 정의하였다. 이진영(2018)은 문화외교를 "한 나라의 문화적 자산과 성과물을 외국에 알리고 문화적 전파를 촉진하여 국제환경을 관리하는 활동"(p. 70)으로 설명하면서, 문화외교는 "장기적인 관점에서 다른 문화와의 교류를 통해 자국의 가치나 이미지를 높이는 수단이며, 타국과의 관계 형성, 신뢰 및 상호주의를 높이기 위해"(p. 70) 전략적으로 기획되고 수행된다고 주장하였다. 홍종필과 여선하(2012)는 문화교류를 통한 상호 이해 증진이라는 문화외교의 핵심적인 결과물에 주목하면서 문화를 매개로 한 소통 및 공감대 형성이 "타국 국민에게 자국에 대한 친밀감을 높이고, 더 나아가 상대국 내 자국 국가 브랜드를 제고하여 영향력을 증대시킬 수 있다"(p. 342)고 설명하였다.

대한민국 외교부의 전신인 외교통상부가 발간한 『문화외교 매뉴얼』(2010)에 따르면, 문화외교는 "정부기구 또는 정부기구로부터 위임받은 기관이 다른 나라의 정부와 국민을 대상으로 예술, 지식, 정보, 언어 및 제도 등을 수단으로 하여 상호 이해를 증진함으로써 자국의 국가 이미지 제고 등 연성권력(soft power)을 높이기 위한 제반 활동"(p. 10)이다. 문화외교는 문화를 외교의 수단이자 도구로 사용하여 각국의 국민들 간 문화적 공감대를 형성하고 상호 이해를 증진하는 것을 전략적인 목표로 한다. 또한 문화교류 중심의 외교 활동을 통해 국제사회에서 긍정적이고 호의적인 여론을 형성하고 영향력을 증대함으로써 궁극적으로 국가의 대외정책 및 전략을 실현하기 용이한 환경을 조성하는 것을 목표로 한다(외교통상부, 2010).

여러 가지 환경적 요인이 최근 국가 외교정책에서 문화외교의 중요성을 부각시키고 있다. 다음 장에서 더욱 자세히 논의하겠지만, 문화는 공공외교에 있어서 핵심적이고 특징적인 개념이라고 할 수 있는 연성권력의 형성과 개발에 있어서 중추적인 역할을 담당한다. 한 국가, 그 국가의 국민, 나아가 그 국가에서 생산되는 제품 등이 국제적인 차원에서 호소할 수 있는 매력은 그 국가의 고유한 문화에 기인하여 발생하고, 그러한 매력이 연성권력의 원천이 되기 때문이다. 많은 국가의 정부들이 공공외교를 자국 외교정책의 핵심적인 기조로 받아들이고 있고, 공공외교의 성패를 결정하는 국가의 연성권력이 문화를 통해 형성되기 때문에 문화외교의 중요성이 그 어느 때보다 부각되고 있다. 또한 한 국가의 문화가 다양한 주체(정부, 기업, 개인 등)를 통해서 그리고 다양한 차원(공적 영역, 사적 영역 등)에서 생성되고 전파된다는 점을 감안할 때, 최근 공공외교의 기조 속에서 문화외교 수행 주체가 다양화, 다변화되는 현상은 문화외교의 활성화를 더욱 촉진시키고 있다. 문화 산업이 고부가가치 산업으로 자리매김하면서 문화의 경제적인 가치 역시 점차 증가하고 있다는 점도 많은 국가의 정부들이 문화외교에 관심을 갖게 하는 데 긍정적인 영향력을 행사하고 있다. 특히 인터넷, 소셜 미디어 등 디지털 미디어 기술을 기반으로 한 새로운 채널이 기하급수적으로 늘어나면서 문화콘텐츠의 생산, 유통, 소비가 개개인의 일상생활 속에 더욱 밀도 높게 침투하고 있다. 이러한 환경 변화 속에서 문화의 사회적 영향력과 파급효과 또한 점차 커지고 있으며, 자연스럽게 문화외교의 비중도 높아지고 있다. 더욱이 문화는 한 국가의 고유한 유산이자 산물이기 때문에 국가 브랜드 또는 이미지의 효과적인 요소로 작용할 수 있다. 국가 브랜딩 또는 이미지 외교의 중요성에 대한 인식이 확산되면서 문화외교를 통해 한 국가의 고유한 브랜드와 이미지를 구축하는 것에 대한 중요성 또한 많은 공감을 얻고 있다.

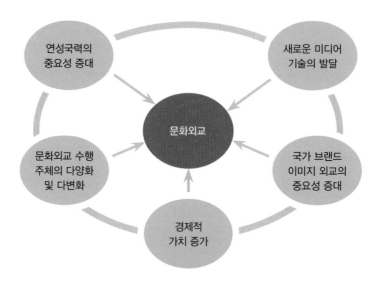

[그림 1-2] 문화외교 환경 변화와 중요성 증대(외교통상부, 2010)

공공외교와 문화외교는 서로 다른 역사적 배경 속에서 독립적인 개념으로 발전되어 왔다. 그러나 공공외교와 문화외교는 개념적, 이론적으로 비슷한 부분이 많다. 최근 많은 학자와 외교 실무자들 사이에서 지배적으로 받아들여지고 있는 의견은 문화외교가 공공외교의 하위 개념이라는 것이다. 즉, 한 국가의 정부가 다양한 미디어 채널을 활용하여 다른 국가의 국민들과 직접적이고 상호작용적인 소통을 함으로써 전략적 외교의 결과를 도출하고자 하는 공공외교의 큰 틀 속에 문화적인 요소를 적극적으로 활용해 소통과 교류를 촉진하고, 상호 이해 증진을 목적으로 하는 문화외교가 포함될 수 있다는 것이다. 컬

(Cull, 2008)은 공공외교를 크게 경청(listening), 옹호(advocacy), 교류외교(exchange diplomacy), 국제뉴스방송(international news broadcasting), 그리고 문화외교(cultural diplomacy)의 5가지 유형으로 구분하면서 문화교류를 통해 다른 국가의 국민들과 직접적으로 소통하는 것을 공공외교의 주요한 실현 방법 가운데 하나로 소개하였다. 비슷한 맥락에서 마크(Mark, 2009)는 문화외교를 "한 국가의 대외정책 목표를 달성하고, 상호 이해를 증진하고, 국가의 명성을 향상시키기 위한 목적으로 기획되고 수행되는 공공외교의 한 부분"(pp. 9-15)이라고 정의하였다. [그림 1-3]에서도 확인할 수 있듯이 공공외교는 전략적인 측면에서 정책홍보, 문화외교, 인적 교류 등으로 구분할 수 있

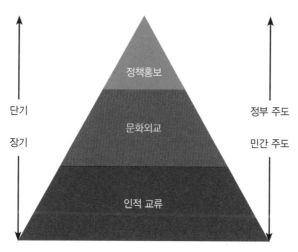

[그림 1-3] **공공외교의 층위와 차원(최광진, 2018)**

다. 특히 공공외교의 전략적 접근방법으로서 문화외교는 정부 주도의 단기지향적인 정책홍보와 민간 주도의 장기지향적인 인적 교류의 중간 형태를 취하고 있다고 이해할 수 있다.

외교 수단으로서의 문화

문화는 한 국가의 고유한 정체성을 드러내고, 다른 국가들과의 교류를 유인하며, 나아가 한 국가의 역량을 과시하기 위한 외교적 수단으로 이미 오래전부터 사용되어 왔다(Nisbett, 2013). 교통기술과 정보통신기술의 발달로 인해 인적·물적 교류의 속도가 가속화되고, 특히 국가 간, 지역 간 문화의 흐름과 소비가 폭발적으로 증가하면서 외교 수단으로서 문화의 중요성이 더욱 부각되고 있는 상황이다. 예를 들어, 인터넷을 기반으로 하여 초국가적인 소셜 미디어 채널로 자리매김하고 있는 유튜브(YouTube)에는 지금도 셀 수 없이 많은 문화콘텐츠가 업로드되고 있으며, 국적, 인종, 민족에 상관없이 전 세계 다양한 사용자가 그러한 콘텐츠를 일상적으로 소비하고 있다. 이렇게 국제적인 맥락 속에서 발생하는 미디어 이용과 콘텐츠 소비가 특정 국가의 문화에 대한 관심과 국가 이미지 형성에 큰 영향력을 행사한다는 것은 주지의 사실이다.

다시 한 번 공공외교를 전략적 커뮤니케이션의 관점에서 살펴보자. 앞서 설명했듯이, 공공외교는 한 국가의 정부기관 또는 민간 조직이 다른 국가의 일반 공중을 대상으로 직접적이고 상호작용적인 소통과 교류를 함으로써 국가의 이미지를 긍정적으로 제고하고, 국가 브랜드의 가치를 향상시키며, 다양한 차원에서 상호 이해와 이익을 증진시키기 위한 제반 커뮤니케이션 행위를 의미한다. 공공외교의 핵심은 대화적인 요소를 극대화시킨 커뮤니케이션인데, 우리가 일상적으로 다른 사람과의 대화를 시작할 때 어떠한 맥락에서, 무슨 내용으로 대화를 풀어 나가는지를 떠올려 보면 공공외교에서 문화의 중요성을 쉽게 이해할 수 있을 것이다. 일반적으로 우리가 다른 사람과 의미 있는 상호작용을 위해 대화를 시작할 때, 그 사람이 관심을 가질 만한 소재로 접근하여 공감대를 높이는 것이 효과적이다. 공공외교의 맥락에서도 마찬가지이다. 정치나 경제정책 같은 딱딱하고 전문적이고 재미없는 소재보다는 보편적인 흥미를 자극하고 일반인들에게도 접근성이 높은 문화와 관련된 소재가 공공외교에서도 훨씬 효과적으로 사용될 수 있다. 실제 해외 일반 공중이 다른 국가 또는 국민들에게 관심을 갖게 되는 경우의 상당수가 해당 국가의 언어를 배우기 위해서, 해당 국가에 여행을 하게 된 후 해당 국가의 대중문화를 좋아하게 되어서 등 여러 가지 문화적인 이유에 기인한다. 즉, 이성보다는 감성에 호소하고, 정신적인 차원에서 깊은 여운과 영향력을 줄 수 있는 문화를 매개로 공공외교를 기획하고 실행하는 것이 매우 효과적일 수 있다는 것이다(한충희, 2020). 외교부도 "한국

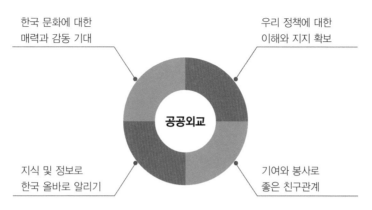

한국 문화에 대한
매력과 감동 기대

우리 정책에 대한
이해와 지지 확보

공공외교

지식 및 정보로
한국 올바로 알리기

기여와 봉사로
좋은 친구관계

[그림 1-4] 공공외교의 주요 목표와 기대성과(외교부, 2021)

문화에 대한 매력과 감동 기대"를 대한민국 공공외교의 대표적인 성과이자 지향점으로 제시하고 있다(외교부, 2021).

문화는 인류에 의해서 만들어지고 세대를 거쳐 전달되는 행동양식의 복합체(Mead, 2003)를 의미한다. 인류 역사상 문화가 생성되었던 공동체가 다양하고, 각 문화마다 그 문화를 수용하고 전승했던 지역이 제한되었기 때문에 문화는 한 사회 또는 국가에서만 고유하게 발현되는 상징체계로서 기능하였다. 즉, 문화는 국가별로 다양하고 이질적인 산물이라고 할 수 있다. 그리고 그러한 특징 때문에 문화는 한 국가의 고유한 정체성을 가장 자연스럽고 명확하게 표현할 수 있는 수단이며, 국가 브랜드를 구성하는 데 있어서 가장 본질적인 요소라고 할 수 있다. 유형과 무형의 문화가 모두 존재하지만, 외교의 목적으로 사용하는 문화는 해외 공중이 보고 듣고 읽고 경험할 수 있어야 한다. 즉, 콘텐츠의 형태로 발현될 수 있는 문화가 실제 외교 현장에서 활용될 수 있는 문화라고 할 수 있다.

한 국가의 이미지 형성에 영향을 미치고 고유한 매력을 불러일으키는 자산으로서 문화콘텐츠의 종류는 너무나도 다양하다. 음악, 춤, 미술, 영화, 드라마, 스포츠, 관광, 음식, 의복 등의 문화콘텐츠는 한 국가의 정체성과 특징을 집약적으로 대변함으로써 국가 이미지, 국가 브랜딩에 있어서 필수불가결한 요소로 작동할 수 있다. 우리는 주변에서 랩(rap) 음악을 들으며 그 발상지인 미국에 대한 관심과 영어를 배워야겠다는 의지를 불태우는 사람들, 축구 경기를 보면서 스포츠의 종주국인 영국으로의 여행을 계획하는 사람들, 드라마 〈겨울연가〉를 보고 한국에 방문하여 드라마 촬영지를 찾아가고 한국 음식을 경험하는 사람들을 쉽게 찾아볼 수 있다. 이렇게 공공외교의 맥락에서 문화콘텐츠가 자연스럽지만 강력하게 한 국가에 대한 긍정적인 이미지를 만들어 내고, 우호적인 행동을 이끌어 내는 사례는 점차 늘어가고 있다.

공공외교의 중요한 수단이자 자산인 문화콘텐츠 중에서 대중문화 콘텐츠의 영향력과 파급효과에 주목하는 전문가들이 늘어나고 있다(윤석준, 2020). 특히 우리나라의 경우 1990년대 후반부터 동아시아를 중심으로 형성되기 시작한 소위 한류(Korean wave) 현상을 공공외교의 관점에서 이해하고 적용하기 위한 논의가 적극적으로 진행되고 있다. 주지하다시피 한류는 대한민국 드라마, 대중음악, 웹툰, 영화, 게임 등 대중문화 콘텐츠에 대한 국제적인 팬덤이며, 이러한 대중문화 콘텐츠에 대한 해외 공중의 관심은 대한민국에 대한 국가적 관심과 호감, 언어, 음식, 의복 등 다른 한국 문화에 대한 호기심, 나아가 대한민국 기업, 제품 등에 대한 긍정적인 평가 및 충성도 제고 등으로 확산되고 있다. 한류의 중심인 대중문화 콘텐츠는, 곧 엔터테인먼트 콘텐츠이다. 대중문화 콘텐츠는 누구나 쉽고 편하게 즐기고 향유할 수 있는 엔터테인먼트 제공에 초점을 맞추어 생산되는 재화이기 때문이다. 이러한 맥락에서 이 책은 특히 공공외교에서 엔터테인먼트 콘텐츠의 역할과 기능에 초점을 맞추어 집필되었다. 엔터테인먼트 콘텐츠 기반 공공외교에 대한 논의는 시의적으로도 적절할 뿐만 아니라 기존 '문화'라는 다소 방대하고 모호한 개념을 바탕으로 진행되었던 공공외교에 대한 학문적 탐색을 보다 정교하고 체계적인 차원에서 발전시키는 데 기여할 수 있을 것으로 기대한다.

문화공공외교 실제와 적용

미국 사례

미국은 엔터테인먼트 콘텐츠의 생산과 소비에 있어서 선도적인 역할을 해 왔다. 전 세계적으로 유통되며 문화적 파급효과가 큰 영화콘텐츠를 제작하는 곳으로 잘 알려진 할리우드(Hollywood)에서는 매년 아카데미 시상식(Academy Awards)을 개최하고, 해마다 어떠한 영화, 배우, 감독, 제작자가 수상을 하는지에 많은 사람의 이목이 집중된다. 다양한 이민자가 모여서 이룩한 국가인 만큼 여러 가지 지역적 특색을 지닌 음악들이 혼합되고 변용되면서 재즈, 리듬앤드블루스, 로큰롤, 랩 등 새로운 음악의 장르가 탄생하고 전파된 곳이기도 하다. 디즈니(Disney)에서 개발한 수많은 캐릭터는 전 세계 많은 사람의 사랑을 받고 있고, 그러한 캐릭터를 기반으로 제작된 다양한 형식의 스토리텔링은 국가와 문화의 장벽을 뛰어넘어 소비되고 있다. 프로스포츠 산업이 가장 큰 규모로 형성되어 있고, 전 세계 스포츠 팬들을 열광시키는 프로야구(Major League Baseball: MLB), 프로농구(National Basketball Association: NBA) 등 다양한 스포츠 엔터테인먼트 콘텐츠를 생산하고 보급하는 국가이기도 하다.

한편, 미국은 문화제국주의(cultural imperialism)의 원흉으로 비난받기도 했다. 미국을 중심으로 다른 나라에 전파되는 다양한 엔터테인먼트 콘텐츠의 규모와 위력 때문에 각 지역별, 국가별 자생적인 문화 생태계가 파괴되고, 미국의 엔터테인먼트 콘텐츠에 대한 의존도가 심화된다는 것이 비판의 핵심이다. 또한 미국의 엔터테인먼트 콘텐츠에 때로는 노골적으로, 때로는 암시적으로 내재되어 있는 미국우선주의, 미국중심주의 등에 대한 반감과 거부감 또한 미국발 문화제국주의에 대한 비판에 힘을 싣고 있다.

미국의 문화제국주의에 대한 비판과 더불어 9 · 11 테러로 인한 국가적 충격, 미국이라는 국가에 대한 전 세계적인 여론의 악화 등은 미국 정부의 외교정책에 대한 근본적이고 혁신적인 성찰을 자극했고, 그 결과 문화공공외교가 미국의 새로운 외교정책의 중심적인 기조가 되어야 한다는 결론하에 다양한 전략적 방법이 논의되고 실천되어 왔다. 일방적으로 몰아붙이고 설득시키는 외교가 아닌 경청하고 상호 이해하는 외교, 미국이 보유하고 있는 다양한 엔터테인먼트 콘텐츠를 매개로 한 문화적 교류를 통해 미국이라는 국가와 미국인에 대한 매력도를 향상시킬 수 있는 외교 등이 고민되고 모색되어 왔다.

몇 가지 대표적 사례를 살펴보도록 하자. 우선 자유주의와 사회주의의 양 진영으로 나뉘어 치열한 이데올로기 대립이 진행되었던 소위 냉전 시대에 미국은 자유주의 진영의 대표적 국가로서 엔터테인먼트 콘텐츠와 매스 미디어를 적극적으로 활용하여 미국 문화 확산과 체제 선전을 도모하였다. 특히 미국 정부는 냉전 시대가 본격적으로 시작된 1960년대 당시 대표적인 매스 미디어였던 라디오의 역할과 영향력에 주목하였다. 미국 정부는 외교정책을 홍보하고 미국적인 생활양식에 대한 해외 공중의 관심과 동경을 확산시키기 위한 목적으로 '미국의 소리

(Voice of America)'라는 공영 라디오 방송사를 활용하였다. '미국의 소리' 편성 프로그램 중 가장 효과적이었다고 평가받는 것이 음악 프로그램이다. 미국의 다양한 대중음악을 소개하고 들려주는 프로그램은 언어의 장벽을 초월하여 전 세계 젊은이들에게 많은 사랑을 받았고, 미국 문화에 대한 관심과 호감도를 증진시키는 데 크게 기여하였다. 많은 전문가가 재즈, 로큰롤 같은 미국적인 음악에 대한 대중적 관심과 확산이 구소련을 비롯한 동유럽 공산권 국가 체제의 붕괴와 자본주의로의 전환에 무시하지 못할 만한 영향을 미쳤음을 지적하고 있다(마영삼, 2020).

또한 미국은 해외 국가에 설치된 대사관과 총영사관 등의 정부기관 및 시설을 활용하여 엔터테인먼트 콘텐츠 중심의 문화교류를 효과적으로 기획하고 진행해 오고 있다. 예를 들어, 미국 영화에 대한 전 세계적인 인기와 관심을 바탕으로 기획된

[그림 1-5] '미국의 소리'에서 진행하는 Music Time in Africa
(Voice of America, 2021)

'미국 영화의 밤(American Cinema Evenings)' 같은 문화 행사는 전 세계 많은 젊은이의 참여와 호응을 얻고 있다. 미국 영화에 관심 있는 현지 일반인들이 모여 같이 영화를 감상하고, 이후 토론과 담소를 진행하는 이러한 프로그램을 통해 자연스럽고 실질적인 공공외교의 효과를 기대할 수 있다(마영삼, 2020).

미국 정부는 스포츠콘텐츠도 문화공공외교에 적극적으로 활용하고 있다. 특히 전 세계적인 명성과 성공을 거둔 미국 국적의 스포츠 인사를 '공공외교 특사(public diplomacy envoy)'로 임명하여 효과적인 공공외교의 사절단으로 활용하는 전략을 취하고 있다. 예를 들어, 중국계 이민가정에 태어나 미국 국가대표와 올림픽 메달리스트라는 업적을 이룬 미셸 콴(Michelle

[그림 1-6] 미셸 콴의 중국 방문과 문화공공외교
(U.S. Embassy & Consulates in China, 2021)

Kwan) 전 미국 피겨스케이팅 선수를 공공외교 특사로 임명하고, 중국 현지에 파견함으로써 중국 국민들과 언론의 많은 관심과 호응을 유도하였다. 이러한 전략은 미국 공공외교 메시지에 대한 현지 국민들의 자발적인 관심과 미국에 대한 긍정적인 인식 형성으로 이어짐으로써 소기의 성과를 거두게 되었다.

프랑스 사례

프랑스는 자국 문화에 대한 높은 자긍심으로 널리 알려져 있다. 이러한 인식은 프랑스의 공공외교 전략에도 매우 강력한 영향력을 행사하고 있다. 프랑스에서는 문화외교가 곧 공공외교로 통용된다(조화림, 2020). 따라서 프랑스는 이미 오랜 옛날부터 공공외교의 핵심적인 도구로 문화를 적극적으로 활용하고 있다. 특히 프랑스어를 중심으로 하는 다양한 프랑스 문화를 전 세계에 보급하고 확산시킴으로써 해외 공중의 관심, 이해, 호감 등을 제고하는 데 초점을 맞춘 문화공공외교 전략을 펼치고 있다.

프랑스의 문화공공외교를 총괄하고 주도하는 정부기관은 '인스티튜트 프랑세(Institut Francais)'라고 할 수 있다. 2010년에 출범한 인스티튜트 프랑세는 현재 전 세계 150여 개국 165곳에 설치되어 현지에서 다양한 프랑스 문화를 전파하고 확산시키는 전진기지의 역할을 하고 있다. 인스티튜트 프랑세를 통해

프랑스의 다양한 엔터테인먼트 콘텐츠를 매개로 한 문화교류
와 소통이 이루어지고 있다. 또한 인스티튜트 프랑세는 예술가
들이 같이 머물면서 공동 작업을 할 수 있는 레지던스 프로그
램을 통해 프랑스와 해외 예술가들의 교류를 장려하고 지원한
다. 이러한 활동은 프랑스 외교부의 정책적 주안점 가운데 하
나인 "문화 다양성에 기여하면서 프랑스의 사유·언어·문화
의 전파 보장"(전동진, 2012, p. 465)과 궤를 같이한다.

프랑스 국립영화센터도 영화라는 엔터테인먼트 콘텐츠를 중
심으로 문화공공외교의 첨병 역할을 수행하고 있다. 프랑스 국
립영화센터는 공공기관으로서 세계 여러 나라와 영화 산업 진
흥 및 협력에 대한 협정을 체결하고 다양한 영화 교류 프로그
램을 진행하고 있다. 특히 상대적으로 영화 산업이 미성숙 단
계에 있고, 영화 제작 기술이 후진적인 국가들을 대상으로 다

[그림 1-7] 가자지구에 설치된 인스티튜트 프랑세(Institut Francais, 2021)

양한 예산 지원과 공동 제작 프로젝트를 수행함으로써 일방적인 문화 보급 및 전파가 아닌 상생과 동반 발전을 지향하고 있다(조화림, 2020).

일본 사례

일본은 자국의 특징적인 엔터테인먼트 콘텐츠를 문화공공외교에 적절히 활용하고 있다. 2000년대 초반부터 일본 정부는 문화공공외교의 지향점이자 국가 브랜딩의 구호로 '쿨재팬(Cool Japan)'의 기치를 높이고 있다. '쿨재팬'은 말 그대로 많은 해외 국민에게 일본이 얼마나 멋지고 매력적인지 알리고 공감대를 형성하는 데 초점을 맞춘 슬로건이라고 할 수 있다(강성우, 2016). 이러한 '쿨재팬' 전략의 핵심에 있는 것이 일본 고유의 엔터테인먼트 콘텐츠를 활용한 문화교류와 매력 발산이다.

특히 전 세계적으로 고유하고 독자적인 위상을 차지하고 있는 일본 엔터테인먼트 콘텐츠는 애니메이션(animation), 망가(manga), 그리고 게임콘텐츠라고 할 수 있다. 2006년에 집권 후 첫 번째 내각을 구성했던 아베 신조 전 일본 총리는 국제사회에 일본 문화의 매력을 널리 발산함으로써 해외 국민들의 일본에 대한 이해와 신뢰를 증진시키는 데 외교적 초점을 맞추겠다고 천명하였다. 그러한 외교정책 추진의 일환으로 애니메이션, 망가 등 엔터테인먼트 콘텐츠를 중심으로 한 문화공공외교 전략이 추진되었다. 예를 들어, 일본의 애니메이션과 망가는 인도네시아, 말레이시아 같은 동남아시아 국가들을 중심으로 선풍적인 인기를 얻고 있는데, 이러한 엔터테인먼트 콘텐츠를 매개로 한 문화적 교류를 통해 해당 국가 국민들의 일본에 대한 관심도, 호감도 등이 향상되고 있다. 위안부 문제, 독도 영유권 문제 등 여러 가지 사안으로 인해 반일 감정이 그 어느 때보다 높은 우리나라에서도 〈귀멸의 칼날: 무한열차〉라는 일본 애니메이션은 극장가에서 선풍적인 흥행 몰이를 하였다. 일본 정부는 애니메이션과 망가에 대한 세계적인 팬덤을 토대로 일본국제만화상 제정 및 수여, 세계코스프레서밋 개최 등 다양한 문화 행사를 기획함으로써 해외 국민들과 자연스럽게 교류하고

[그림 1-8] 인도네시아에서 현지화된 일본 애니메이션 〈도라에몽〉
(Elex Media Komputindo)

공감할 수 있는 기회들을 창출하고 있다(최광진, 2018).

게임콘텐츠도 마찬가지이다. 일본은 소니, 닌텐도, 세가 등 세계적인 게임기/소프트웨어 개발 기업들로 잘 알려져 있으며, 게임으로 인해 파생되는 다양한 콘텐츠는 일본 엔터테인먼트 산업에서 중추적인 역할을 하고 있다. 포켓몬스터와 슈퍼마리오는 단순히 게임 캐릭터를 넘어서 여러 엔터테인먼트 콘텐츠의 아이콘 역할을 수행하고 있으며, 많은 사람에게 일본을 연상시키는 상징물로도 인식되고 있다. 일본 정부는 이러한 게임 캐릭터와 콘텐츠를 적극적으로 활용하여 '쿨재팬'에서 표방하는 친근하고 재미있고 멋있는 국가 이미지를 구축하기 위한 노력을 경주하고 있다.

[그림 1-9] 2016 브라질 올림픽 폐막식에 슈퍼마리오 복장으로 등장한
아베 신조 전 일본 총리(AP연합뉴스, 2016. 8. 23.)

대한민국 사례

우리나라의 드라마, 음악, 영화, 웹툰 등 엔터테인먼트 콘텐츠에 대한 국제적인 관심과 인기가 그 어느 때보다 뜨겁다. 소위 한류라고 지칭되는 이러한 현상을 바탕으로 대한민국의 문화공공외교에 대한 전략적 방향도 많은 변화를 겪고 있다. 한류를 통해 우리나라의 전반적인 이미지가 제고되고 있고, 국가 브랜드의 가치가 상승하고 있으며, 패션, 뷰티, 외식, 관광 등 인접 산업 및 경제 활동에도 긍정적인 파급효과가 확인되고 있다.

대한민국의 문화공공외교는 외교부, 문화체육관광부, 교육부 등의 정부부처 외에도 한국국제교류재단, 국립국제교육원, 한국국제문화교류진흥원 등의 공공기관, 기타 다양한 기업, 민간단체, 지방자치단체 등을 통해서 활발하게 진행되고 있다. 2016년 「공공외교법」 제정을 통해 "국가가 직접 또는 지방자치단체 및 민간부문과 협력하여 문화, 지식, 정책 등을 통하여 대한민국에 대한 외국 국민들의 이해와 신뢰를 증진시키는 외교활동"으로 공공외교를 규정한 이래 다양한 차원을 아우르는 전방위적인 문화교류 프로그램을 펼치고 있으며, 특히 드라마, 음악 등의 엔터테인먼트 콘텐츠에 대한 전략적 활용이 많은 주목을 받고 있다.

1990년대 중국과 일본을 중심으로 발생한 한국 드라마에 대한 대중적 인기가 한류의 시초인 것으로 알려져 있다(장규

수, 2011). 그 이후 동남아시아, 유럽, 북미, 남미 등으로 한류의 지역적 범위가 확산되었고, 한류 팬덤이 구축된 엔터테인먼트 콘텐츠의 장르도 드라마에서 K-pop, 영화, 웹툰 등으로 다양해지고 있다(문효진, 박성현, 2012). 최근 넷플릭스 등 글로벌 OTT(over-the-top) 채널을 통해 〈킹덤〉, 〈사랑의 불시착〉, 〈스위트홈〉 등 한국 드라마의 세계적인 인기가 재점화되고 있으며, 〈승리호〉, 〈사냥의 시간〉 등 한국 영화로도 대중적인 관심과 인기가 전이되고 있다. 〈복면가왕〉, 〈런닝맨〉 등 TV 예능 콘텐츠의 포맷이 세계 각국에 수출되는 등 한국 엔터테인먼트 콘텐츠의 우수성도 계속 검증되고 있다. 외교부의 통계 조사에 따르면 2018년 전 세계 약 94개국, 1,843개 한류 동호회에서 8,900만 명의 회원들이 활동하고 있는 것으로 확인되고 있다.

특히 최근 BTS로 대표되는 K-pop에 대한 열기는 역사상 유례를 찾아보기 힘든 수준이다. BTS는 〈Dynamite〉, 〈Butter〉 등의 곡을 빌보드 싱글 차트 1위에 올리는 기염을 토하고 있으며, 2018년 9월 유니세프(UNICEF)가 주최한 행사에서 기조연설을 하며 전 세계 청년들에게 꿈과 희망을 주는 롤 모델로 자리매김하고 있다. 이뿐만 아니라 BTS가 전 세계 팬들에게 미치는 소위 '선한 영향력'은 대한민국 국가 이미지, 국가 브랜딩 등에도 긍정적으로 작용하면서 여러 가지 차원에서 바람직한 문화공공외교의 결과물을 도출하고 있다.

이 외에도 대한민국 외교부는 2011년부터 매년 문화체육관광부, KBS와 공동으로 'K-pop 월드 페스티벌'을 개최하고 있다. K-pop을 사랑하는 해외 팬들이라면 누구나 참여할 수 있는 'K-pop 월드 페스티벌'은 세계 최대 규모의 한류 행사로 거듭나고 있으며, K-pop이라는 엔터테인먼트 콘텐츠를 매개로 국가, 인종, 성별, 민족의 구분 없이 서로 소통하고 교류할 수 있는 문화의 장을 제공하고 있다. 또한 태권도를 중심으로 한 스포츠 공공외교, 매력 한국 알리기 주간 행사, 재외공관을 활용한 한국 문화 전시 등 다양한 문화공공외교 사업을 수행하고 있다.

[그림 1-10] 해외 태권도 시범단 행사(외교부, 2021)

엔터테인먼트 콘텐츠와 소프트 파워

이형민(성신여자대학교 미디어커뮤니케이션학과 교수)

외교는 기본적으로 정치 행위이다. 따라서 외교는 국제적인 맥락 속에서 각 국가의 정부 간 역학관계에 의해 많은 영향을 받는다. 즉, 외교에서의 성과는 한 국가가 다른 국가와의 관계에서 얼마만큼의 외교 권력을 행사할 수 있는지에 따라 좌우된다. 이 장은 조지프 나이(Joseph Nye) 교수의 이론적인 틀을 바탕으로 외교 권력의 개념을 살펴보고, 그중 공공외교의 개념적, 실무적 토대와 깊은 연관성을 갖고 있는 소프트 파워(soft power)를 깊이 있게 이해하는 데 목적을 두고 있다. 특히 최근 한 국가의 엔터테인먼트 콘텐츠가 해당 국가의 소프트 파워 자산 형성에 있어서 어떠한 역할을 할 수 있는지에 초점을 두고 논의를 전개하고자 한다.

외교 권력에 대한 이해

외교 권력의 형성과 종류

다른 국가들과의 관계 형성과 상호작용을 통해 한 국가의 이익과 복지를 극대화시키는 데 궁극적인 목적을 둔 외교는 태생적으로 그리고 필연적으로 권력의 개념과 밀접한 연관을 갖고 있다(신동민, 2020). 권력이라는 개념은 반드시 둘 이상의 참여자 간의 관계라는 맥락 속에서만 의미를 갖게 된다(Dahl, 1957). 권력은 한 사람(또는 집단)이 다른 사람(또는 집단)으로부터 권위를 인정받고, 설사 반대가 있더라도 복종시킬 수 있는 힘과 수단을 의미하기 때문이다(Parsons, 1942). 프렌치와 레이븐(French & Raven, 1959)은 정치 영역에서 발생하는 권력을 크게 네 가지 차원으로 구분하였다. 첫째, 전문적 권력이다. 전문적인 지식과 능력을 갖춘 사람은 그렇지 않은 사람들과의 관계에서 정치적 우위를 차지할 수 있는 가능성이 높다. 이러한 지식과 능력을 바탕으로 획득할 수 있는 권력이 전문적 권력이다. 둘째, 준거적 권력이다. 준거적 권력은 한 사람이 자신의 고유한 특성을 하나의 기준점으로 제시하고 다른 사람들로 하여금 그것을 모방하고자 하는 욕구를 불러일으킴으로써 형성된다. 한 사람 또는 집단이 가진 매력으로부터 발생하는 권력을 준거적 권력이라고 할 수 있다. 셋째, 보상적 권력이다. 한 사람이 다른 사람들로부터의 순종과 지지를 획득하는 대가로 물질적 보상을 지급하는 관계를 통해 얻을 수 있는 권력이다. 경제적인 종속 관계를 토대로 형성되는 권력의 형태라고 할 수 있다. 넷째, 강압적 권력이다. 물리적 힘과 폭력을 통해 강제적으로 획득된다는 점이 강압적 권력의 특성이라고 할 수 있다.

　이러한 권력의 개념을 외교 상황에 대입해 본다면, 외교 권력은 결국 한 국가가 다른 국가들과의 교류 및 관계 형성에 있어서 유리한 위치를 점하고 원하는 바를 쟁취할 수 있는 힘이라고 정의할 수 있다. 각 국가 정부는 다양한 맥락 속에서 입수 및 사용 가능한 권력 행사를 통해 외교 활동을 수행하고 있다. 제1차, 제2차 세계대전과 냉전 시대를 관통하는 역사적 시기에는 노골적인 군사력의 표출을 바탕으로 한 강압적 권력이 국제 사회에서 가장 빈번하게 통용되는 외교 권력이었다. 공산주의의 붕괴에 함께 냉전 시대가 종식되고, 각 국가가 경제 성장에 몰두한 1990년대에는 보상적 권력을 가진 국가의 외교 역량이 효과적으로 발휘되었다. 그러나 앞선 장에서 논의한 바와 같이 정보통신기술의 발달, 세계주의의 대두, 민주주의 사상의 보편화, 시민사회의 성숙 등으로 촉발된 국제 정세의 변화는 공공외교라는 새로운 외교적 접근방식을 외교 무대의 일선으로 견인하였다. 그리고 공공외교는 이전과는 구별되는 외교 권력의 획득 및 행사를 지향하고 있다.

미국 하버드 대학교의 정치학 교수이자 전 케네디 스쿨 학장이었던 조지프 나이(Joseph Nye)는 이러한 국제 정세의 변화를 감지하고 외교 권력의 동역학에 대한 통찰력 있는 이론을 제시하였다. 1990년에 출판된 기념비적인 논문 「Soft power」를 통해 조지프 나이는 냉전 시대가 종식된 이후 국제사회에서 미국이라는 국가가 지니던 외교 권력의 영향력에 큰 변화가 있을 것임을 예견하였다(Nye, 1990). 자유주의와 사회주의의 두 축으로 나누어져 이념과 체제 간 대립 구도가 펼쳐졌던 냉전 시대 속에서 미국은 주로 군사력과 경제력 중심의 강압적인 방식으로 외교 권력을 행사하였다. 그러나 조지프 나이는 냉전 시대 이후 각 국가 간 자유경쟁체제의 시대가 열리면서 기존 미국의 외교 권력 기제는 더 이상 효과적이지 않을 것이라고 주장하였다(Nye, 1990). 즉, 앞서 소개한 프렌치와 레이븐(French & Raven, 1959)의 구분에 따라 각각 보상적 권력과 강압적 권력으로 구분되는 형태의 외교 권력은 변화하는 국제 정세에서 더 이상 효과적이지 않으며, 새로운 방식의 외교 권력, 즉 전문적 권력과 준거적 권력이 더욱 큰 영향력을 발휘할 것이라고 역설하였다. 조지프 나이는 보상적 권력과 강압적 권력을 국가가 지니고 있는 물질적인 역량을 기반으로 한 강력하고 억압적인 차원의 권력이라는 의미에서 하드 파워(hard power)라고 개념화했고, 전문적 권력과 준거적 권력은 문화, 가치, 사상, 제도 등 비물질적인 역량을 기반으로 보다 부드럽고 순응적인 영향

력을 행사한다는 의미에서 소프트 파워(soft power)라고 개념화
했다.

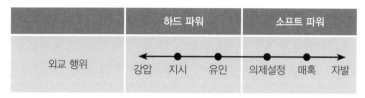

[그림 2-1] 외교 권력의 종류와 행위(윤석준, 2020)

소프트 파워와 공공외교

앞서 설명했듯이 소프트 파워는 강제적이고 억압적인 방법
이 아닌 대화와 상호 이해 그리고 매력 요소를 기반으로 외교성
과를 도출하는 데 초점을 맞춘 권력의 형태이자 방식이다(Lee,
Wang, & Hong, 2013; Nye, 2008a). 특히 소프트 파워는 한 국가가
고유하게 보유하고 있는 문화, 추구하는 정치적 이상, 실행하
는 정책 등 다양한 무형의 자산으로부터 형성되는 것으로 알려
져 있다. 즉, 해외 공중이 한 국가의 문화를 숭상하고, 그 국가
의 정치적인 행보와 대외정책을 존중함으로써 갖게 되는 호감
또는 이끌림이 소프트 파워의 근원이라는 것이다. 어떠한 국가
에 대해 다른 나라의 국민들이 매력적이라고 생각한다면 그 국
가에 대한 이미지가 긍정적으로 형성될 가능성이 높으며, 그 국
가와 관련된 다른 것들에 대해서도 우호적인 입장을 취할 가능

성이 크다. 한 국가가 많은 해외 공중으로부터 획득하는 이러한 매력 자산은 전반적인 세계 여론 지형을 해당 국가에 유리하게 전개하는 데 매우 효과적으로 사용될 수 있으며, 그 국가의 대외정책과 행보에 자연스러운 정당성과 도덕성이 부여될 수 있다. 그 국가는 국제 정치무대에서 매우 자연스럽게 주도적인 위상과 지위를 갖게 될 수 있다(Nye, 2008a).

조지프 나이의 소프트 파워 개념은 변화하는 국제 정세 속에서 공공외교의 역할과 가치를 재인식하는 데 중요한 이론적 토

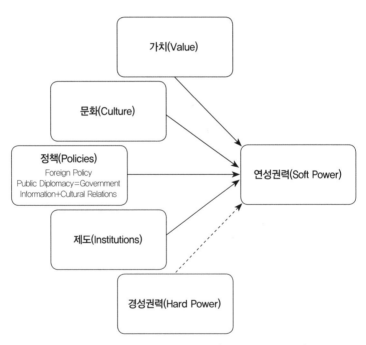

[그림 2-2] 소프트 파워의 형성 요인(Kim, 2017, p. 301)

대를 제공하였다. 소프트 파워 이론은 군사력과 경제력 같은 물질적 자원에 의존하여 형성되는 권력에서 문화, 정책, 제도 등 비물질적 자산을 활용하여 생성하는 권력으로 세계적인 외교 패러다임의 중심축이 옮겨 가고 있음을 통찰력 있게 설명하고 있기 때문이다. 실제 9·11 테러 이후 기존 하드 파워 일변도의 외교정책을 성찰하고, 미국의 고유한 매력 자산을 적극적으로 활용하여 해외 공중이 자발적으로 미국적인 가치와 정책적 지향점을 옹호하도록 이끄는 공공외교의 접근방법이 전면에 대두하게 된 배경에도 소프트 파워 이론이 기여한 바가 크다(한팡밍, 2014).

소프트 파워는 하드 파워와 비교할 때 권력 생성이 쉽지 않고 시간이 오래 걸린다는 특징이 있다. 소프트 파워가 한 국가가 고유하게 지닌 문화적, 무형적 자산으로부터 기인된다는 사실을 상기하면 이러한 특징을 쉽게 이해할 수 있다. 해외 국민들로부터 매력을 느끼게 하는 문화적 자산을 형성하는 것은 군사력, 경제력을 키우는 것보다 더욱 많은 시간이 소요된다. 그리고 많은 시간을 투자한다고 하더라도 해외 국민들에게 매력적으로 다가오는 문화적 자산이 형성된다는 것을 보장할 수 없다. 이러한 맥락에서 소프트 파워는 하드 파워보다 권력의 통제가 어렵다. 해외 공중의 마음을 조종할 수 없을 뿐만 아니라 언제 어디서 누구에게 어떠한 문화적 자산이 매력적으로 인식되어 특정 국가의 소프트 파워로서 작용할 수 있을지 예측하기 어렵기 때문이다. 소프트 파워의 획득과 통제는 어렵지만 조지프 나이는 소프트 파워를 획득할 가능성이 높은 국가의 특징에 대해 크게 세 가지를 제시하였다. 첫째, 한 국가의 지배적인 문화가 자유주의, 다원주의 등 세계적으로 널리 통용되는 규범과 일맥상통할 때 그 국가의 소프트 파워가 증대될 수 있다. 둘째, 한 국가가 다양한 커뮤니케이션 채널을 활용할 수 있고, 그러한 채널을 통해 많은 사람의 생각에 영향력을 행사할 수 있을 때 그 국가의 소프트 파워가 증대될 수 있다. 셋째, 한 국가가 국내외에서 보여 주는 일관적인 말과 행동을 통해 국제사회에서 신뢰를 얻을 수 있을 때 그 국가의 소프트 파워가 증대될 수 있다(Nye, 2002).

스마트 파워와 상황지성

소프트 파워의 중요성이 인식되고 공공외교가 실제 외교 현장에 적용되면서 기존 전통적 외교에서의 핵심적 자산이었던 하드 파워의 역할과 기능에 대한 논의가 재점화되었다. 소프트 파워를 기반으로 한 외교 권력의 형성과 적용이 최근 국제 정세의 변화에 적합한 방향성이라면 하드 파워는 이제 더 이상 무의미한 것인가? 이제 실제 외교 무대에서 하드 파워는 어떠한 역할과 기능을 수행하는가? 하드 파워가 갖는 효용성과 가치는 무엇인가? 등 외교 권력에 관한 패러다임의 변화와 더불어 고민하고 답해야 할 많은 쟁점과 화두가 제기되었다.

조지프 나이는 이러한 화두에 대한 답으로 스마트 파워(smart power)라는 새로운 개념을 제시하였다(Nye, 2008b, 2009). 그의 주장에 따르면, 하드 파워는 여전히 국가 간 외교에서 실질적인 영향력을 행사할 수 있는 중요한 권력이고, 하드 파워와 소프트 파워는 상호 대체적인 관계가 아니라 보완적인 관계에 있다. 다시 말해서, 실제 외교 행위에 있어서 하드 파워에만 또는 소프트 파워에만 의존하는 권력 행사는 적절하지도 않고 현실적이지도 않으며, 하드 파워와 소프트 파워를 상황에 맞게 적절하게 활용하는 똑똑한 권력, 즉 스마트 파워가 활용되어야 한다는 것이다. 기본적으로 한 국가의 소프트 파워는 충분한 하드 파워 자산을 보유해야만 더욱 효과적으로 창출될 수 있다. 정치적, 경제적으로 풍요로운 국가에서 전 세계 사람들의 마음을 사로잡을 다양한 문화적 결과물이 생산될 가능성이 높다는 것이다. 마찬가지로 소프트 파워를 적절하게 행사할 수 있을 때, 하드 파워의 효과가 더욱 극대화될 수 있다. 한 국가의 매력 자산에 많은 사람이 공감하고 호응하는 분위기가 조성된다면, 아주 약간의 물질적인 유인책으로도 매우 효과적인 외교적 성과를 낼 수 있다는 것이다. 결국 스마트 파워는 한 국가가 보유하고 있는 하드 파워와 소프트 파워를 적절하고 조화롭게 사용함으로써 시너지 효과를 발생하는 것에 초점을 맞추고 있는 외교 권력을 의미한다(김상배, 2019).

한 국가가 스마트 파워를 효과적으로 작동시키기 위해서는 상황지성에 기반한 리더십이 필수적이다. 상황지성은 상황을 잘 이해하고 판단하는 능력을 의미한다. 즉, 언제 어디서 누구에게 무엇을 말하고 행동할지에 대한 판단 능력을 상황지성이라고 할 수 있다. 조지프 나이는 상황지성의 근간인 리더십을 두 가지 차원으로 구분하였다(Nye, 2008b). 첫째는 명령적 리더십이다. 명칭에서도 쉽게 유추할 수 있지만 명령적 리더십은 강압과 위협 등 하드 파워에 의존하여 형성되는 리더십이다. 이해관계 속에서 협상에서 유리한 결과를 도출하는 데 초점을 맞춘 거래적 기술에 기반한 리더십이라고 할 수 있다. 둘째는 설득적 리더십이다. 설득적 리더십은 유인과 매력 등 소프트 파워에 의존하여 형성되는 리더십이다. 상대방의 감성을 자극하여 자발적이고 호의적인 반응을 이끌어 내는 영감적 기술에 기반한 리더십이라고 할 수 있다. 이러한 두 가지 유형의 리더십과 외교 권력 자원이 교차하면 [그림 2-3]과 같이 네 가지 외교 전략이 도출될 수 있다(김상배, 2019).

[그림 2-3]에서 '1영역'은 전형적인 하드 파워에 기반한 외교 전략, '4영역'은 전형적인 소프트 파워에 기반한 외교 전략으로 구분할 수 있다. 설득적 리더십과 하드 파워 수단이 교차하는 '2영역'은 군사력과 경제력 등 하드 파워에 기반하고 있지만, 위협과 강제보다는 조금 부드러운 보상과 유인책을 활용함으로써 최대한 설득적인 리더십을 강조하는 외교 전략이라고 할

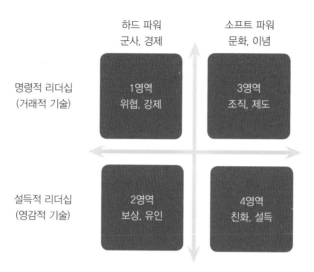

하드 파워
군사, 경제

소프트 파워
문화, 이념

명령적 리더십
(거래적 기술)

1영역
위협, 강제

3영역
조직, 제도

설득적 리더십
(영감적 기술)

2영역
보상, 유인

4영역
친화, 설득

[그림 2-3] **권력자원과 리더십 스타일로 구분한 외교 전략**(김상배, 2019, p. 237)

수 있다. 반면, '3영역'은 문화와 이념 같은 소프트 파워에 기반하고 있지만, 국가 간 합의, 조약, 제도화 등을 통해 상대방의 행동을 통제하는 외교 전략으로 이해할 수 있다.

엔터테인먼트 콘텐츠와 소프트 파워

매력 자산으로서의 엔터테인먼트 콘텐츠

소프트 파워와 공공외교에 대한 기본적인 이해를 바탕으로 국가 외교 상황에서 엔터테인먼트 콘텐츠의 역할과 기능을 더욱 구체적으로 논의해 보도록 하자. 앞서 살펴보았듯이 문화는 한 국가의 소프트 파워에 있어서 핵심적인 자산이다. 특히 한 국가의 고유한 문화적 산물이자 매력적인 문화 상품으로서의 엔터테인먼트 콘텐츠는 대중적이고, 상대적으로 거부감이 적으며, 정치·경제 등 복잡하고 딱딱한 의제들에 비해 진입장벽이 낮기 때문에 공공외교에서 매우 효과적으로 활용될 수 있다 (Schneider, 2003).

최근 한류의 사례는 한 국가의 엔터테인먼트 콘텐츠가 어떻게 매력 자산으로 활용될 수 있으며, 나아가 국가 이미지와 국가 브랜딩에 기여할 수 있는지 보여 주는 대표적인 사례라고 할 수 있다(Ang, Isar, & Mar, 2015). 대한민국의 드라마, 예능 프로그램, K-pop, 영화, 웹툰 등 엔터테인먼트 콘텐츠에 대한 해외 공중의 자발적이고 열정적인 팬덤 형성은 대한민국에 대한 국제적 인지도를 제고하는 데 크게 기여하고 있다(Kim & Jin, 2016). 한류의 역할은 단지 국가 인지도를 제고하는 데 그치지 않는다. 많은 국가에서 대한민국에 대한 국가 이미지와 호감도가 향상되고 있음이 여러 통계 수치를 통해 확인되고 있다. 또한 엔터테인먼트 콘텐츠에 대한 관심으로 시작된 한류는 한국어, 한식, 한복 등 인접 문화 자산에 대한 관심으로 연결될 뿐만 아니라 한국 사람, 한국 제품, 한국 기업 등에 대한 호감으로 확장될 수 있음이 여러 실증적 연구를 통해 증명되고 있다.

[그림 2-4] K-pop 열풍과 팬덤(중앙일보, 2011. 6. 11.)

　한류 현상에 고무된 대한민국 정부는 엔터테인먼트 콘텐츠를 활용한 공공외교 전략 도출과 실행에 많은 노력을 기울이고 있다. 한류는 대한민국의 경제 발전과 문화적 성과를 세계 많은 사람에게 인식시키고 공감시키는 데 효과적인 수단으로 활용되고 있다(Kang, 2015). 특히 외교부와 문화체육관광부를 중심으로 엔터테인먼트 콘텐츠를 중심으로 한 '대한민국 알리기'가 적극적으로 실행되고 있으며, 대한민국을 대표하는 매력 자산으로 엔터테인먼트 콘텐츠를 육성하고 진흥시키기 위한 정책도 다각적으로 논의되고 있다.

물론 대한민국만이 엔터테인먼트 콘텐츠 기반 공공외교 전략을 적극적으로 펼치는 것은 아니다. 충분한 하드 파워 역량을 갖추고 있고, 고유한 소프트 파워 자산을 보유하고 있는 많은 나라가 자국의 엔터테인먼트 콘텐츠를 공공외교의 효과적인 수단으로 활용하고 있다. 영국은 1996년 토니 블레어(Tony Blair) 총리 시절부터 '멋진 영국(Cool Britannia)' 캠페인을 지속적으로 시행하고 있으며, 영국의 매력적인 엔터테인먼트 콘텐츠를 캠페인의 주요한 도구로 활용하고 있다. 주지하다시피, 영국의 고유한 대중음악인 브릿팝(Britpop)은 이미 전 세계 많은 사람에게 사랑을 받고 있다. 이뿐만 아니라 영국은 〈해리 포터〉, 〈반지의 제왕〉, 〈셜록 홈즈〉, 〈007〉 등 수많은 엔터테

[그림 2-5] 〈해리 포터〉를 활용한 영국 정부의 국가 브랜딩 캠페인
(https://www.thecreativeindustries.co.uk)

인먼트 콘텐츠와 캐릭터의 발상지이기도 하다. 영국을 대표하는 스포츠인 축구는 전 세계에서 가장 인기 많은 스포츠로 자리매김하고 있다. 이러한 엔터테인먼트 콘텐츠가 갖고 있는 매력을 영국의 국가 이미지와 브랜딩에 연결시킴으로써 해외 공중의 자발적인 관심과 호감도 증진을 도모하는 것이 '멋진 영국' 캠페인의 핵심적인 목표라고 할 수 있다.

엔터테인먼트 콘텐츠의 효과

엔터테인먼트 콘텐츠가 국가 브랜딩과 공공외교에 미치는 실질적인 영향력을 검증하기 위해 다양한 연구가 진행되어 왔다. 몇 가지 연구 결과를 바탕으로 지금까지 개념적인 차원에서만 살펴본 엔터테인먼트 콘텐츠의 효과를 실증적으로 확인해 보자.

이운영(2006)의 연구는 중국 소비자들을 대상으로 대한민국 드라마, 영화, 음악 등의 엔터테인먼트 콘텐츠에 대한 관심도와 접촉빈도가 실제 대한민국에 대한 국가 이미지에 영향을 미치는지 조사하였다. 연구 결과, 한류 엔터테인먼트 콘텐츠에 대한 관심과 소비가 많을수록 대한민국의 경제발전 수준에 대한 인식, 대한민국의 전반적인 생활 수준에 대한 인식, 대한민국 사회의 안정도에 대한 인식, 대한민국 문화의 우수성에 대한 인식, 한국 사람의 예의와 친절함에 대한 인식, 한국 제품에 대한 신뢰 인식, 한국 제품 브랜드 인지도 등이 통계적으로 유의미한 수준에서 높게 형성되어 있는 것으로 나타났다. 국가 매력 자산으로서 한류 엔터테인먼트 콘텐츠가 실제 국가 이미지에 전반적으로 긍정적인 영향을 미치고 있음을 보여 주는 실증적 연구 결과라고 할 수 있다. 박노일과 정지연(2016)은 중국 소비자들의 한류 엔터테인먼트 콘텐츠 소비가 한반도 통일 인식에 미치는 영향을 검증하였다. 분석 결과, 한류 엔터테인먼트 콘텐츠를 많이 소비할수록 대한민국 국가 브랜드에 대한 인식은 긍정적으로 형성되는 것으로 밝혀졌다.

한편, 한류 엔터테인먼트 콘텐츠에 대한 소비는 한반도 통일이 필요하다는 인식에도 긍정적인 영향력을 행사하는 것으로 나타났다. 엔터테인먼트 콘텐츠가 공공외교의 중요한 결과물인 국가 브랜딩에 기여하며, 나아가 해외 공중의 정치·안보 인식에도 긍정적인 효과를 미칠 수 있다는 점이 흥미로운 연구 결과라고 하겠다. 한충민, 진희, 이상엽(2011)의 연구는 한류 엔터테인먼트 콘텐츠를 통해 국제적인 스타가 된 한국 연예인의 효과에 주목하였다. 연구 결과, 한류 스타에 대한 호감도는 대한민국에 대한 국가 이미지와 한국 연예인이 등장하는 광고에 대한 태도에 모두 긍정적인 영향력을 행사하는 것으로 나타났다. 또한 대한민국 국가 이미지는 한국 화장품 브랜드에 대한 인식에 긍정적인 영향력을 행사하는 것으로 확인되었다. 앞서 살펴본 바와 같이 한 국가의 매력 자산으로서의 엔터테인먼트 콘텐츠가 국가 이미지를 견인하고, 나아가 해당 국가에서 생산되는 제품 브랜드에 대한 인식 제고에도 기여할 수 있음을 보여 주는 실증적 연구 결과이다.

　엔터테인먼트 콘텐츠의 효과는 인지적인 차원으로만 제한되지 않는다. 김명희와 강인호(2007)의 연구는 한국에 방문한 경험이 있는 일본인 관광객들을 대상으로 한류 엔터테인먼트 콘텐츠가 인식과 행동에 미치는 영향을 다각적으로 검토하였다. 연구 결과, 한류 엔터테인먼트 콘텐츠 소비가 많을수록 관광지로서의 대한민국에 대한 이미지는 좋아지며, 관광지로서의 대한민국에 대한 이미지가 좋을수록 실제 관광을 통한 소비자 만족도는 높아지는 것으로 나타났다. 또한 소비자 만족도는 재방문 의도와 추천 의도에 통계적으로 유의미한 긍정적인 영향력을 행사하는 것으로 확인되었다. 소프트 파워를 구성하는 매력 자산으로서의 엔터테인먼트 콘텐츠가 해외 공중의 해당 국가 관광 및 방문이라는 행동에 의미 있는 영향력을 행사할 수 있음을 보여 주는 결과이다. 이상미(2015)의 연구는 한국에 방문한 중국인 관광객들의 한류 엔터테인먼트 콘텐츠에 대한 인식이 한국 음식에 대한 인식과 행위에 미치는 영향을 규명하는데 초점을 맞추었다. 연구 결과, 한류 엔터테인먼트 콘텐츠에 대한 인식이 좋을수록 한국 음식에 대한 인지도가 통계적으로 유의미한 수준에서 높게 형성됨이 규명되었다. 또한 한국 음식에 대한 인지도가 높을수록 한국 음식을 요리하고자 하는 행동의도, 한국 음식점을 방문해서 한국 요리를 경험해 보고자 하는 행동의도가 모두 높아진다는 사실을 확인하였다. 엔터테인먼트 콘텐츠가 음식이라는 인접 문화 자산에 대한 관심과 긍정적인 행동의도로 연결될 수 있음을 시사하는 부분이다.

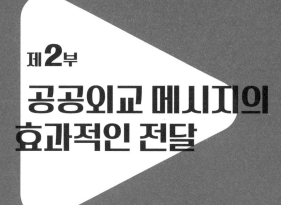

엔터테인먼트 콘텐츠 기반
공공외교

제**2**부
공공외교 메시지의
효과적인 전달

03 국가 브랜딩과 브랜디드 엔터테인먼트
04 글로벌 미디어 플랫폼과 공공외교
05 소셜 미디어 공공외교

03
국가 브랜딩과 브랜디드 엔터테인먼트

전종우(단국대학교 커뮤니케이션학부 교수)

국가 브랜드

브랜드라는 개념은 일반적으로 기업이나 제품/서비스를 다른 경쟁 기업이나 제품들과 차별화해 주고 비교 우위를 점하려는 전략적인 노력을 의미한다. 예전의 상표와 같이 제품의 표식으로 사용되던 단순한 기능을 넘어 기업의 철학과 아이덴티티(identity)를 담아내는 보다 폭넓은 의미로 사용된다. 이러한 브랜드라는 개념은 기업의 비즈니스 범위를 넘어 다양한 분야로 확장된다. 기업의 CEO 등을 대상으로 개인 브랜드 관리(personal brand management)가 등장하기도 하였다. 기업을 대표하는 회장이나 대표이사 등은 기업의 이미지를 좌우하는 중요한 요소이며 이는 기업의 브랜드 자산에 영향을 미치기도 한다. 스티브 잡스(Steve Job)의 과거 애플에서의 위치를 보면 기업의 대표가 기업의 브랜드 자산에서 차지하는 비중을 쉽게 가늠할 수 있다. 개인 브랜드는 더 확장되어 연예인이나 스포츠 선수와 같은 유명인들에게도 적용된다. 대중들의 인기를 기반으로 하는 연예인들은 자신들의 이미지를 관리하고 인기를 유지하기 위해 노력한다. 스포츠 스타들도 실력이 가장 중요한 요인이기는 하지만 팬들이 인지하는 지각된 이미지가 스포츠 스타들의 가치에 많은 영향을 미친다. 더군다나 선거를 통해 당선되고자 하는 정치인들도 자신들의 이미지를 관리하는 브랜드 전략이 필요한 사람들이다.

브랜드는 사람을 넘어 국가나 도시와 같은 지역을 대상으로도 활용되고 있다. 국가 브랜드는 국가를 제품이나 서비스와 같이 브랜드화하여 전략적으로 관리하고자 하는 노력을 의미한다. 국가라는 대상이 개념적으로 모호하고 구성 요인들도 복잡하지만 다른 국가와 차별화되고 경쟁 우위를 확보하기 위한 노력으로 브랜드 개념의 적용은 타당하다. 과거 국가를 비즈니스 차원의 브랜드로 바라보는 시각에 대해 부정적인 사람들이 많았던 것이 사실이다. 여기에는 국가를 일반 브랜드와 동일시하는 것에 대한 거부감이 자리 잡고 있다. 실무적으로도 국가에 기업의 브랜드 전략을 그대로 적용하는 것은 어려움이 있기는 하다. 하지만 기업의 브랜드 전략은 국가를 대상으로 효율적으로 적용될 수 있으며 실무적으로 효과적이라는 공감대가 형성되어 왔다. 이제는 국가를 포함해 모든 대상을 브랜드화하여 커뮤니케이션하고 관리할 수 있다는 것이 일반적인 믿음이다.

정의

국가 브랜드는 다양한 정의가 있지만 기본적인 브랜드 개념을 적용하면 국가를 구성하는 주권, 영토, 국민과 국가를 이미지화한 상징 등을 포함하여 다른 국가와 차별화된 인식으로 정의할 수 있다(김유경 외, 2018). 국가 브랜드에 대한 이론적인 토대는 마키아벨리(Machiavelli)로 거슬러 올라간다. 마키아벨리는 국가를 국민, 주권, 영토의 세 가지로 구체화하면서 국가의 개념을 정립하였다. 기존 국가 간의 갈등 등 하드 파워로만 설명되던 국가를 소프트 파워로 정의할 수 있는 기반을 마련하였다. 이러한 국가에 대한 독립적인 인식이 시대가 변화하면서 하나의 실체적인 대상으로 형상화된 것이다.

구성 요소

국가 브랜드는 일반적인 브랜드와 마찬가지로 국가 이미지와 국가 정체성(country identity)이 핵심을 이루게 된다. 국가 이미지라는 것은 단순한 것이 아니라 국민이나 국가와 관련된 모든 연상을 의미하여 복합적인 개념으로 이해하여야 한다. 예를 들어, 국가 간의 갈등이 일어나는 경우 해당 국가의 정치인들에 대한 평가가 국가의 국민과는 구분되는 경우가 있기 때문이다. 이는 국가를 구성하는 요인이 다양하고 개별 요인에 대한 인식이 다를 수 있고 개별 요인에 대한 평가의 합이 국가 이미지를 형성하게 된다는 것이다. 국가 이미지의 구성 요인은 다양하고 학자마다 세부적인 요인에 있어 차이를 보이기는 하지만 일반적으로 정치적인 차원과 경제적인 차원, 기술적인 차원을 중요한 요인으로 들고 있다(Martin & Eroglu, 1993). 조금 더 세부적으로 보면 경제발전 수준, 민주주의 정도, 문화적 유사성 등이 국가 브랜드에 포함될 수 있다(Wang, 1978).

보통 아이덴티티(identity)로 표현되는 국가 정체성의 경우 사회시스템, 리더십/성장력, 국가유산, 국민이 가장 중요한 요인으로 이야기된다(김유경, 김유신, 2012). 또한 국가 브랜드 자산은 인지도(awareness), 기능적 평가(performance), 감성적 평가(emotional affinity), 충성도(loyalty)를 구성 요인으로 볼 수 있다(김유경, 최창원, 이효복, 2011). 국가 정체성의 경우 시각적인 상징물로 표현되는 것이 일반적이다. 국가의 상징으로는 여러 요소가 포함되지만 국기가 가장 대표적인 국가 상징물이다. 다만, 국기의 경우 공식적인 상징 표현의 역할에 머물게 되고 대내외적인 커뮤니케이션 차원에서 국가별로 보조적인 상징을 개발하여 사용하는 경우가 많다.

국가 브랜드를 평가하기 위해 세부적인 차원으로 구분하여 이해하기도 한다. 안홀트와 힐드레스(Anholt & Hidreth, 2004)는 국가 브랜드를 관광, 수출, 통치 요소, 투자와 이민, 문화와 유산, 사람 등 여섯 가지 요소로 구분하여 국가 브랜드 지수를 산정한다. 개별 국가별로 평가하는 여섯 가지 차원에 해당하는 부분을 지수화하여 국가의 브랜드 자산 가치를 평가하게 된다. 국가 브랜드는 다소 추상적인 통치/주권성에서 출발하여 공공성으로 변화하여 장소성으로 진화한다. 정치적인 차원에서 국가가 투자나 관광 목적지와 같이 구체적인 대상으로 변화한다는 의미이다. 국가 브랜드는 이 세 가지 요소를 모두 포함하는 광의의 개념이라 할 수 있다.

외교적 차원

국가 브랜드의 경우 긍정적인 자산의 구축에 초점을 두고 논의가 진행되지만 국가에 대한 부정적인 인식이 존재하는 경우도 있다. 이런 경우 국가에 대한 적대감(country animosity)이라는 개념으로 설명한다(Klein, Etteson, & Morris, 1998). 한국과 일본이 대표적인 사례이다. 한국과 일본은 지리적으로 가깝고 역사적으로 민감한 관계를 유지해 왔다. 과거 일본의 식민 지배에서 비롯된 근대사 문제는 현재 한국의 외교에도 절대적인 영향을 미치고 있다. 한국의 대법원 판결로 인한 일본의 수출규제로 한국과 일본은 외교적인 마찰은 물론 무역전쟁을 벌이기도 하였다. 일본의 한국에 대한 반도체 소재의 수출규제로 촉발된 갈등은 한국인들의 일본 제품 불매운동으로 확산되고 양국 국민 모두 상대에 대한 선호도가 최하를 기록하고 있다. 이러한 갈등은 두 나라 간의 감정적인 문제가 엮여 있어 해결이 쉽지 않다. 이러한 관계는 한국과 일본뿐만 아니라 그리스와 터키에서도 발견된다(Nakos & Hajidimitriou, 2007). 두 나라의 경우 역사적인 배경으로 인해 국가 간의 정치적인 갈등은 물론 경제적으로 문제를 야기하기도 한다.

외교적으로 생각하면 정치적인 문제와 경제적인 문제를 분리하여 전략적으로 접근하는 것이 일반적이지만 국민감정과 관련된 문제는 정치인들도 풀기 힘든 문제이다. 특히 국가의 장기적인 이익보다는 정치인들의 정치적인 요인에 의한 의사 결정은 국가 브랜드에 큰 타격을 입히는 경우가 많다. 내부에서 문제가 생기면 외부의 갈등으로 시선을 분산시켜 내부의 결속을 도모하는 경우가 많다. 이는 국내적인 문제 해결에는 도움이 되지만 대외적인 국가 브랜드 관리에는 치명적인 결과를 초래할 수 있다. 국가 간의 갈등 상황에서는 국가 브랜드 관리는 물론 국가의 위기관리 차원에서 많은 연구와 실무적인 고민이 필요하다.

전략

국가 브랜드는 브랜드 아키텍처(architecture) 관리에도 기업과는 다른 접근이 필요하다. 브랜드 아키텍처는 브랜드의 위계 구조를 의미하며 최상위 브랜드부터 하위 브랜드까지 브랜드의 전체적인 구조를 형성하고 이를 관리하는 것이다. 이는 브랜드의 수직적인 관리를 의미한다. 국가 브랜드는 다양한 하위 브랜드를 소유하게 된다. 국가에 소속된 도시들이 대표적이다. 한국의 경우 서울이 한국 이미지의 상당 부분을 차지한다. 여기에 더해 서울을 감싸고 있는 경기도를 비롯해 강원도, 충청도, 경상도, 전라도 등이 국가 브랜드의 하위인 지역 브랜드에 포함된다. 광역시와 도 아래에는 기초자치단체가 있어 국가가 보유하는 하위 브랜드는 다양하다. 따라서 한국이라는 국가 브랜드는 소속되어 있는 특별시, 광역시, 도 등과 그다음 단계인 지방자치단체 브랜드들을 브랜드 아키텍처 관점에서 전략적으로 관리하여야 한다.

브랜드 아키텍처는 특별시와 광역시, 도에도 적용된다. 서울의 경우 기초자치단체로 구가 존재한다. 다만, 서울은 하나의 집합적인 단위로 인지되는 경우가 많아 구가 특별한 분야를 제외하고 독립적인 단위로 인지되는 경우는 많지 않다. 하지만 경기도의 경우 경기도의 기초자치단체의 독립성이 강하고 경기도가 직접적으로 관여하는 부분이 많지 않아 개별 지자체의 연합으로 인지되는 경우가 많다. 지역의 다른 도들도 시·군·구가 다양하게 존재하고 도농복합도시의 경우 브랜드 정체성 관리에서도 어려움을 겪을 수 있다. 이럴 경우 도시 브랜드 아키텍처의 효과적인 정립이 요구된다.

다음으로 브랜드 포트폴리오 관리도 중요하다. 포트폴리오는 브랜드의 수평적인 관계에 대한 것이다. 한국이라는 국가를 외국인들이 보면 관광의 대상이 될 수도 있고 이민의 대상이 될 수도 있다. 이주하여 일을 하고자 하는 취업의 대상이 되기도 하며, 학생의 경우 유학의 대상이 되기도 한다. 그리고 기업을 운영하는 사람들에게는 투자의 대상이 되기도 한다. 따라서 국가 브랜드는 국가 브랜드 고객들에게 수많은 서비스를 제공할 수 있으며 이러한 분야별 국가 브랜드에 대한 통합적인 관리가 필요하다. 보다 실무적으로 보면 한국을 상징하는 다양한 브랜드를 통합적으로 관리하여야 한다는 의미이다. 국가 브랜드를 최상의 보증브랜드로 놓고 수평적으로 수직적으로 관리가 필요하다.

한국의 경우 'Dynamic Korea' 'Korea Sparkling' 'Korea Be Inspired' 'Korea Premium' 등이 동시에 사용되며, 지자체와 같은 도시 브랜드로 내려가면 240여 개의 브랜드가 존재하고, 준정부 기관인 Kotra와 KOICA 등이 독자적인 브랜드를 운영하고 있으며, 공공 브랜드와 공공 미디어들을 포함하면 그 수는 더욱 늘어난다. 유사한 브랜드를 혼용하여 사용하면 브랜드 아이덴티티 관리에 문제가 발생하며 커뮤니케이션에도 비효율적이다. 따라서 국가 브랜드를 최정점에 두고 그에 맞는 브랜드 아키텍처를 구축하고 나머지 브랜드의 포트폴리오 관리가 필수적이다.

국가 브랜드를 구축하기 위해서는 실체 구축, 전략 수립, 실행 및 평가, 피드백의 과정을 거치게 된다. 한국의 경우 기본적으로 'Dynamic Korea'라는 국가 브랜드를 사용하며 여기에는 기능적 역동성, 정신적 역동성, 지적 역동성, 유교적 역동성, 감성적 역동성이 모두 포함된다(김유경 외, 2018). 기업 브랜드와 마찬가지로 국가가 보유하고 있는 특성을 체계화한 브랜드를 개발하고 이를 통일성 있게 유지, 발전시키는 노력이 필요하다.

역할

국가 브랜드가 중요한 이유는 구축된 국가 브랜드는 국가와 관련한 다양한 인식과 행동에 영향을 미치기 때문이다(최일도, 최미세, 2009). 호의적이고 강력하며 독특한 국가 브랜드가 구축되면 기본적으로 국가에 대한 반응과 평가에 긍정적인 영향을 미친다. 한 국가에 대한 긍정적인 인식은 해당 국가의 여행지를 선택하는 데에도 영향을 미친다. 선호하는 국가에 가보고 싶은 것이 관광 소비자의 기본적인 생각이기 때문이다. 더욱이 국가에 대한 이미지가 유학생들이 특정한 국가에 공부를 하러 가는 의사결정에 영향을 미칠 수 있다. 이는 교환학생과 같은 단기적인 방문은 물론 학위 과정을 준비하는 경우까지 영향을 미칠 수 있다. 국내에 유학 온 학생들의 경우도 한국에 대한 호의적인 이미지가 영향을 미친 경우가 많은 것이 현실이다.

비즈니스적인 측면에서 투자를 결정하는 데에도 영향을 미칠 수 있다. 기업이 투자하는 경우 단순한 호의적인 이미지에 좌우되는 것은 아니다. 국가 브랜드라는 것은 이미지에 기반한 무형의 자산과 함께 유형의 국가 경쟁력도 포함하는 개념이다. 따라서 경쟁력 있고 유망한 국가에 비즈니스 거점을 구축한다거나 신규 투자를 감행하는 경우를 종종 보게 된다. 영국이 브렉시트(Brexit)를 단행한 이후 영국을 거점으로 하던 글로벌 기업이 유럽으로 회사를 옮기는 경우가 대표적이다. 홍콩의 경우도 홍콩 내부적인 환경이 불안정해지면서 글로벌 기업들이 싱가포르나 상하이로 거점을 옮기는 사례들이 늘어나고 있다. 따라서 국가 브랜드 관리에는 이미지뿐만 아니라 실체적인 경쟁력을 갖추는 것이 중요하고, 이는 또 다른 분야에서 국가 브랜드 성과를 창출한다.

국가 브랜드는 해당 국가에서 생산되는 제품에도 긍정적인 영향을 미친다. 이는 원산지(country-of-origin)효과로 설명할 수 있다. 국가 브랜드가 원산지 제품에 대해 후광효과(halo effects)를 발휘하게 된다. 원산지효과는 인지적인 노력을 많이 들이지 않고도 활성화되며 제품 선택에 직접적으로 관여한다.

따라서 호의적인 국가 브랜드 인식은 해당 국가에서 생산된 제품에 대한 태도와 구매의도에 긍정적인 영향을 미친다. 한국에 대한 긍정적인 인식은 Made-in-Korea 제품에 대한 긍정적인 태도로 연결되고 구매에도 영향을 미친다.

이 외에 국가 브랜드는 일상생활에도 영향을 미치는 경우가 있다. 예를 들어, 국가 브랜드에 대한 호의적인 인식은 해당 국가의 언어를 배우고 더 알아보고 싶은 마음이 들게 하는 경우이다. 언어를 알게 되면 국가에 대한 친숙도가 더 높아지고 선순환이 일어난다. 국가에 대한 관심은 그 나라의 일반적인 제품은 물론 문화상품에 대한 관심으로 연결되고 해당 국가에 대한 이해를 돕게 된다. 특정한 국가에 대한 지식이 많은 외국인이 늘어나면 장기적인 차원에서 국가 브랜드의 자산으로 발전할 수 있다.

구축

국가 브랜드에 영향을 미치는 요인은 다양하다. 국가 브랜드 자산 요인인 인지도, 기능적 평가, 감성적 평가, 충성도 등이 국가 브랜드에 영향을 미친다(김유경, 최창원, 이효복, 2011). 국가 브랜드의 결과 요인으로는 국가에 대한 방문의도나 원산지 제품의 구매의도 등이 포함된다. 해외 거주민들의 경우 해당국 문화에 대한 문화적응(acculturation)이 국가 이미지에 영향을 미치는 경우도 있다(전종우, 이현숙, 최일도, 2010).

국가 브랜드의 구축에는 전통적인 광고가 영향을 미치기는 하지만 절대적인 역할을 하기에는 부족하다(Ham, Cho, & Jun, 2012). 국가에 대한 충분한 정보를 대중매체 광고로 집행한다는 것은 비용적으로도 많은 투자가 요구되고 효과를 담보하기 쉽지 않다. 이러한 이유로 비전통적인 커뮤니케이션 방법들이 국가 브랜드를 구축하는 데 많이 활용된다. 특정한 이슈를 통해 글로벌 사회에 국가를 홍보하는 일이 가능하다. 대형 이벤트를 개최하는 것이 대표적인데, 국제사회에서 상대적으로 많이 알려져 있지 않는 국가들의 국가 브랜드 구축에 효과적이다(Jun & Lee, 2007).

가장 대표적인 것이 문화콘텐츠의 역할이다. 한류로 이야기되는 K-콘텐츠가 한국의 이미지에 긍정적인 영향을 미친다는 것은 이미 알려진 사실이다. 과거에는 한국의 드라마와 영화가 한류라는 이름으로 아시아에 전파되어 한국의 국가 이미지에 긍정적인 영향을 미치는 역할을 하였다. 최근에는 한국의 가요가 K-pop이라는 이름으로 인기를 끌며 한국의 국가 이미지 구축에 기여하고 있다. BTS의 경우 전 세계적인 인기를 누리고 있으며, BTS를 통해 한국의 이미지가 긍정적으로 전파되는 사례를 많이 접할 수 있다. 대중문화의 하나인 음악이 국가 이미지 구축에 도움이 된다는 것은 학문적으로도 많이 연구가 되었다(이준웅, 2003).

브랜디드 엔터테인먼트

개념

브랜디드 엔터테인먼트는 엔터테인먼트 콘텐츠를 활용한 광고를 의미한다. 브랜디드 엔터테인먼트가 시장에 등장한 것은 소비자가 광고를 회피하는 시장 상황에 기인한다. 독자가 인쇄광고에 주목하지 않은 지는 오래되었다. 신문을 구독하는 사람들도 많지 않고, 가판대에서 신문을 사는 경우도 요즘은 찾아보기 힘들다. TV도 사람들이 과거와 같이 열성적으로 시청하지 않는다. 프로그램 앞뒤에 광고를 집행하는 방송 광고도 과거와 같은 효과를 담보하지 못하는 현실이다. 더욱이 현대의 소비자는 광고에 호의적이지 않은 경우가 대부분이다. 광고라는 단어 자체가 부정적인 단어로 간주되는 경우도 많다. 광고를 효과적으로 만들기도 어렵지만 광고를 소비자에 전달하는 일이 더욱 어렵게 되었다.

이러한 환경에서 상업적인 메시지를 콘텐츠 안에 융합시킨 형태의 광고가 브랜디드 엔터테인먼트라고 할 수 있다. 브랜디드 엔터테인먼트(branded entertainment)라는 용어는 브랜디드 콘텐츠(branded content)와 같이 사용되며, 두 가지는 유사한 개념으로 꼭 구분이 필요한 것은 아니다. 다만, 특징을 보면 브랜디드 엔터테인먼트는 기존의 엔터테인먼트 산업에서 제작하는 영화나 드라마, 게임 등의 엔터테인먼트 콘텐츠를 활용하는 경우를 의미하고, 브랜디드 콘텐츠는 이외의 이용자가 직접 만든 콘텐츠까지 포함하여 넓게 지칭하는 용어이다. 유튜브 콘텐츠와 개인방송 채널에서 제작하는 콘텐츠를 활용하는 경우가 브랜디드 콘텐츠의 대표적인 사례이다.

브랜디드 엔터테인먼트를 엔터테인먼트 장르에 따라 구분해 보면 영화와 드라마 형식을 활용한 애드무비(ad movie), 만화나 웹툰을 활용한 브랜드 웹툰(brand webtoon), 게임을 활용한 광고게임(advergame) 등으로 구분할 수 있다. 이 외에 넓은 의미에서 전통적인 엔터테인먼트 콘텐츠를 활용한 경우도 포함된다. 예를 들어, 공연이나 이벤트, 전시 등 대면 콘텐츠를 활용한 마케팅 커뮤니케이션도 브랜디드 엔터테인먼트에 포함될 수 있다. 또한 콘텐츠를 소극적으로 활용하는 PPL(Product PLacement) 등도 넓은 의미에서 브랜디드 콘텐츠의 원형으로 구분할 수 있다.

브랜디드 엔터테인먼트를 이해하기 위해서는 몇 가지 개념에 대한 이해가 선행되어야 한다. 소비자가 직접 선택하는 콘텐츠라는 차원에서 브랜디드 엔터테인먼트는 소비자가 수용하는 독특한 이유와 과정에 대한 이해가 필요하다. 브랜디드 엔터테인먼트를 찾아보는 이유는 콘텐츠가 재미있고 시간을 투자할 만한 가치를 느끼기 때문이다. 콘텐츠에 가치를 부여하고 재미있게 하는 요인은 다양하다. 콘텐츠 제작에 있어 스토리텔링(storytelling)은 소비자가 이야기에 흥미를 느끼게 도와준다. 또한 소비자가 지각하는 콘텐츠의 유희성(enjoyment)에 대한 이해가 필요하다. 콘텐츠를 보고 받아들이는 과정에서 소비자가 경험하는 공감(empathy), 몰입(immersion), 전송(transportation)의 역할도 중요한 요인이다.

실행

광고에 대해 소비자가 부정적이라는 것은 현대 광고 환경에서 중요한 이슈이다. 기업 광고와 함께 국가나 정부기관에서 집행하는 광고는 소비자의 관심을 끌기 더욱 어려운 현실이다. 자신에게 직접적으로 영향을 미치는 정책이나 행정 서비스가 아니면 정부의 이야기에 개인적인 관심을 보이는 경우는 많지 않다. 기관의 성격상 정보 위주의 광고를 집행하는 경우가 많고, 기업에 비해 의사결정 과정이 복잡하여 제작자의 아이디어가 창의적으로 구현되기에도 어려움이 따른다. 따라서 정부의 메시지는 일반적인 광고 형식을 탈피하여 소비자에게 보다 효과적으로 다가갈 수 있는 방법이 모색되어야 한다.

소비자가 관심을 가지게 하려면 재미있게 제작되어야 한다. 여기서 재미라는 것은 단순히 유머광고를 말하는 것이 아니다. 소비자가 시간을 투자하여 시청하고 읽을 만한 가치를 제공하여야 한다는 의미이다. 이는 전달하고자 하는 내용보다는 형식과 전달 방법에 대한 고민이 필요하다는 의미이다. 정부가 하고 싶은 말을 하는 것이 아니라 소비자가 듣고 싶은 말을 한다는 점이 중요하다. 같은 내용이더라도 소비자의 설득지식(persuasion knowledge)을 촉발하지 않고 관심과 흥미를 유도하기 위해서 브랜디드 엔터테인먼트가 하나의 해법이 될 수 있다.

과제

정부 광고에서 새로운 아이디어를 실험하는 것은 쉽지 않은 일이다. 기존의 성공사례가 없는 방식을 도입하는 데는 파격적인 의사결정이 필요한 경우가 많다. 정부 담당자의 경우 새로운 것을 시도하는 모험을 피하는 것이 일반적이기 때문이다. 이러한 현실에서 브랜디드 엔터테인먼트를 제작하는 데 있어 유튜버와 협업을 하는 것은 의사결정권자를 설득하기 쉽지 않을 수 있다. 보수적인 조직 문화로 인해 새로운 시도에 대해 허락을 득하는 것이 어려울 수도 있다. 하지만 과거의 성공사례가 현재는 유효하지 않을 수 있고 변화하는 환경에서 쓸모없게 되는 경우도 많다. 국가 브랜드라는 것이 그 규모가 방대하고 관여되는 부분이 많아 관리에도 어려움이 따르고 일관된 아이덴티티를 공유하는 것도 쉽지 않다. 따라서 국가 브랜드의 구축과 유지, 발전을 위해서는 메시지 제작은 물론 브랜드 관리 차원에서도 새로운 시도가 많이 필요하다.

사례

브랜드 아이덴티티

대한민국의 국가 브랜드는 'Dynamic Korea'가 상당 기간 사용되었다. 하지만 박근혜 정부 시기에 'Creative Korea'로 변경된 적이 있다. 기업 브랜드도 마찬가지이지만 국가 브랜드의 경우 구축에 더욱더 많은 시간과 노력이 들기 때문에 기존의 국가 브랜드 상징이나 슬로건을 최대한 활용하는 것이 바람직하다. 정권이 바뀐다고 브랜드를 교체하는 것은 특별한 이유가 있는 경우가 아니라면 바람직하지 못한 결과를 가져오는 경우가 많다. 지방자치단체의 경우도 마찬가지이다. 자치단체장들이 새로 취임하면 도시나 지역의 브랜드를 새롭게 단장하고 싶은 욕구를 느끼는 경우가 많다. 브랜드를 새롭게 재정의하는 작업이 필요한 경우도 있겠지만 일반적으로 기존 브랜드를 더욱 정교화하여 커뮤니케이션을 강화하는 노력이 중요한 경우가 대부분이다. 국가나 지역의 경우 브랜드 자산에서 전통이 중요한 요인으로 간주된다. 시각적 상징의 경우 하나의 전통적인 브랜드 자산이 될 수 있으며 잦은 교체보다 이를 유지, 발전시키는 노력이 필요하다.

한국의 이미지는 상대적으로 긴 노동시간과 과도한 경쟁으로 인해 부정적인 평가를 받는 경우가 있다. 하지만 이러한 노동자들의 헌신이 그동안 대한민국의 성장을 뒷받침해 온 역할도 부인할 수 없다. 따라서 한국의 국가 브랜드는 긍정적인 차원과 부정적인 차원을 모두 담아낼 수 있는 아이덴티티가 필요하다. 'Dynamic Korea'는 역동적인 한국을 표현하기 적합하고 부정적인 이미지를 극복하고 적극적으로 긍정적인 연상을 창출할 수 있는 노력이 필요하다. 'Creative Korea'의 경우 미래 산업에서 선도자로서의 이미지를 추구하는 이상적인 지향점이 될 수는 있겠지만 추격자 전략을 구사해 온 대한민국의 지나온 발자취와 현재 상황을 고려하면 이상과 현실은 괴리가 있을 수 있다. 따라서 국가 브랜드는 현재의 이미지와 지향하는 아이덴디티 사이에서 적절한 조화를 이루고 미래를 지향할 필요가 있다.

또 한 가지 문제점은 국가와 관련한 수많은 브랜드가 난립한다는 것이다. 국가 브랜드의 경우도 'Dynamic Korea'와 함께 관광 분야에서 'Sparkling Korea'를 독자적으로 사용하고 있다. 국가라는 것이 제품의 원산지와 함께 관광의 목적지라는 점을 고려하면 국가의 전체적인 이미지와 관광 이미지가 분리된다는 것은 바람직하지 못하다. 더구나 서울과 경기도 등 지역 브랜드가 따로 운영되는 현실에서 한국 이미지의 정체성을 전달

[그림 3-1] 대한민국 국가 브랜드와 관광 브랜드 상징
(대한민국 정책브리핑, 2008; 한국일보, 2008. 3. 7.)

하는 데 혼선이 생길 수 있다. 하나의 도시를 방문하지 않고 국
가를 방문하는 것은 불가능하다. 경기도의 경우 기초단체로 이
루어져 있어 경기도의 정체성과 소속 시ㆍ군의 정체성이 충돌
할 수도 있다. 따라서 국가나 지역의 브랜드 관리는 브랜드 아
키텍처와 브랜드 포트폴리오를 고려한 전략적인 작업이 되어
야 한다.

이벤트 개최

국가 브랜드를 구축하는 데 효과적인 방법 중 하나가 글로벌
메가 이벤트를 개최하는 것이다. 사람들이 스포츠와 이벤트를
즐기면서 개최국의 이미지를 반복적으로 접하게 되면 해당 국
가 브랜드에 긍정적인 경험을 할 수 있다. 역사적으로 1988년
서울 올림픽은 한국이라는 국가를 알리기 위한 전략적인 방법
으로 활용되었다. 1980년 모스크바 올림픽과 1984년 로스앤젤

레스 올림픽이 냉전의 여파로 반쪽짜리 올림픽이었던 것에 반해, 동서양 진영이 모두 참가한 올림픽에서 한국의 발전상과 저력을 보여 준 올림픽으로 평가받는다. 2002년 월드컵도 한국이 4강까지 진출하면서 대회의 운영은 물론 스포츠에 있어서도 한국의 브랜드 파워를 보여 주었고 거리 응원은 전 세계인에게 깊은 인상을 남긴 대회였다. 2018년 평창 동계올림픽의 경우에는 남한과 북한의 역사적인 만남으로 전 세계의 주목을 끌었으며 남북한 단일팀과 북한 응원단 등 과거와는 다른 특별한 올림픽으로 전 세계에 기억된다. 엑스포는 스포츠 경기는 아니지만 올림픽과 월드컵에 이어 세계 3대 이벤트로 불린다. 2012년 여수 엑스포는 경제적인 차원에서 한국과 여수를 알린 계기가 되었다.

[그림 3-2] 한국이 개최한 메가 이벤트
(조선멤버스, 2019. 9. 17.; 나무위키; 리브레위키; GE리포트 코리아)

국가관

 전시관은 관람객에게 엔터테인먼트 요소를 제공하며 전시물에 대한 정보를 효과적으로 전달할 수 있다. 관람객이 직접 참여하고 실질적인 경험을 할 수 있다는 차원에서 브랜드를 알리고 호의적인 태도를 형성하는 데 매우 효과적이다. 국가의 경우 메가 이벤트를 개최하면서 브랜드 구축을 도모하고 세부적인 브랜딩 도구로 국가관을 운영한다. 올림픽이나 엑스포에 설치된 국가관은 해당 국가에 대한 정보를 제공하고 전통적인 음식과 특산물을 경험할 수 있는 기회를 제공한다. 전시 자체에 관람객에게 즐거움을 제공할 수 있는 다양한 요소를 전시물로 활용하여 국가에 대한 호의적인 이미지를 창출하고 긍정적인 국가 브랜드를 구축하는 데 도움이 된다.

[그림 3-3] 여수 엑스포 한국관과 평창 동계올림픽 한국관
(구글 이미지; 해외문화홍보원)

아리랑 TV

국가를 홍보하는 도구로 해외 거주자 대상 방송 채널을 운영하는 경우가 많다. 기존 방송 채널을 글로벌 채널로 운영하는 경우도 있지만 순수한 국가 브랜드 홍보 목적으로 방송 채널을 운영하기도 한다. 한국의 경우 영어로 방송되는 아리랑 TV가 대표적이다. 한국에 대한 소개를 주요 프로그램으로 제작하며 한국 뉴스를 영어로 방송한다. 엔터테인먼트를 제공하는 TV 채널을 운영한다는 차원에서 넓은 의미의 국가 브랜딩에서 브랜디드 엔터테인먼트 형식으로 구분할 수 있다.

[그림 3-4] 아리랑 TV(한국기자협회, 2020. 5. 20.)

PLPL

국가 브랜드의 경우 다양한 콘텐츠로 커뮤니케이션할 수 있지만 단순한 광고로는 구축하기 힘들다. 경우에 따라 외교적인 목적이나 갈등을 조정하기 위해 국가가 광고를 집행하는 경우도 있다. 하지만 광고는 단기적인 목적에 적합하고 브랜드 구축에는 크게 도움을 받기 어렵다. 이럴 경우 PPL의 사례를 적용할 수 있다. 국가 브랜드 커뮤니케이션에서는 미디어 콘텐츠에 장소를 제공하는 것이 가장 대표적이다. 엔터테인먼트 콘텐츠에 특정 국가의 장소가 등장하는 것이다. 이를 PLPL(place placement)로 부르기도 한다. 영화나 드라마에 특정 국가가 등장하게 되면 해당 국가에 대한 노출을 통해 특정한 인식을 형성할 수 있다. 이는 브랜디드 엔터테인먼트의 초기적인 모습으로 볼 수 있다.

영화 〈마블〉에 한국의 서울과 부산이 등장하여 사람들의 관심을 끌고 영화 관람에도 긍정적인 영향을 미친 경우가 있었다. '어벤져스 시리즈'에 상암 MBC가 등장하고 〈블랙 팬서〉에서는 부산의 자갈치 시장이 영화에 등장하였다. 글로벌 관객들은 한국에 대한 노출을 통해 국가 이미지를 형성하게 된다. 한국인들의 경우도 홍보 효과로 인해 영화에 대해 긍정적인 평가를 내리면서 국가와 영화사의 공동 마케팅 형태로도 발전이 가능하다.

[그림 3-5] 한국이 등장하는 〈블랙 팬서〉와 〈어벤져스〉
(jtbc 뉴스, 2015. 3. 5.; SBSNEWS, 2018. 2. 20.)

PLPL은 꼭 긍정적인 결과만 가져오는 것은 아니다. 과거 〈MASH〉라는 미국의 프로그램은 한국전쟁과 관련한 콘텐츠를 다루면서 과거 경제적으로 넉넉하지 못한 모습과 한국인들의 부정적인 면을 묘사하면서 국가 이미지에 미치는 부정적인 문제로 지적을 받았다. 지금도 케이블 채널을 통해 방송되면서 부정적인 PLPL의 대표적인 사례로 이야기할 수 있다.

[그림 3-6] 한국이 부정적으로 묘사된 〈MASH〉(우만위키; 컨텐츠 뱅크)

브랜디드 콘텐츠

국가에 대한 홍보를 SNS를 통해 전달하는 경우도 있다. 해외에 대한민국을 홍보하기 위해 외교부에서 운영하는 공식적인 채널이 있지만, 민간 차원에서 한국에 대한 소개와 콘텐츠를 운영하는 경우도 많다. 1999년에 만들어진 반크(Voluntary Agency Network of Korea: VANK)가 가장 유명하며 외국에 대해 대한민국에 대한 홍보와 교류를 통하여 민간 외교관의 역할을 하는 비정부 민간단체이다. 반크가 제작하는 콘텐츠는 대한민국에 대한 홍보와 잘못된 정보를 바로잡는 역할을 한다.

북한의 경우도 체제를 선전하는 방법의 하나로 유튜버를 활용하기도 한다. 북한에 대한 소개를 주로 하는 북한 유튜브 콘텐츠는 북한을 홍보하는 하나의 콘텐츠로 분류할 수 있다. 콘텐츠 내용의 문제로 계정이 정지를 당하는 등 UN의 제재로 많은 활동을 하지는 못하지만 체제 선전의 도구로 이용된다.

[그림 3-7] 북한의 유튜버(한국일보, 2020. 5. 19.; 헤럴드경제, 2021. 3. 8.)

브랜드 공모전

소비자가 참여한다는 차원에서 공모전은 대표적인 참여형 콘텐츠이다. 공모전에서 상금을 제공하거나 참가자들이 경쟁

[그림 3-8] 국가 브랜드 공모전(외교부, 2015)

을 통해 성취감을 느끼는 경우 브랜디드 엔터테인먼트로 분류
할 수 있다. 공모전과 같은 경우는 대한민국 국민을 대상으로
진행되는 특성상 브랜딩에서 내부 구성원을 대상으로 하는 내
부 브랜딩(internal branding)이라 할 수 있다. 기업의 경우 직원
들의 애사심을 고취하는 전략적인 방법들을 사용한다. 이를 국
가 브랜드에 적용해 보면 국민에게 국가에 대한 로열티를 높이
고자 하는 브랜딩이다. 밀레니얼 세대를 비롯한 젊은 층 사이
에서 한국 사회가 경쟁이 치열하고 살기 힘들다는 이야기가 많
은 현실에서 국가 브랜딩에서 내부 브랜딩도 중요한 전략적 고
려가 필요하다.

한류

국가 브랜드 구축을 위한 가장 효율적인 방법은 문화콘텐츠
를 통한 방법이다. 한류로 대표되는 한국의 K-콘텐츠는 한국

이미지에 많은 긍정적인 영향을 미치고 있다. 한류가 인기를 얻으면서 K-뷰티와 같이 한국의 화장품이 글로벌 소비자의 사랑을 받게 되었고, 이러한 브랜드 파워가 K-푸드와 같이 한국의 식품으로도 연결되어 다양한 제품군에서 한국 상품의 인기가 전파되고 있다.

한류는 초기 일본을 비롯한 아시아에서 한국 드라마의 인기로 시작되었다. 초기 한류를 이끌었던 드라마는 〈사랑이 뭐길래〉, 〈겨울연가〉 등이었다. 〈겨울연가〉의 경우 일본인들에게 인기를 끌어 드라마 촬영지는 성지가 되었다. 이후 중국인들도 한류 드라마를 좋아하게 되고 한국을 많이 찾았다. 한류 드라마가 한창 인기를 누리던 시기에는 명동에 중국인 여행객들로 넘쳐 나기도 하였다. 〈대장금〉과 같은 사극 드라마도 인기를 끌었다. 특히 한복이 몸 전체를 가리는 디자인이라는 점에서 문화적인 이유로 중동 시청자들의 특별한 사랑을 받기도 하였다. 이후에는 한국 영화가 많은 인기를 누리게 되었다. 많은 한국 영화가 수출되고 리메이크되면서 한국 문화를 알리고 한국을 알리는 계기가 되었다. 〈수상한 그녀〉의 경우 동남아시아에서 특별한 인기를 누리기도 하였다. 〈기생충〉의 해외 영화제 수상은 한국 영화의 위상을 드높인 것뿐만 아니라 한국의 콘텐츠 산업의 경쟁력을 보여 주었고, 이는 한국의 국가 이미지에도 긍정적인 영향을 미친 것으로 이야기한다. 소프트 파워가 중요해지는 현대의 국가 경쟁 시기에는 문화 산업의 경쟁력이 국가 경쟁력으로 간주되는 경우가 많다.

한류와 같은 문화콘텐츠는 정치적인 이슈로 인해 영향을 받을 수 있다. 중국의 한한령으로 인해 중국의 한류 팬들이 한국을 찾기 어려워진 것이 사실이다. 비교적 문화콘텐츠 소비는 정치적인 영향을 덜 받는다 하여도 중국과 같이 정부 당국이 개입하게 되면 해결이 힘든 경우가 많다. 또한 일본과의 무역 갈등으로 인해 일본과 관계가 과거와는 다른 모습을 보이고 있다. 이러한 국가 적대감이 증가하면 국가 이미지에 부정적일 뿐만 아니라 경제적인 면에서 직접적인 타격을 받는다.

드라마와 영화를 거쳐 현재는 K-pop이 한국을 대표하는 콘텐츠로 사랑받고 있다. 많은 아이돌 그룹이 아시아를 비롯하여 미주와 유럽에서 인기를 얻었다. BTS는 현재 최고의 인기를 누리고 있다. BTS의 한국전쟁 발언을 문제 삼아 중국 당국이 BTS를 규제하고 있지만 중국 현지의 인기는 상당한 것으로 평가된다. 이는 국가 간의 갈등 상황이 전개되더라도 문화콘텐츠는 국가 이미지를 높여 주는 중요한 콘텐츠라는 의미이다. 한국의 문화콘텐츠 산업을 진흥시키고 보다 발전시키기 위한 정부의 노력이 필요하다.

정부 광고

국가 브랜드 광고와 따로 떼어 내어 생각하기 힘든 정부 광고가 있다. 정부는 국가의 한 부분으로 중앙정부의 경우 국가의 많은 부분에 있어 의사결정을 하고 정책을 수립, 집행하기 때문이다. 국가의 정책을 관장하는 개별 부처들이 정부 부처별로 정책을 홍보하고 국민에게 필요한 정보를 제공하게 된다. 이는 전통적인 광고를 통해 집행되기도 하지만 디지털 시대에는 SNS를 운영하며 정책을 국민과 소통하는 경우가 많다. 국민에게 정부의 메시지를 전달하는 데는 브랜디드 엔터테인먼트가 효과적이다. 기업 광고에 대해서도 부정적인 인식을 가지고 있는 일반 소비자의 경우 정부 광고에는 더욱더 적극적인 관심을 표명하는 경우가 많지 않다. 따라서 소비자가 직접 찾아볼수 있는 재미있는 콘텐츠가 효과적이다. 해양수산부에서 제작한 브랜디드 엔터테인먼트는 기존 정부 광고 형식을 파괴한 실험적인 시도로 유명하다.

[그림 3-9] 해양수산부의 브랜디드 엔터테인먼트(해양수산부, 2019)

[그림 3-10] 충주시 포스터(연합뉴스, 2016. 8. 22.; 인스티즈)

충주시의 포스터 광고는 이제 유명한 사례가 되었다. B급 감성을 활용한 키치(kitsch) 형식으로 제작된 광고는 많은 사람의 관심을 끌었고 충주 시민뿐만 아니라 서울 수도권 소비자에게도 흥미로운 콘텐츠로 소구하였다. 충주시 광고는 포스터와 같이 전통적인 형식을 취하고 있지만 SNS를 통해 공유되면서 인기를 끈 사례이다. 이렇듯 소비자가 자발적으로 소비할 수 있게 즐거움을 제공하는 광고 콘텐츠는 브랜디드 엔터테인먼트로 분류할 수 있다.

결론

국가 브랜드는 국가를 전략적으로 관리하고자 하는 노력으로 정부의 관심과 실질적인 지원이 요구된다. 이전 정부에서 국가브랜드위원회를 구성하여 국가 브랜드 정책에 관심을 가지고 지원하였지만 새로운 정부가 들어서면서 국가 브랜드에 대한 관심이 예전 같지 않은 것이 사실이다. 정부 내에 조직을 구성하는지 여부와 관계없이 국가의 경쟁력을 강화하기 위한 노력은 필요하고 대내외적인 이미지 관리도 소프트 파워라는 차원에서 중요한 일이다. 국가 브랜드에 대한 논의에서 확인하였지만 강력하고 호의적이며 독특한 브랜드는 많은 이점을 누릴 수 있다. 하지만 브랜드를 구축하는 것은 쉽지 않으며, 국가 브랜드는 기업 브랜드보다 더 많은 노력이 필요하다. 국가 브랜드의 구축에는 정부의 노력과 함께 민간 부문에서의 협력도 절대적이다. 따라서 분야를 넘어서는 협업과 공동의 노력이 필요하다.

국가 브랜드를 구축하는 데 어려움을 겪는 일 중에 하나는 정부 중심의 국가 브랜드 관리에서 발생하는 일 처리의 문제이다. 국가가 관여하는 일은 공공성을 기반으로 하며 국가와 국민에게 필수적인 일이 대부분이다. 하지만 일반적으로 국가에서 실행하는 일은 법과 제도하에서 이루어지기 때문에 유연성이 떨어지게 마련이다. 브랜딩 목표를 설정해 놓고 이를 이루기 위해 일방적으로 밀어붙이는 것은 효율적이지 못하다. 특히 원하는 반응을 얻고자 수용자의 특성을 고려하지 않고 강제적인 메시지를 발신하는 것은 부정적인 효과를 가져올 수도 있다. 국가라는 거대한 대상을 알리고 호의적인 연상을 구축하기 위해서는 보다 세심한 접근이 요구된다. 수용자의 입장을 고려하고 자발적으로 메시지와 콘텐츠를 소비하게 유도하는 전략이 필요하다. 여기에 가장 적합한 브랜드 전략이 브랜디드 엔터테인먼트라고 할 수 있다.

직접적으로 소비할 수 있는 상품이 제한적인 국가 브랜드는 브랜드 이미지가 중요하게 작용한다. 따라서 해당 국가의 경쟁력을 소구하는 이성적인 메시지 전달과 함께 감성을 자극하는 유희적인 방법이 효과적이다. 한국을 관광지로 선택해야 하는 이유를 논리적으로 설명하는 광고는 글로벌 여행객에게 필요한 정보를 제공할 수는 있지만 실질적인 태도 변화와 행동을 유발하기는 쉽지 않다. 한국 아이돌을 좋아하는 데에도 특별한 이유가 필요하지는 않다. 국가 브랜드 구축을 위한 첫 단계에서는 한국이라는 브랜드 이미지를 감성적인 방법으로 전달하는 것이 중요하며 여기에 감성적인 스토리를 가진 브랜디드 엔터테인먼트를 활용할 수 있다는 것이다.

한국을 알리기 위해서는 한류를 적극적으로 지원할 필요가 있다. 한류는 이제 아시아를 넘어 전 세계로 퍼져 나가고 있다. 드라마로 시작되어 영화를 거쳐 이제 대중음악을 통해 한국을 알리고 있다. 전 세계 소비자에게 국가를 알리는 데에 문화콘텐츠는 효율적이며 효과적이다. 이는 많은 학술 논문에서도 검증이 되었고 실무적으로도 한류의 긍정적인 효과에 대해 동의하고 있다. 한류는 한국에서 생산된 콘텐츠를 활용한 원산지 국가 홍보 전략으로, 이는 브랜디드 엔터테인먼트 전략이라고 할 수 있다. 한류 스타를 통해 형성된 호의적인 관계는 한류 스타를 직접적인 국가 브랜드 광고 모델로 활용할 경우 그 효과를 배가시킬 수 있다.

공공외교 차원에서 한국을 방문하는 사람들을 대상으로 한 호의적인 커뮤니케이션이 필요하다. 국가 이미지를 대외적으로 커뮤니케이션하는 방법은 글로벌 환경에서 국가 브랜드를 구축하는 기본적인 방법이지만 국내에 거주하는 외국인들에 대한 커뮤니케이션도 중요하다. 연구에 따르면 문화적응이 국가 브랜드에 긍정적인 영향을 미친다고 한다. 이는 한국 거주 외국인들이 한국 문화에 익숙하게 되고 한국에 대해 만족하게 되면 한국에 대한 태도는 물론 장기적인 행동에도 영향을 미친다는 의미이다. 해외 거주자들을 대상으로 한 커뮤니케이션도 중요하지만 내부 브랜딩 차원에서 국내 거주 외국인들을 위한 국가 브랜드 프로그램 운영도 필요하다.

한국이 다문화 사회로 진입하면서 외국인에 대한 인식을 바꿀 필요가 있다. 역사적으로 많은 인종이 모여 사는 미국이나 유럽은 다문화에 대한 인식이 어느 정도 정착되어 있고 제도적으로도 뒷받침되어 있다. 반면, 한국 사회는 다문화에 대해 제도적으로도 보완이 필요하고 국민의 인식이 아직 성숙되지 않은 것이 사실이다. 국가 브랜드를 구축하는 데 있어 긍정적인 이미지를 소구하는 것과 함께 부정적인 이미지를 완화시키는 것이 더 중요한 경우도 많다. 따라서 한국이 글로벌 스탠더드에서 벗어난 듯한 이미지를 심어 줄 수 있는 외국인에 대한 차별적 인식을 없애고 더불어 살아가는 사회적 환경을 구축하는 노력이 필요하다. 여기에는 외국인들이 한국에서 생활하는 데 있어 만족을 느끼는 브이로그 형식의 콘텐츠도 도움이 될 수 있다.

한국은 동양문화인 집단주의적인 특성을 보인다. 이런 특성은 내부적인 단합에는 도움이 되지만 폐쇄적인 문화로 강화될 수 있어 국가 이미지 제고를 위해서는 방해가 되는 경우가 많다. 국가 브랜드를 구축한다는 것이 다른 국가를 깎아내리는 것은 아니다. 오히려 부정적인 커뮤니케이션은 자국의 브랜드 가치를 손상시킬 수 있다. SNS가 활성화되면서 정치적인 문제나 외교적인 문제로 SNS에서 네티즌 간에 논쟁을 벌이는 경우가 종종 있다. 자국 우월주의(ethnocentrism)를 바탕으로 한 혐오 표현은 국가 브랜드에 전혀 도움이 되지 못한다. 잘못된 정보나 오류에는 사실 관계로 대응해야 하지만 상대를 비방하는 행동은 글로벌 커뮤니케이션 차원에서 바람직하지 않다. SNS가 소통의 중심이 되면서 국가 브랜드 구축과 홍보를 위한 콘텐츠가 넘쳐 나게 되면 특정 국가에 대한 부정적인 면이 이슈가 되는 경우가 많다. 이러한 콘텐츠에 감정적으로 개입하기보다는 전략적인 대응이 필요하다. 글로벌 국가 브랜드 시장에 대한 이해를 바탕으로 일반 국민들도 다른 국가에 대한 인식을 정교화할 필요가 있다.

국가 브랜드를 글로벌 차원에서 커뮤니케이션하는 데 있어 일방향적인 메시지가 아니라 외국인들의 자발적인 참여를 이끌어 낼 필요가 있다. 자국의 장점을 자국의 입장에서 일방향으로 전달하는 것은 효과적이지 않다. 외국인들은 다른 국가에 대해 크게 관심이 없는 것이 사실이고, 경우에 따라서는 사소한 이유로 부정적인 인식을 보유하고 있는 경우도 많다. 특정한 국가에 인지적인 노력을 투자하는 데에는 이유가 있어야 한다. 이러한 유인을 제공하기 위해서는 메시지 수용자의 입장에서 쌍방향적인 커뮤니케이션이 필수적이다.

이상원(경희대학교 미디어학과 교수)

최근 디지털 트랜스포메이션(Digital Transformation) 현상의 확산과 더불어 동영상 OTT(over-the-top)와 같은 미디어 플랫폼은 성장을 거듭하고 있다. 이러한 미디어 플랫폼의 성장은 유튜브(YouTube)나 넷플릭스(Netflix)와 같은 글로벌 미디어 플랫폼 및 해외 진출 국내 미디어 플랫폼을 이용한 공공외교의 필요성을 증대시키고 있다. 특히 글로벌 미디어 플랫폼을 통한 한류 확산은 공공외교에서 새로운 기회의 장으로 다가오고 있다. 따라서 이 장에서는 글로벌 미디어 플랫폼의 확산 현황을 살펴보고, 글로벌 미디어 플랫폼을 활용하는 디지털 문화공공외교 2.0을 개념화한다. 또한 글로벌 미디어 플랫폼을 통한 K-콘텐츠 확산 사례와 디지털 문화공공외교 사례를 살펴본다. 이와 함께 글로벌 미디어 플랫폼 확산 상황에서 향후 디지털 문화공공외교의 전략적 방향을 제시한다.

디지털 트랜스포메이션과 글로벌 미디어 플랫폼 확산

디지털 트랜스포메이션 현상과 플랫폼 경제

코로나19 이후 디지털 트랜스포메이션은 최근 ICT 및 미디어 산업 분야의 혁신을 설명하는 하나의 관점 또는 패러다임으로서 인식되고 있으며 지속적으로 확산되고 있다. 디지털 트랜스포메이션에 관한 문헌을 살펴보면 디지털 트랜스포메이션을 크게 세 가지 차원에서 접근하고 있다.

첫째, 디지털 트랜스포메이션에 대한 미시적 접근이다. 미시적 접근에서의 디지털 트랜스포메이션은 개인적 기술 이용 차원에서 디지털 트랜스포메이션에 접근한다. 개인적 기술 이용 차원에서 디지털 트랜스포메이션을 디지털 리터러시의 최종 단계로 이해하면서 혁신과 창의성을 가능하게 해 줄 수 있는 기존보다 더 고도화 단계의 디지털 사용으로 이해한다(Reis, Amorim, Melão, & Matos, 2018). 즉, 디지털 리터러시(digital literacy)의 수준을 디지털 능력(digital competence), 디지털 사용

(digital usage), 디지털 트랜스포메이션(digital transformation)으로 구분하고, 디지털 리터러시는 디지털 능력(예: 기술 숙련, 개념 및 접근 등), 디지털 사용(예: 전문적 기술 응용), 디지털 트랜스포메이션의 단계로 고도화되어 발전된다고 본다(Martin, 2008). 미시적 접근에서의 디지털 트랜스포메이션은 전문직 또는 지식 분야에서 상당한 변화를 촉진하는 디지털 리터러시의 최종 단계로도 이해될 수 있다(이상원, 2017; Martin, 2008).

둘째, 디지털 트랜스포메이션에 대한 조직적(또는 기업적 측면) 접근이다. 조직적 또는 기업적 차원에서의 디지털 트랜스포메이션은 일반적으로 기업이 새로운 비즈니스 모델, 제품 및 서비스를 창출하기 위해 디지털 역량을 활용함으로써 고객과 시장의 파괴적인 변화에 적응하거나 이를 추진하는 지속적인 프로세스로 인식되고 있다(IDC, 2015). 조직적 접근에서의 디지털 트랜스포메이션은 주로 기업 및 조직의 성과를 급속하게 향상시키기 위하여 AI, 빅데이터, IoT 등의 디지털 기술을 활용하는 것으로 정의될 수도 있으며, 따라서 생산성 및 효율성 향상과 같은 기업 및 조직이 추구하는 가치와도 연결되어 있다고 이해된다(이상원, 2017). 또한 조직적 접근에서의 디지털 트랜스포메이션은 조직 과정의 변화 또는 새로운 비즈니스 모델의 창출과도 직결된다고 볼 수 있으며, 조직적 차원에서는 혁신을 위한 조직의 하나의 전략으로도 이해될 수 있다. 다시 말해, 조직(또는 기업)이 AI, 빅데이터와 같은 다양한 최신 디지털 기술을 활용하여 끊임없이 변화하는 산업 환경에 적응하고 경쟁력을 확보하려는 전략의 일환으로 디지털 트랜스포메이션을 이해할 수 있다(이상원, 2020).

셋째, 디지털 트랜스포메이션에 대한 거시적 접근이다. 거시적 접근에서의 디지털 트랜스포메이션은 혁신적인 디지털 기술의 사회적 영향을 강조하고, 디지털화의 총체적이며 전면적인 사회적 영향(the total and overall societal effect of digitalization)을 중요시한다. 그리고 디지털 트랜스포메이션이 디지털화의 결과로서 개인, 기업, 사회 및 국가에 의한 기술 적용의 글로벌화된 촉진 과정임을 강조하며, 디지털화의 다양한 긍정적 또는 부정적 영향을 포함하는 매우 포괄적인 개념으로 이해되고 있다(이상원, 2020).

이와 같은 디지털 트랜스포메이션 현상은 미디어 및 ICT 서비스 이용자의 경험과 소비 측면에서 변화를 초래하고 있다. 디지털 트랜스포메이션 사회(Digital Transformation Society: DTS)에서는 소비자의 기대를 충족하기 위해 단순히 상품과 서비스를 제공하기보다는 소비자에게 '최적경험'을 제공하는 것이 중요해지고 있다(이상원, 2017). 이러한 최적경험을 제공하기 위해서 미디어 및 ICT 기업은 AI와 빅데이터 등 디지털 트랜스포메이션 주도 기술을 활용하여 개인화된 추천시스템 등을 통해 '맞춤형 서비스'를 제공하게 된다. 예를 들어, 넷플릭스와 같은 동영상 OTT 사업자는 알고리즘을 통해 개인화 추천 서비스를 제공하고 있으며 넷플릭스 이용자의 80% 이상은 개인화된 추천시스템에 만족하고 있다(이상원, 2020). 이와 같은 정교한 개인화된 추천 서비스 제공은 이미 많은 ICT 기업 경쟁력에 중요한 요소로 작용하고 있다.

디지털 트랜스포메이션 환경에서 ICT 및 미디어 기업들은 새로운 비즈니스 모델을 창출해야 할 필요성이 크게 증대된다. 예를 들어, 최근 동영상 OTT 산업의 경우 SVOD(가입형 OTT 서비스), TVOD(거래형 OTT 서비스), AVOD(광고형 OTT 서비스) 등 다양한 비즈니스 모델이 제시되고 있으며, 이러한 비즈니스 모델 간의 융합형이라고 할 수 있는 하이브리드형 비즈니스 모델이 점점 더 중요해지고 있는 추세라고 볼 수 있다(이상원, 2020).

이와 함께 디지털 트랜스포메이션 현상이 가져올 또 한 가지 중요한 변화는 플랫폼 경제(platform economy)가 활성화되고 있다는 점이다. 즉, 디지털 트랜스포메이션 현상의 심화는 디지털 플랫폼이 거래의 중계 역할을 담당하고, 디지털 B2B 플랫폼과 같은 플랫폼 기반 생태계의 확장이 뚜렷하게 나타나게 되며, 각 산업에서 플랫폼의 역할이 현재보다 더 활성화될 것으로 예상된다(이상원, 2017). 플랫폼 경제의 심화는 한편으로는 소비자에게 효용과 혜택을 가져다줄 수 있지만, 다른 네트워크 효과(network effect)를 통해 승자독식 플랫폼 경쟁의 국면이 시장에서 형성될 가능성도 커진다고 볼 수 있다. 이와 같은 디지털 트랜스포메이션 사회로의 이행은 최근 코로나19의 확산과 함께 촉진되었다고 볼 수 있다.

글로벌 미디어 플랫폼의 성장과 확산

앞서 언급한 디지털 트랜스포메이션 현상이 가장 잘 투영된 ICT 서비스 중 하나가 디지털 플랫폼 서비스이다. 디지털 플랫폼은 인터넷을 통하여 서비스가 제공되고 이용자 그룹 간 상호작용을 통해 가치를 창출하는 양면적·다면적 서비스로 정의될 수 있다(최계영, 2020). 이와 같은 디지털 플랫폼은 글로벌 디지털 플랫폼 기업의 출현 이후 빠르게 성장해 왔다. 아마존(Amazon), 애플(Apple), 구글(Google), 페이스북(Facebook)의 매출액 성장은 2008년 이후 12년 동안 약 10여 배 성장한 것으로 추정되고 있으며(Statista, 2020), [그림 4-1]에서 확인할 수 있듯이 2016년 이후 글로벌 시가 총액 5대 기업의 대부분은 글로벌 디지털 플랫폼 기업인 것으로 알려져 있다(Statista, 2020).

디지털 플랫폼 기업에서 가장 빠르게 성장하고 있는 분야 중 하나는 동영상 OTT 플랫폼이다. OTT(over-the-top)를 광의로 정의하면, 유럽전자통신규제기구(Body of European Regulators for Electronic Communications: BEREC)가 정의하는 바와 같이 "범용(공공) 인터넷망을 통해 최종 이용자에게 콘텐츠, 서비스 또는 애플리케이션을 제공하는 서비스"로 정의할 수 있다(BEREC, 2016). 이와 같이 광의의 OTT에는 범용 인터넷망을 통

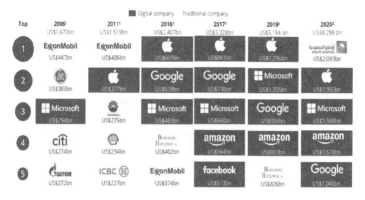

[그림 4-1] 2006~2020년 글로벌 시가 총액 5대 기업의 변화(Statista, 2020)

해 제공되는 콘텐츠, 서비스 또는 애플리케이션을 제공하는 매우 다양한 서비스(예: VoIP, 전자메일, 인스턴트 메신저, 전자상거래제공 서비스, 기타 동영상 콘텐츠를 제공하는 모바일 애플리케이션 등)를 포함하게 된다(이상원, 강재원, 김선미, 2018).

반면, OTT를 미디어 분야에 한정하여 협의로 정의하면 "범용(공공) 인터넷망을 통해 최종 이용자에게 영상콘텐츠를 제공하는 서비스"로 정의할 수 있다(이상원, 2020). 이러한 협의의 OTT는 특히 미디어 산업과 관련된 분야에서의 OTT를 고찰할 때 유용한 개념이며, 주로 '동영상 OTT'를 의미한다고 볼 수 있다. 동영상 OTT 서비스는 일반적으로 가입형(Subscription VOD: SVOD), 광고형(Advertising VOD: AVOD), 거래형(Transactional VOD: TVOD) 및 혼합형(Hybrid) 등으로 구분할 수 있다. 가입형 동영상 OTT 서비스는 월정액 요금을 지불

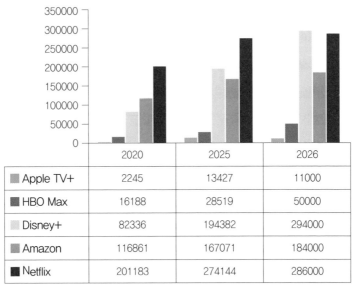

	2020	2025	2026
■ Apple TV+	2245	13427	11000
■ HBO Max	16188	28519	50000
■ Disney+	82336	194382	294000
■ Amazon	116861	167071	184000
■ Netflix	201183	274144	286000

(단위: 천 명)

[그림 4-2] 글로벌 SVOD 플랫폼 시장(Digital TV Research, 2020)

하고 서비스를 제공받는 동영상 OTT 서비스로 플랫폼 기업 입장에서는 안정적인 수익을 확보하고 고객 데이터를 직접 얻을 수 있다는 장점이 있다.

글로벌 SVOD 플랫폼 시장에서 2021년 6월까지 가장 많은 가입자 수를 확보하고 있는 OTT 사업자는 넷플릭스이다. 넷플릭스는 2020년에 이미 전 세계 가입자 수 2억 명을 돌파하였으며, 코로나19 확산으로 2021년에도 더 많은 가입자 수를 확보하면서 빠르게 성장할 것으로 예상된다(Statista, 2020). 그러나 2019년 11월 넷플릭스는 디즈니 플러스(Disney+)가 SVOD 시장에 진입하면서 강력한 도전을 받고 있으며, 2026년에는 디즈니 플러스가 넷플릭스의 가입자 수를 앞설 수 있다고 추정되기도 한다(Digital TV Research, 2020; [그림 4-2] 참조). 넷플릭스의 스트리밍 서비스 가입자 수는 2020년에 이미 전 세계 2억 명을 돌파하였으며, 2020년 콘텐츠 투자액은 173억 달러, 연 매출액은 240억 달러, 콘텐츠 재투자율이 72.08%로 매우 높은 편이다(Statista, 2020). 넷플릭스의 스트리밍 서비스가 글로벌 동영상 OTT 시장에서 성장하면서 넷플릭스의 스트리밍 서비스 가입자 중 해외 국가 가입자 비율이 계속 증가하여 해외 국가 가입자 비율은 2018년 1월 53%, 2018년 9월 57%, 2019년 12월 63.47% 등으로 매우 빠른 속도로 증가하였다. 이와 같은 넷플릭스의 가입자 확보는 넷플릭스의 공격적인 해외 진출로 이루어진 성과라고 볼 수 있다.

넷플릭스는 2010년 9월 캐나다에서 스트리밍 서비스를 제공하기 시작하였고, 2012년에는 영국과 아일랜드, 덴마크, 핀란드, 노르웨이 등 유럽으로 진출하였고, 2016년에 기타 아시아 국가들과 동유럽, 아프리카, 중동 등으로도 진출하였다(이상원, 2020). 넷플릭스의 글로벌 스트리밍 서비스는 2019년 4월 기준 전 세계 190여 개국에서 제공되고 있는 것으로 알려져 있고 (DMR, 2020), 23개 이상의 언어로 제공이 가능하며, 2020년에 이미 1억 명 이상의 해외 가입자 수를 확보하였다.

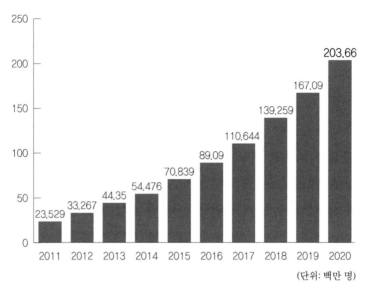

250

200 ┤   203.66

167.09

150 ┤   139.259

110.644

100 ┤   89.09

70.839

50 ┤   33.267   44.35   54.476

23.529

0

2011 2012 2013 2014 2015 2016 2017 2018 2019 2020

(단위: 백만 명)

[그림 4-3] 2011~2020년 최근 10년 넷플릭스의 스트리밍 서비스 가입자 증가
추세(DMR, 2020)

2021년 초 가입자 수 기준 SVOD 서비스의 2위 사업자는 아
마존의 프라임 비디오(Amazon Prime Video)이다. 2021년 초 아
마존 프라임 비디오의 가입자 수는 약 1억 5천만으로 추정되고
있다(Statista, 2021). 아마존 프라임 비디오는 북미지역에서 구
독형 쇼핑 멤버십 서비스의 확산과 함께 강세를 보이고 있다.
아마존은 초기에 전자상거래 멤버십 서비스인 아마존 프라임
서비스를 제공하면서 동시에 동영상 OTT 서비스를 제공해 왔
으나 2016년 4월부터 독립적인 가입형 동영상 OTT 서비스인
아마존 프라임 비디오를 제공하고 있다(이상원, 2020). 2017년

기준 미국 가구의 64%가 아마존 프라임 전자상거래 서비스를 이용하고 있는 것을 고려한다면, 아마존 프라임 비디오 서비스는 이러한 미국에서의 아마존의 전자상거래 서비스의 경쟁력에 기반한다고도 볼 수 있다(이상원, 2020). 아마존 프라임 비디오는 최근에 가입형 동영상 OTT 서비스와 함께 아마존 비디오 다이렉트(Amazon Video Direct)를 통해 1인 미디어들이 제작하는 콘텐츠도 동시에 제공하는 전략도 활용하고 있다(이상원, 2020).

한편, 글로벌 동영상 OTT 시장에서 미국의 대표적 콘텐츠 기업인 디즈니가 2019년 11월 12일에 출시한 SVOD 서비스인 디즈니 플러스(Disney Plus)는 넷플릭스를 추격 중이다. 디즈니 플러스는 SVOD 경쟁 서비스인 넷플릭스의 기본형 서비스의 요금인 8.99달러의 52.5% 수준으로 서비스를 출시하였으며, 2021년 4월 초에 가입자 수 1억 명을 돌파하였다.

디즈니 플러스는 2020년까지 50억 달러를 오리지널 콘텐츠 제작에 투자하면서 2019년 4월까지 영국, 프랑스 및 독일 등 12개국에 진출하였고, 해외시장 진출을 위해 현지화 전략을 구사하면서 중장기적으로 넷플릭스와 글로벌 SVOD 시장 1위를 다툴 것으로 예상되고 있다. 디즈니 플러스에서는 25편의 오리지널 시리즈, 10편의 영화 등 오리지널 콘텐츠, 기타 영화 500편, 기존의 디즈니 콘텐츠 7,000여 편이 디즈니 플러스 서비스 출시와 함께 제공되고 있다(이상원, 2019).

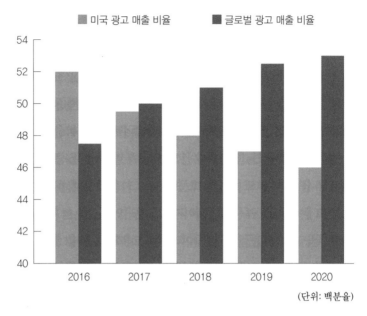

■ 미국 광고 매출 비율   ■ 글로벌 광고 매출 비율

(단위: 백분율)

**[그림 4-4] 2016~2020년 유튜브의 전체 광고 매출 중
글로벌 광고 매출 비율 증가(eMarketer, 2018)**

　광고형 VOD(AVOD)는 이용자들이 광고를 시청하는 대
신 OTT 사업자는 무료로 콘텐츠를 제공한다(이상원, 2020).
AVOD는 고객 한 명당 창출가능한 이윤이 적다는 특징이 있
지만, 이용자가 콘텐츠를 제작하는 형태이기 때문에 비교
적 적은 투자로 수익 창출이 가능하다는 장점이 있다(이상원,
2020). 대표적인 글로벌 광고형 동영상 OTT 서비스는 유튜브
(YouTube), 페이스북(Facebook) 등이 있다. 2019년 5월 기준
유튜브의 이용자 수는 전 세계 약 20억 명으로 추정되고 있다.

　　　　04 글로벌 미디어 플랫폼과 공공외교

코로나19가 빠르게 확산되었던 2020년 2월 이후 유튜브 트래픽은 전 세계에서 급속도로 증가한 바 있다. 2019년 5월 유튜브의 월간 이용자 수는 20억 명으로 추정되고 있으며, 유료 서비스인 유튜브 프리미엄 가입자 수는 약 2천만 명으로 추정된다. 유튜브의 경우도 넷플릭스와 유사하게 전체 광고 매출액 중 글로벌 광고 매출액이 차지하는 비중이 최근 계속 높아지고 있다(이상원, 2020; [그림 4-4] 참조). 이는 글로벌 동영상 OTT 시장에서의 유튜브의 최근 성장 추세를 보여 주는 단면이라 할 수 있다. 이러한 추세를 반영하듯이 국내 동영상 광고시장에서도 2020년 유튜브의 점유율은 73%에 달하는 것으로 알려져 있다(메조미디어, 2020).

유튜브의 전체 모바일 데이터 트래픽 이용 비율은 2019년에 70% 이상으로 추정될 만큼 유튜브 이용은 증가 추세에 있고 글로벌화도 심화되고 있다고 판단된다. 이러한 유튜브 플랫폼을 통해 2018년 기준 매일 10억 시간 이상의 콘텐츠가 소비되고 있는 것으로 추정된다(DMR, 2019). 유튜브는 최근 유튜브 프리미엄을 통해 유료 모델도 제공하면서 계속 성장하고 있다. 이와 같은 글로벌 AVOD 시장의 성장은 AVOD가 대부분의 SVOD와는 달리 주로 이용자 제작 콘텐츠(User Generated Contents: UGC)에 기반한다는 점에서 공공외교를 위한 미디어의 새로운 장을 열고 있다고 판단된다.

거래형 VOD(TVOD)는 개별 영상 콘텐츠 구매를 수익모델로 하며, 수익 예측이 비교적 어렵지만, 필요한 콘텐츠만 확보가 가능하고 SVOD에 비해서는 비용 부담이 적을 수 있다는 장점이 있다(미래에셋대우 리서치센터, 2017). TVOD의 좋은 예는 유료방송사업자가 제공하는 단품구매 서비스와 iTunes 등을 들 수 있다. 앞서 언급한 동영상 OTT 서비스의 서로 다른 유형이 혼합된 혼합형(Hybrid)도 존재한다. 최근 국내시장에서 서비스를 제공하는 국내 OTT 플랫폼은 주로 SVOD와 TVOD가 혼합된 서비스를 제공하고 있다. 이러한 혼합형 OTT 서비스의 좋은 예는 웨이브(Wavve), 티빙(Tving), 미국의 CBS All Access 등을 들 수 있다. 혼합형 OTT 서비스는 월정액 요금을 중심으로 하되, 개별 영상 콘텐츠 구매도 가능할 뿐만 아니라 국내의 혼합형 동영상 OTT 서비스 사업자들은 VOD와 함께 실시간 채널 서비스도 제공하고 있다(이상원, 2020).

이와 함께 글로벌 SVOD 시장에서는 2019년 11월 애플 TV 플러스가 출시되었고, 2020년 5월에는 HBO Max가, 2020년 7월에는 피콕(Peacock)이 출시되었다. 애플 TV 플러스의 동영상 시장 진출은 아이폰, 아이패드, 맥(Mac) 및 기타 애플 TV 애플리케이션 적용 기기 등 전 세계에서 사용되는 14억 개의 Apple 디바이스를 광범위한 네트워크로 활용한다는 사업전략에 기초한 것으로 보인다(이상원, 2019).

이와 같이 글로벌 미디어 플랫폼은 다양한 비즈니스 모델과 유형으로 변화하고 있으며, 향후 가입형 VOD와 광고형 VOD

등 다양한 형태로 융합된 하이브리드형으로 진화하면서 틱톡 (TikTok)과 같이 현재보다 더 다양하면서 특화된 형태로 발전되어 나갈 것으로 보인다.

향후 이와 같은 글로벌 미디어 플랫폼의 변화를 고려한다면 미래의 공공외교 전략은 다변화된 글로벌 플랫폼을 잘 활용하면서 공공외교 관련 사업에 다양한 이용자가 자발적으로 참여할 수 있도록 유도하는 것이 중요해질 전망이다.

〈표 4-1〉 **주요 글로벌 미디어 플랫폼의 유형과 가입자(이용자) 현황**

동영상 OTT 사업자	서비스 유형	추정 가입자(이용자) 수
넷플릭스 (Netflix)	가입형(SVOD)	2억 7백만 명(2021년 4월)
유튜브 (YouTube)	광고형(AVOD)*	광고형: 약 20억 명(2019년) 유튜브 프리미엄: 2천만 명(2019년)
아마존 프라임 비디오 (Amazon Prime Video)	가입형(SVOD)	1억 5천만 명(2021년 1월)
디즈니 플러스 (Disney Plus)	가입형(SVOD)	1억 3백만 명(2021년 4월)
HBO Max	가입형(SVOD)	1천 6백만 명(2020년)
애플 TV 플러스 (Apple TV Plus)	가입형(SVOD)	2백 2십만 명(2020년)

출처: Digital TV Research(2020); DMR(2019); Statista(2020); Statista(2021)

*AVOD이나 2018년부터 YouTube Premium을 통해 유료 가입형 서비스 제공

글로벌 미디어 플랫폼을 통한 한류 확산과 공공외교

한류 진화와 주요 K-콘텐츠 유통 미디어 플랫폼의 변화

한류의 진화와 함께 K-콘텐츠 유통을 위한 플랫폼도 주로 방송을 통한 콘텐츠 유통에서 다양한 글로벌 미디어 플랫폼을 통한 콘텐츠 유통으로 변화하고 있다. 지역적 측면을 살펴보면 한류 확산 초기의 아시아, 유럽, 중동, 아프리카 등의 지역 확산을 넘어 문화콘텐츠 생산의 최대 강국이자 최대 소비국인 미국 시장에서도 K-콘텐츠는 그 인기가 확장되고 있으며(황서이, 박정배, 2020), K-콘텐츠 유통 측면에서도 SNS, 유튜브뿐만 아니라 넷플릭스 및 인스타그램 등 플랫폼의 다변화 현상을 보이고 있다.

한류는 한국의 대중문화뿐만 아니라 한국과 관련한 것들이 현지의 기호에 맞게 상품으로 재탄생하여 대중적인 인기를 얻는 현상으로 유동적이고 계속 변화하고 지속적으로 진화·발전하는 현재진행형 문화현상으로 볼 수 있다(이민하, 2019). 한류의 진화과정을 시기별로 정리·요약하면 〈표 4-2〉와 같다.

한류 태동기라고 알려진 '한류 1.0' 시기는 1990년대 후반부터 2000년대 초까지로 구분할 수 있다. 이 시기의 특징은 드라마 〈사랑이 뭐길래〉(1991) 등과 국내 1세대 아이돌인 HOT 등의 보이 그룹이 중국 등을 중심으로 인기를 얻었고, 한류 태동기의 K-콘텐츠 유통은 주로 TV를 통한 방송으로 이루어졌다고 볼 수 있다(황서이, 박정배, 2020).

'한류 2.0' 시기는 2000년대 초반부터 2010년대 초반까지로 〈겨울연가〉(2002), 〈대장금〉(2003) 등의 드라마가 주로 동아시아 국가에서 한류를 이끌었고, 이 시기는 한류의 성장으로 특징지을 수 있으며, '한류 1.0' 시기 대비 핵심장르 측면에서도 더 다양하며, K-콘텐츠 유통은 주로 방송과 유튜브와 SNS 등 인터넷 미디어를 통해 이루어졌다고 볼 수 있다.

'한류 3.0' 시기는 2010년대 초반에서 후반까지로 〈별에서 온 그대〉(2013), 〈태양의 후예〉(2016) 등의 드라마와 〈나는 가수다〉(2011) 등의 예능 포맷의 수출이 활성화된 시기였다(황서이, 박정배, 2020). 특히 가수 싸이(PSY)의 〈강남스타일〉(2012)이 미국 빌보드 차트 2위에 오르고, 2014년 유튜브 최초로 조회 수 20억 건을 돌파하는 등 전 세계적으로 인기를 얻으면서 한류가 급격하게 발전하던 시기였으며, 콘텐츠를 소비하면서 동시에 생산하는 프로슈머형 이용자가 증가했던 시기라고 볼 수 있다(전종우 외 2021; 황서이, 박정배, 2020). 이와 같은 '한류 3.0' 시기는 한류의 심화기로 볼 수 있고, K-콘텐츠 유통은 주로 방송과 유튜브 중심의 글로벌 미디어 플랫폼을 통해 이루어졌으며, 다양한 온라인 및 모바일 미디어 이용이 기반이 되었다고 볼 수 있다.

'한류 4.0' 시기는 2010년대 후반부터 현재까지로 볼 수 있으며, 2018년 방탄소년단(BTS)의 빌보드 1위 수상, 영화 〈기생충〉(2020), 〈미나리〉(2021) 등 K-콘텐츠의 아카데미 수상 등으로 한류 열풍이 가속화된 시기로 볼 수 있다. 이와 함께 이전 시기보다 더 다양한 대중문화에 기반하고, K-콘텐츠를 재가공할 뿐만 아니라 문화관광, 쇼핑, 패션, 뷰티 등과 같은 다양한 연관

〈표 4-2〉 **한류 진화와 주요 K-콘텐츠 유통 플랫폼의 변화**

구분	기간	키워드	주요 콘텐츠	주요 지역	주요 K-콘텐츠 유통 미디어 플랫폼
한류 1.0	1990년대 후반 ~ 2000년대 초반	한류 태동	드라마, 음악	중국, 대만, 베트남	방송(주로 TV)
한류 2.0	2000년대 초반 ~ 2010년대 초반	한류 성장	대중문화	중국, 대만, 베트남, 일본, 동남아시아	방송, 유튜브, SNS 등 인터넷 미디어
한류 3.0	2010년대 초반 ~ 2010년대 후반	한류 심화	음악, 영화, 게임, 드라마, 예능 등 다양한 대중문화 및 연관산업	중국, 대만, 베트남, 일본, 동남아시아, 중앙아시아, 유럽, 남미, 미국, 아프리카 등	방송, 글로벌 미디어 플랫폼 (유튜브 중심), 온·모바일
한류 4.0	2010년대 후반 ~ 현재	한류 다양화	대중문화 및 확장된 연관산업	전 세계	방송, 유튜브, 넷플릭스, 인스타그램 등 다양한 글로벌 미디어 플랫폼 중심

출처: 고정민(2009); 문화체육관광부(2020); 황서이, 박정배(2020)를 재구성함.

산업 분야로의 확장을 통해 실질적인 성과를 창출한 시기로 특징지을 수 있다(황서이, 박정배, 2020). 이와 같은 '한류 4.0' 시기는 한류의 다양화 시기로 구분할 수 있고 K-콘텐츠 유통은 주로 방송뿐만 아니라 유튜브, 넷플릭스 및 인스타그램 등 이전보다 더 다양한 글로벌 미디어 플랫폼을 통해 이루어졌다고 볼 수 있다.

글로벌 미디어 플랫폼과 디지털 문화공공외교 2.0의 개념화

앞서 살펴본 글로벌 미디어 플랫폼을 통한 최근 K-콘텐츠의 전 세계 확산은 문화를 통한 공공외교 개념의 새로운 확장 가능성을 보여 준다. 공공외교의 일부분이라고 볼 수 있는 문화외교의 개념이 최근 전 세계적인 디지털 트랜스포메이션 확산과 더불어 '디지털 문화공공외교'의 필요성을 증대시키고 있기 때문이다. 즉, 기존 문화외교의 개념은 디지털 트랜스포메이션 현상의 확산과 ICT 기술 및 글로벌 미디어 플랫폼의 역할 증대에 따라 다양한 글로벌 미디어 플랫폼을 기반으로 한 새로운 융합과 외국인을 포함한 예전보다 더 다양한 문화공공외교 주체 간 쌍방향 상호작용을 강조하는 개념으로 확장될 필요성이 커지고 있다.

이와 같은 문화외교의 변화와 관련하여 이진영(2018)의 선행

연구는 흥미로운 디지털 기술 활용 문화외교 분석 3단계 모델을 제시한 바 있다. 이진영(2018, p. 87)은 "디지털 문화공공외교의 이행은 제도적 문화외교, 새로운 공공외교, 디지털 문화공공외교의 3단계 모델로 개념화할 수 있음을 제시하면서, 세 번째 단계인 디지털 문화공공외교는 이전의 제도적 문화외교 및 새로운 공공외교에 비하여 문화외교정책의 입안 및 수립과정에서 디지털 기술에 대한 이용에 주목하고, 외교부 내에 별

〈표 4-3〉 **문화외교 분석 4단계 모델**

	제도적 문화외교	새로운 공공외교	디지털 문화공공외교 1.0	디지털 문화공공외교 2.0
연관 용어	일방향	cross-border dialogue	다방향 P2P2G	다방향 P2P2G
행위자	정부	정부, 외국인	정부, 국민, 외국인	정부, 국민, 외국인
중심 매체	제도와 조직	Web 기반	SNS 기반	다양한 동영상 중심 글로벌 미디어 플랫폼 기반
주요 강조점	홍보, 매력, 국가 브랜드	SNS 활용	소통, 참여, 네트워크	개방, 공유, 참여, 네트워크 심화, 다양한 미디어 플랫폼 이용
초점: 국내와 해외	해외	국내와 해외	국내와 해외	국내와 해외

출처: 이진영(2018)의 디지털 기술 활용 문화외교 분석 3단계 모델을 기반으로 디지털 문화공공외교 2.0을 새롭게 개념화, 디지털 문화공공외교 모델을 디지털 문화공공외교 1.0으로 구분함.

도의 조직뿐만 아니라 외교정책 전반에 그 사용에 대한 중요성이 부각되어 있는 경우가 해당되며, 문화외교 수행에 있어 쌍방향성이 강조됨은 물론 일반 대중의 참여가 광범위하게 적용되어 네트워크 기능이 강화된 경우"임을 강조한 바 있다.

이와 같은 이진영(2018)의 3단계 모델은 문화공공외교에서 소셜 미디어를 수단으로 사용하고 있다는 점을 강조하고 있지만 최근 급격한 디지털 트랜스포메이션 확산의 특징과 문화공공외교를 위한 다양한 글로벌 미디어 플랫폼 이용 가능성을 SNS로 한정한 측면이 있다.

따라서 이 장에서는 이진영(2018)의 문화외교 분석 3단계 모델을 받아들이되, 기존 디지털 문화공공외교의 개념을 1.0과 2.0으로 구분하여 최근 변화 추세를 반영하고자 한다. 디지털 문화공공외교 2.0은 기존의 디지털 문화공공외교 1.0과 비교했을 때 연관 용어와 행위자는 유사하지만 중심 매체가 1.0의 SNS 기반에서 유튜브, 넷플릭스, 인스타그램 등 다양한 동영상 중심 글로벌 미디어 플랫폼 기반으로 이동하고 있는 변화를 반영하였다. 또한 각 나라의 ICT 및 미디어 관련 산업도 '플랫폼 경제'라고 부를 수 있을 정도로 산업의 중심이 급속하게 플랫폼화하고 있는 디지털 트랜스포메이션 확산의 단면을 반영하고 있다. 그러나 디지털 문화공공외교 2.0의 개념은 1.0 개념과 마찬가지로 국민(내국인), 외국인 그리고 정부가 상호 참여하고 네트워크화하는 P2P2G(People to People to Government)의 특징을 지니며 국내와 해외에 동시에 초점을 맞추는 디지털 문화 공공외교의 개념이라고 볼 수 있다.

이와 같은 디지털 문화공공외교 2.0의 개념화는 다음과 같은 다양한 K-콘텐츠 확산 사례와 문화공공외교 사례의 맥락에서 확인해 볼 수 있다.

K-콘텐츠 확산 사례와 기타 디지털 문화공공외교 사례

문화공공외교는 한국의 문화 자산이라고 할 수 있는 K-Culture를 활용하여 한국의 매력을 전 세계에 확산하는 것이 기본적으로 중요하다고 볼 수 있다(홍재원, 박승배, 2014).

최근 K-콘텐츠의 전 세계 확산 사례 중 가장 두드러진 하나는 방탄소년단(BTS)의 K-pop이라고 볼 수 있다. 2020년 8월 21일 방탄소년단은 디지털 싱글 〈Dynamite〉를 공개하였고, 공개 10일 후인 8월 31일에 〈Dynamite〉는 한국인 가수 중 최초로 빌보드 핫 100 차트, 빌보드 200 1위에 오른 바 있다. 방탄소년단은 2021년 3월 15일 미국에서 열린 제63회 그래미 어워드에서 베스트 팝 듀오/그룹 퍼포먼스 부문에 한국 최초로 이름을 올렸고, 디지털 싱글 앨범 〈Butter〉의 뮤직비디오는 유튜브 공개 24시간 만에 1억 820만 조회 수를 기록하면서 유튜브 뮤직비디오 사상 24시간 최다 조회 수를 기록한 바 있다. 이와 함께 〈Butter〉는 세계 최대 음악 스트리밍 업체인 스포티파이(Spotify)가 발표한 최신 차트에서도 발매 첫날 2,090만 글로벌 스트리밍 수로 스포티파이 역사상 일일 최다 글로벌 스트리밍 수를 기록했다(뉴시스, 2021). 이와 같은 성과에 힘입어 방탄소년단은 2021년 빌보드 뮤직 어워드에서 '톱 셀링 송', '톱 듀오/그룹', '톱 송 세일즈 아티스트', '톱 소셜 아티스트'로 4관왕을 이루었다. 코로나19 상황에서는 빅히트 엔터테인먼트의 플랫폼인 위버스(Weverse)를 통해 〈BTS MAP OF THE SOUL ON:E〉을 온라인 콘서트로 개최하여 전 세계 191개 국가 및 지역에서 99만 3,000명이 시청하는 기록을 세우기도 했다. 이와 같은 인기와 콘텐츠 확산에 기반하여 2018년에 측정된 방탄소년단의 경제적 효과는 약 5조 5,600억 원으로 추정되었다(현대경제연구원, 2018).

이와 함께 여성 아이돌 그룹 블랙핑크(BLACKPINK)는 〈Ice Cream〉으로 2020년 빌보드 싱글 차트 13위에 올랐고, 2021년 2월 〈뚜두뚜두(DDU-DU DDU-DU)〉의 뮤직비디오가 K-pop 그룹 역사상 최초로 15억 뷰를 기록한 바 있다. 또한 넷플릭스 최초의 K-pop 다큐멘터리 〈블랙핑크: 세상을 밝혀라(Blackpink: Light Up the Sky)〉가 2020년에 넷플릭스에서 공개된 바 있다. 이와 같은 방탄소년단과 블랙핑크의 사례는 K-콘텐츠의 확산을 위해 다양한 글로벌 미디어 플랫폼이 얼마나 중요한 역할을 할 수 있다는 점을 보여 준다고 할 수 있으며, 국내 미디어 기업들의 플랫폼을 통한 글로벌 진출도 가능성을 타진할 필요가 있음을 제시한다고 볼 수 있다.

가입형 VOD 서비스의 전 세계 확산과 함께 넷플릭스를 통한 K-콘텐츠 약진도 최근 두드러진 변화 중 하나로 볼 수 있다. 2020년 12월 18일에 넷플릭스 오리지널 시리즈로 공개된 〈스위트홈〉은 첫 4주 동안 전 세계 2,200만 가구가 시청하였다. 2021년 2월 5일 넷플릭스를 통해 온라인으로 공개된 〈승리호〉는 전 세계 공개 하루 만에 인기순위 1위를 차지한 바 있으며, 〈오징어 게임〉은 출시 이후 첫 28일 동안 이 드라마를 최소 2분 이상 시청한 가입자가 1억 4,200만 명에 달하였다. 넷플릭스를 통한 K-콘텐츠의 약진에 따라 일본과 동남아시아 등 한류 확산 지역에서는 새로운 한류 4차 붐이 일어나고 있다. 최근에 일본, 베트남, 태국 등 한류 확산 지역 나라들의 넷플릭스 톱10 드라마 콘텐츠의 경우 〈사랑의 불시착〉, 〈사이코지만 괜찮아〉, 〈이태원 클라쓰〉 등 5개 이상이 한국 드라마였다. 이와 같은 K-콘텐츠의 위력에 힘입어 넷플릭스의 아시아·태평양 지역 실적은 2020년 4분기에 전년 동기 대비 유료 구독자가 약 57.1% 증가하면서 크게 성장하였다.

최근에는 K-웹드라마도 성과를 보이고 있다. 웹드라마 전문 제작사인 '와이낫 미디어'는 2019년 12월 유튜브 해외 조회 수가 전년 대비 80% 증가한 3,000만 회를 넘어섰다고 발표한 바 있다. 대표작인 〈일진에게 찍혔을 때〉의 경우 에피소드 1화의 조회 수만 718만 회에 달한 바 있으며, 이는 유튜브와 같은 미디어 플랫폼을 통한 팬덤 구축을 통해 콘텐츠 IP의 가치를 높이는 전략의 중요성을 일깨워 주고 있다(이성민, 2020).

이와 함께 K−웹툰의 미국 및 일본 등 글로벌시장 진출도 눈여겨볼 만하다. 라인웹툰은 2014년 중국 및 아시아 지역과 미국을 포함한 글로벌 서비스를 시작했으며, 2017년 11월 기준, 라인웹툰이 영어로 번역하여 연재 중인 작품 수는 108편이고, 완결된 작품 수는 95편으로 총 203편의 웹툰을 번역해서 미국을 위시한 영미권 독자들에게 소개한 바 있다(장민지, 2020).

이와 같은 K−콘텐츠의 확산과 함께 최근에는 유튜브를 통해서 관광 등 한류 연관산업을 홍보하는 등 디지털 문화공공외교 사례들도 증가하고 있다. 가장 대표적인 성공사례는 한국관광공사의 '범 내려온다'로 알려진 한국관광 홍보영상 '필 더 리듬 오브 코리아!(Feel the Rhythm of Korea)' 시리즈이다. 2020년 8월 유튜브에 게재된 '필 더 리듬 오브 코리아!' 시리즈 6편 누적 조회 수는 총 3억 회를 넘은 것으로 알려졌다(최근도, 2020).

글로벌 미디어 플랫폼을 활용한 '디지털 문화공공외교 2.0 전략'의 추구

문화외교는 공공외교 중 하나의 범주로서 K-Culture와 같은 한 나라의 문화적 자산과 성과물을 해외에 알리고 문화적 전파를 촉진하여 국제환경을 관리하는 활동이라고 볼 수 있을 것이다(이진영, 2018). 이와 같은 문화공공외교는 기존의 SNS가 중심 매체가 되는 디지털 문화공공외교 1.0에서 유튜브, 넷플릭스, 인스타그램 등 다양한 동영상 중심 글로벌 미디어 플랫폼 기반의 디지털 문화공공외교 2.0 개념으로 변화되고 있다고 볼 수 있다. 향후 성공적인 디지털 문화공공외교를 위해서는 다음과 같은 몇 가지를 고려할 필요가 있다.

첫째, 디지털 문화공공외교 전략은 디지털 트랜스포메이션을 확산시키고 있는 기술적인 진화를 반영할 필요가 있다. 최근까지의 디지털 문화공공외교 전략이 SNS와 유튜브 중심이었다면 향후 디지털 문화공공외교 전략은 현재 더 다변화된 글로벌 미디어 플랫폼을 전략적으로 활용할 필요가 있다. 이후 미디어 플랫폼은 가입형 VOD와 광고형 VOD가 다양한 방향으로 융합되는 형태로 진화될 가능성이 높으며, 미디어 플랫폼상에서 AI, 빅데이터, VR 및 5G 기술이 고도화되면서 가상현실, 증강현실, 혼합현실이 연계된 확장현실(XR)이 구현될 수 있는 메타버스(Metaverse) 플랫폼의 중요성이 점차 커지고 있다. 따라서 디지털 문화공공외교 전략은 현재의 SNS와 유튜브 중심에서 현재 더 다양한 미디어 플랫폼을 이용하면서 메타버스 플랫폼과 확장현실 콘텐츠를 이용하는 전략적 방향을 고려할 필요가 있다. 즉, 유튜브, 넷플릭스, 디즈니 플러스, 인스타그램, 로 블록스, 라인 등 다양한 글로벌 플랫폼이 존재하며, 공공외교를 위해서도 이와 같은 플랫폼을 이용하여 콘텐츠 유통을 다변화면서 향후 진화된 플랫폼상에서 혁신적인 콘텐츠를 공격적으로 이용할 필요가 있다.

둘째, 다양한 K-콘텐츠의 성공사례가 증가하고 있으며, 이는 경제적 가치로 연결되고 문화공공외교의 기회로 이용할 수 있는 가능성도 높아짐에 따라 음악, 드라마, 영화, 웹툰, 게임 등의 엔터테인먼트 콘텐츠를 현재보다 더 문화공공외교에 체계적으로 연결시키는 종합적이며 전략적인 마스터플랜인 '디지털 문화공공외교 2.0 전략'을 수립할 필요가 있다. '디지털 문화공공외교 2.0 전략'의 체계적인 수립은 향후 미디어 플랫폼과 K-콘텐츠의 변화 및 한류 연관산업과의 체계적 연결, 다양한 문화공공외교 참여자를 포함할 필요가 있을 것으로 보인다.

셋째, 디지털 문화공공외교 전략은 이전의 문화공공외교 전략과 비교하여 행위자 측면에서 더 적극적으로 외국인 및 민간조직(또는 비정부조직)과의 협력과 참여 및 소통을 강조하는 방향이 필요할 것으로 보인다. 문화외교 참여 주체는 정부에서 개인으로 확대되는 폭이 현재보다 더 클 것으로 보이며, 문화공공외교의 효과성을 제고하기 위해서라도 개인적 수준에서의 접근이 현재보다 더 필요할 것으로 판단되기 때문이다.

이와 같은 변화 방향과 함께 디지털 문화공공외교에 대한 다

양한 사례 축적뿐만 아니라 다양한 플랫폼 및 콘텐츠 기술을
문화공공외교에 수용하려는 혁신적 노력과 접근도 필요하다고
판단된다.

05
소셜 미디어와
공공외교

박세진(한양대학교 정보사회미디어학과 교수)

전통적인 개념의 공공외교는 일방향적인 소통(one-way communication)을 의미하였다. 따라서 국가의 대외 이미지 개선을 위한 메시지는 전달 당사자인 국가를 중심으로 이루어져 왔다. 하지만 인터넷의 발달과 다양한 소셜 미디어의 등장은 공공외교 소통에 있어 혁명적인 변화를 가져왔고, 국가 간의 경계를 허물고 다양한 공중과 쌍방향 의사소통(two-way communication)을 가능하게 만들었다.

소셜 미디어 시대의 공공외교는 '연결(connectivity)'과 '상호작용(interaction)'으로 대변된다(Jia & Li, 2020). 또한 소셜 미디어를 통한 공중과의 활발한 대화와 협력은 공공외교의 대상 공중을 '통제(control)'의 대상에서 '관계(relationship)'의 대상으로 변모시켰다(Fisher, 2010). 그 결과, 다양한 공중과의 관계를 구축하고 관리하며 발전시켜 나가는 것이 공공외교 커뮤니케이션의 핵심으로 자리 잡게 되었다.

이 장에서는 소셜 미디어 공공외교가 등장하게 된 배경을 살펴보고, 관련 이론을 고찰함으로써 소셜 미디어를 통해 공공외교 메시지를 효과적으로 전달하는 방안을 모색하고자 한다.

소셜 미디어 공공외교의 등장 배경

소셜 미디어의 등장과 확산

소셜 미디어는 1970년대에 처음으로 등장하였다. 최초의 소셜 미디어는 Multi-User Dungeon, Multi-User Dimension, 또는 Multi-User Domain이라 불리는 'MDU'라는 롤플레잉 게임(role-playing game)으로 온라인 채팅과 플레이어에 의한 스토리 선택이 가능한 가상현실에 기반하고 있었다. MDU에 이어 등장한 BBS(Bulletin Board System), WELL(Whole Earth 'Lectronic Link), IRC(Internet Relay Chat) 역시 실시간 채팅에 기반한 초기 단계의 소셜 미디어 플랫폼으로 알려져 있다.

1990년대는 현재와 유사한 모습의 소셜 미디어가 등장한 시기로 Six Degrees, Black Planet, Asian Avenue와 같은 온라인 채널을 통해 사람들이 소통하며 관계를 맺기 시작하였고, 블로그 역시 1990년대에 처음으로 시작되었다. 2000년대는 소셜 미디어 붐이 일어난 시기로 소셜 미디어 플랫폼의 숫자가 폭발적으로 증가한 시대이기도 하다. 페이스북(2004년), 유튜브(2005년), 트위터(2006년) 등이 이 시기에 서비스를 시작하였으며, 한국의 대표적인 소셜 미디어였던 싸이월드도 2000년대에 그 전성기를 맞았다. 2021년 7월, 전 세계 소셜 미디어 이용자는 약 40억 명으로 추산되며, 2025년에는 44억 명으로 늘어날 전망이다(Statista, 2021).

한편, 소셜 미디어는 전통매체와 구별되는 다섯 가지 특징을 지닌다(최영, 2013).

- 첫째는 범위(reach)다. 소셜 미디어의 이용대상은 전 세계에 살고 있는 공중이다. 기술의 발달로 인해 국경을 넘어 다른 국가에 살고 있는 공중과의 소통이 가능해졌다. 물론 소셜 미디어의 모든 콘텐츠가 전 세계 이용자에게 전달되지는 않지만 콘텐츠가 이슈화가 될 경우 그 도달 범위는 매우 넓어진다고 볼 수 있다.
- 둘째는 매체 접근성(accessibility)이다. 전통매체의 경우 개인, 조직, 또는 국가가 소유하는 형태를 취하지만, 소셜 미디어는 누구나 계정 개설이 가능할 뿐만 아니라 무비용 또는 낮은 비용으로 이용이 가능하며 콘텐츠 생산에 드는 비

용도 전통매체에 비해 매우 낮기 때문에 높은 매체 접근성을 갖고 있는 것으로 평가된다.

- 셋째는 사용 가능성(usability)이다. 전통매체는 대체로 매체에 대한 일정 수준의 지식과 기술을 필요로 하지만, 소셜 미디어는 플랫폼에 대한 약간의 지식만 갖추고 있다면 활용이 가능하다. 실제로 우리나라의 경우 2021년 기준으로 중장년의 소셜 미디어 이용률이 50%를 넘어서고 있고, 그 비중이 점차 증가하는 추세라는 점을 고려할 때 소셜 미디어 사용의 진입장벽은 높지 않은 것으로 평가된다.

- 넷째는 즉시성(immediacy)이다. 전통매체의 경우 콘텐츠의 제작에서 소비자 이용까지 어느 정도 시간이 소요되는 반면, 소셜 미디어는 콘텐츠의 즉시 생산, 공유, 소비가 가능하다. 예를 들어, 인쇄매체는 일간, 주간, 월간 단위로, 방송매체는 24시간 및 요일 단위로 편성이 되지만, 소셜 미디어는 시간적 제약 없이 콘텐츠를 제작 및 공유할 수 있다.

- 다섯째는 영속성(permanence)이다. 전통매체는 콘텐츠의 수정과 변경이 어렵지만 소셜 미디어는 "미완성 작품(unfinished product)"(최영, 2013, p. 11)으로 제작 및 공유 이후 언제 어디서나 수정이 가능하다는 특징을 지닌다. 아울러 수정과 변경에 콘텐츠 제작자는 물론 이용자도 시·공간적 제약없이 참여할 수 있다.

이러한 다섯 가지 특징은 공공외교 분야에서 소셜 미디어를 활용함에 있어 간과해서는 안 되는 요소이며, 정부 및 공공외교 담당자들은 이러한 소셜 미디어의 특징을 이해한 가운데 공공외교 커뮤니케이션 정책과 전략을 수립해야 할 것이다.

소셜 미디어 공공외교의 등장

유엔 회원국의 90% 이상이 소셜 미디어를 공공외교 분야에 활용하고 있다. 소셜 미디어를 통해 국가에 관한 정보가 실시간으로 전파됨에 따라 협력적이고 투명한 소통이 가능해졌고, 공중은 특정 국가의 외교부, 대사관과 실시간으로 소통할 수 있게 되었다.

공공외교 분야에서 소셜 미디어를 가장 적극적으로 활용하는 나라는 미국이다. 미국은 9·11 테러에 대한 외교적 후속 조치로 2009년 Public Diplomacy 2.0 프로그램을 도입하여 중동 국가의 시민들과 활발히 소통에 나섰다. 실제로 미국 정부는 2009년 5백억 달러 규모의 예산을 투입해 중동 지역 공중을 대상으로 소셜 미디어 운용을 시작하였고, 미 대사관은 트위터 피드, 페이스북 그룹 그리고 블로그를 통해 적극적인 소통활동을 펼쳤다. 이어 2010년에는 "Leading Through Civilian Power"라는 제목의 『QDDR(Quadrennial Diplomacy and Development Review)』을 발간해 정보기술을 활용한 시민들과의 관계 정립과 소통을 강조하며, 공공외교 분야에서 소셜 미디어 활용을 본격화하기도 했다.

국내에서는 지난 2016년 「공공외교법」이 제정되면서 본격적으로 소셜 미디어를 활용한 공공외교가 시작되었다. 정부는 「공공외교법」에 기반해 2017년 제1차 대한민국 공공외교 기본계획(2017~2021)을 확정하였고, 공공외교 콘텐츠 개발과 소셜 미디어 및 빅데이터를 활용한 정책공공외교를 강화할 것을 천명하였다.

이상에서 살펴본 바와 같이 2000년대 들어 소셜 미디어 산업이 급격히 팽창하면서 각국 정부도 공공외교 분야에서 소셜 미디어를 활발히 활용하고 있음을 알 수 있다. 하지만 아직 정책과 제도, 운영이 완전히 정착되었다고 평가하기는 어려운 실정이다. 학문적으로도 소셜 미디어 공공외교는 아직 성숙단계에 이르지 못했는데 소셜 미디어 공공외교와 유사한 개념이 상당히 많다는 점이 이러한 주장을 뒷받침하고 있다.

소셜 미디어 공공외교의 유사 개념

정보통신기술이 발달함에 따라 이를 활용하는 공공외교와 관련된 다양한 용어가 등장하였다. 먼저, 멜리센(Melissen, 2005)에 의해 처음으로 제안된 디지털 공공외교(digital public diplomacy)는 다양한 정보통신기술을 바탕으로 공공외교 활동을 펼치는 것을 일컫는다. 실제로 각국은 외교부 산하에 공공외교국 등을 설치해 적극적으로 디지털 공공외교 활동을 펼치고 있으며, 타국의 공중을 대상으로 국가의 이미지를 높이는 다양한 정책을 시행하고 있다(이진영, 2018). 셀피 공공외교(selfie public diplomacy)는 국가 브랜드 제고를 위한 디지털 외교 활동을 일컫는 용어로 카메라를 활용해 자신을 촬영하는 셀피(selfie)처럼 국가가 온라인 매체를 통해 자국의 활동을 홍보함으로써 이미지(image)와 명성(reputation) 그리고 국가 브랜드(nation brand)를 높이는 활동을 뜻한다(Manor & Segev, 2015). 사이버 공공외교(cyber public diplomacy)는 디지털 공공외교와 유사한 개념으로 사이버 공간에서 발생하는 이슈들을 해결하기 위해 외교적 도구(tool)를 활용하는 것을 의미하는데(Riordan, 2016), 이는 정보통신기술의 발달이 외교와 결합되어 나타난 현상으로 공공외교 2.0, e-외교, 가상 공공외교(virtual public diplomacy)의 일부분으로 평가되기도 한다(이진영, 2018).

한편, e-외교는 전자정부(e-government)와 유사한 개념으로 외교 분야에서 전자적으로 행정처리가 이루어지는 것을 뜻하며, 국내에서 이루어지는 외교 행정업무를 해외에 있는 외교 일선에서도 신속하고 수준 높게 서비스하는 것을 말한다. 다음으로 가상 공공외교는 네트워크 세계의 등장으로 인해 변화된 공공외교 방식으로 정보통신기술에 기반해 의사결정 협조(decision-making coordination), 의사소통(communication), 외교 실무(practice of foreign affairs)가 이루어지는 것을 뜻한다(Brown & Studemeister, 2001). 마지막으로 트위플로머시(twitplomacy)는 개별 공중(individuals), 중앙정부(a central government of a state), 비정부기관(non-government organizations) 등이 마이크로 블로깅(micro-blogging)을 활용해 외교와 관련된 정보를 유통하는 것을 말하며(Su & Xu, 2015), 트위플로머시 사이트(https://twiplomacy.com)에서는 각 국가별, 지도자별 소셜 미디어를 이용한 공공외교 활동 현황을 확인할 수 있을 뿐만 아니라 주기적으로 공공외교 분야의 소셜 미디어 활용에 대한 연구 결과 보고

〈표 5-1〉 소셜 미디어 공공외교와 유사개념의 정의

개념	정의
소셜 미디어 공공외교	페이스북, 트위터, 유튜브 등의 소셜 미디어를 활용하여 대중과 직접 접촉하는 공공외교 방식(이진영, 2018)
디지털 공공외교	다양한 정보통신기술을 바탕으로 공공외교 활동을 펼치는 것 (Melissen, 2005)
셀피 공공외교	카메라를 활용해 자신을 촬영하는 셀피(selfie)처럼 국가가 온라인 매체를 통해 자국의 활동을 홍보하는 것(Manor & Segev, 2015)
사이버 공공외교	사이버 공간에서 발생하는 이슈들을 해결하기 위해 외교적 도구 (tool)를 활용하는 것(Riordan, 2016)
e-외교	외교 분야에서 전자적으로 행정처리가 이루어지는 것(이진영, 2018)
가상 공공외교	정보통신기술에 기반해 의사결정 협조(decision-making coordination), 의사소통(communication), 외교 실무(practice of foreign affairs)가 이루어지는 것(Brown & Studemeister, 2001)
트위플로머시	마이크로 블로깅(micro-blogging)을 활용해 외교와 관련된 정보를 유통하는 것(Su & Xu, 2015)

서를 읽어 볼 수 있다.

〈표 5-1〉에서 알 수 있듯이 소셜 미디어의 확산과 정보통신 기술의 발달로 인해 공공외교 분야에서 다양한 관련 개념이 등장하게 되었다. 비록 각 개념별로 의미하는 바가 다소 상이할지라도 '연결'과 '상호작용'을 통해 전 세계의 공중과 전략적으로 소통이 필요하다는 점과 공중을 '통제'의 대상에서 '관계'의 대상으로 발전시켜 나가야 한다는 점에서 공통점을 찾을 수 있다.

그렇다면 공공외교에서 소셜 미디어를 통한 메시지 전달은 어떻게 해야 하는 것일까? 이에 대한 답을 얻기 위해 디지털 환경에서 어떻게 공중과 '연결'하고, '상호작용'을 하며, '관계'를 발전시켜 나가야 하는지 관련 연구와 이론을 통해 살펴보도록 하겠다.

소셜 미디어 공공외교의 이론적 배경

공공외교 분야에서 커뮤니케이션의 중요성

공공외교의 궁극적인 목적은 국가가 외교적 목적을 달성하기 위해서 다양한 공중과 호의적인 관계를 정립하는 데 있다 (Wise, 2009). 이러한 목적을 달성하기 위해서는 커뮤니케이션을 통해 공중이 원하는 것을 파악하고 그것을 적절한 시기에 적절한 방법을 통해 제공해 주는 노력이 필요한데, 나이(Nye, 2004)는 공공외교 분야에서 공중과 커뮤니케이션을 하는 데 있어 다음 세 가지를 고려해야 한다고 주장한다.

- 일일 단위 커뮤니케이션(Daily communication): 일일 단위 커뮤니케이션은 공중에게 국내외 정책 결정과 관련한 배경 정보를 제공하는 것으로 언론을 통해 보도자료를 배포하는 것을 그 예로 들 수 있다. 공중으로 하여금 공공외교 정책에 대한 관심과 이해도를 높이는 것은 정책의 성패를 좌우하는 매우 중요한 요소이며, 정책을 정당화하고 국내 및 해외 공중의 정책에 대한 지지를 확보하는 데 필수적이다. 최근에는 언론을 통한 보도자료 배포뿐만 아니라 각국 정부 및 외교부처의 소셜 미디어를 통한 일일 단위 커뮤니케이션이 활성화되는 추세이다.

- 전략 커뮤니케이션(Strategic communication): 공공외교에 있어 전략 커뮤니케이션은 일련의 주제(a set of themes) 설정과 연관되어 있다. 전략 커뮤니케이션은 공공 캠페인이나 광고 등을 통해 시행될 수 있으며, 정책의 목표를 달성하고 공중의 정책에 대한 의견을 형성하는 데 기여한다. 예를 들어, 특정 공공외교정책에 대한 공공 캠페인을 계획 및 시행함으로써 공중에게 정책을 설명하고 배경이 되는 핵심 가치를 알리는 것은 공공외교 전략 커뮤니케이션의

한 형태가 될 수 있다.

- 공중과 지속가능한 관계 정립(The development of lasting relationships with individuals): 학술지원(scholarships), 세미나(seminars), 학회(conferences) 등을 통한 인적 교류 프로그램(human exchange program) 등이 여기에 해당된다. 이러한 활동들은 공공외교의 제공자와 수혜자 간의 상호작용적인 커뮤니케이션(interactive communication)을 가능하게 하며, 다양한 채널을 통한 의견수렴은 정책 발전과 관련 논의의 확산에 기여하고, 공중으로 하여금 지속적으로 공공외교 정책에 대한 관심을 갖게 한다.

이를 종합해 볼 때 공공외교 활동이 단순히 정책의 '공표'를 넘어 공중의 정책에 대한 이해를 돕고, 정책에 대한 지지를 얻게 하기 위해서는 국가가 중심이 되어 공중과 일일 단위 전략적 소통을 하고, 장기적인 관점에서 공공외교 정책에 대한 관심과 논의가 이루어질 수 있도록 노력을 경주해야 할 것이다.

공공외교의 기능과 메시지 전략

공공외교에 있어 커뮤니케이션의 목적은 공공외교가 순기능을 하고, 목적을 달성하도록 돕는 데 있다. 그러기 위해서는 공공외교가 어떤 목적을 갖고 수행되는지 이해하고, 그 목적에 맞는 커뮤니케이션 전략을 펼쳐야 한다. 피츠패트릭 (Fitzpatrick, 2010)은 150여 개의 공공외교 관련 정의를 살펴보고 공공외교가 다음 여섯 가지 기능을 수행한다고 주장한다.

- Advocacy/Influence 기능은 공공외교가 해외 공중의 태도, 의견, 행동에 영향을 주는 것으로 당사국이 정책에 대한 국제적 지지획득의 목적을 달성하기 위해 주로 수행되는데, 이러한 기능은 쌍방향적인 커뮤니케이션보다는 일방향적인 커뮤니케이션에 가까운 형태를 보인다.
- Communication/Informational 기능은 공공외교의 정보 제공 및 교육 역할을 강조하는 것으로 당사국의 외교 정책 및 활동에 대한 '전달' 기능을 의미하며, Advocacy/Influence 기능보다는 비교적 덜 의도적인 커뮤니케이션이라고 할 수 있다.
- Relational 기능은 당사국과 해외 공중 간의 관계 구축 및 발전을 도모하는 역할인데, 이 기능을 성공적으로 수행하기 위해서는 소셜 미디어나 웹사이트를 활용해 상호작용적 커뮤니케이션(interactive communication)이 활발히 이루어져야 한다.
- Promotional 기능은 대개 관광 홍보, 무역 활성화, 투자유치 등과 연관이 있는데, 해외 공중에게 당사국의 매력을 부각시킴으로써 우호적인 여론을 형성하는 데 그 목적이

있다.

- Political 기능은 당사국의 선거, 외교정책, 인권 등에 대한 논의를 하는 것이다.
- Warfare 기능은 당사국의 군사적 노력에 대한 국제적인 지지를 획득하기 위한 활동과 연관되어 있다.

공공외교의 여섯 가지 기능은 상호 배타적이지 않으며, 하나의 메시지에 여러 가지 기능을 포함해 커뮤니케이션할 수 있고, 메시지 전략과 함께 고려될 경우 그 효과가 극대화될 수 있다.

커뮤니케이션 분야에서 메시지의 효과적 전달과 관련한 연구가 지속되어 왔다. 그중에서도 도드와 콜린스(Dodd & Collins, 2017)는 헤이즐턴과 롱(Hazleton & Long, 1988)이 제안한 일곱 가지 메시지 전략을 소셜 미디어 공공외교에 적용해 살펴

〈표 5-2〉 **공공외교의 기능**

기능	내용
Advocacy/Influence	해외 공중의 태도, 의견, 행동에 영향
Communication/Informational	타국 국민들에게 국가 및 국가 정책 정보 제공 및 교육
Relational	타국 국민들과 호혜적인 관계 구축 및 유지
Promotional	해외 공중에게 국가의 특정 측면을 홍보
Political	국제 정치 문제 개입
Warfare	군사적 노력에 대한 지지

보았는데, 연구 결과 공공외교의 주요 기능과 메시지 전략 간에 유의미한 관계가 있음을 발견하였다. 즉, 공공외교의 주요 기능을 효과적으로 달성하기 위해서는 적합한 메시지 전략이 선택되어야 함을 의미한다. 도드와 콜린스(2017)가 분석에 사용한 메시지 전략은 다음과 같다.

- 정보제공 전략(informative strategy)은 편향되지 않은 사실 (unbiased facts)을 전달하는 것이 그 목표이다. 정보를 포함한 메시지는 결론을 내지 않고 공중이 정확한 데이터에 기반해 스스로 결론을 내릴 수 있도록 돕는다. 또한 중립적인 단어를 사용하고, 공중의 이해를 최대화하기 위한 방법을 강구한다.
- 촉진 전략(facilitative strategy)은 공중이 원하는 정보를 사용할 수 있게(available) 하는 전략이다. 다시 말해, 정보 공개 등을 통해 이슈와 관련한 자원(resource)을 제공함으로써 공중 스스로가 문제에 대한 정보를 찾기 쉽도록 하는 것이다.
- 설득 전략(persuasive strategy)은 공중의 가치(value) 또는 감정(emotion)에 호소하는 전략으로 정보의 일부분만을 공개하는 전략이 포함된다. 이 전략을 위해서는 비교적 중립적이지 않은 용어들이 사용되며, 직접적으로 행동이나 변화를 요구하는 표현이 포함되기도 한다.

- 약속과 보상 전략(promise and reward strategy)은 공중이 특정 행동을 할 경우 그에 대한 보상이 있음을 알리는 전략이다. 이때, 제공되는 보상은 공중의 요구나 욕망을 반영하는 것이어야 한다.

- 위협과 처벌 전략(threat and punishment strategy)은 약속과 보상 전략과는 반대로 공중이 특정 행동을 하지 않을 경우 그에 대한 처벌이 있음을 강조하는 전략이다. 이때, 가해지는 처벌은 공중이 두려워하거나 좋아하지 않는 것이어야 한다.

- 흥정 전략(bargaining strategy)은 거래 상대방과의 메시지 교환과 연계되어 있는데, 내가 제공하는 정보를 적절히 통제함으로써 대안의 범위를 숨기고, 상대방의 수용가능한 대안의 범위를 확인하는 데 그 목적이 있다.

- 협력적 문제해결 전략(cooperative problem-solving strategy)은 대화 상대방과 공동으로 문제를 정의하고 해결책을 마련하는 전략으로 쌍방향 의사소통을 전제로 이루어진다. 만약 대화 상대방(예를 들면, 목표 공중)과 공동의 문제의식과 해결 의지가 있다면 이러한 전략은 매우 효과적일 수 있다.

공공외교와 미디어의 역할

공공외교 분야에서 국가와 공중과의 소통에 있어 전통매체의 역할이 간과되어서는 안 된다. 언론은 지난 수십여 년 동안 직간접적으로 외교 분야의 정책을 만들고 결정하며 조정하고 전달하는 데 기여해 왔다. 길보아(Gilboa, 2002)는 공공외교 분야에서 전통매체가 수행하는 역할을 다음과 같이 네 가지로 구분해 제시하였다.

첫째, 통제자 역할(controlling actor)은 미디어가 인도주의적 군사개입과 같은 문제를 결정하는 데 주도적인 역할을 해 왔다는 점을 근거로 정책결정자의 기능을 한다고 보고 있다. "CNN 효과(CNN effect)"라고 불리는 글로벌 TV 채널의 외교정책에 대한 영향력은 CNN이 냉전 시대 이후인 1989년 중국의 천안문 사태, 1991년 걸프전쟁 등과 같은 분쟁에 미국이 군사적으로 개입하는 데 결정적인 역할을 했다고 보고 있다. 올브라이트(Albright) 전 미국 국무장관은 국제 분쟁문제에 있어 TV의 역할에 대해 다음과 같이 말했다.

> "TV는 (분쟁과 관련한) 고통과 분노의 이미지를 우리의 안방으로 전달함으로써, ① 국제적 위기가 발생한 지역에 대한 즉각적인 개입, ② 사태가 계획대로 되지 않을 경우 즉각적인 철수 두 가지 상황 모두에 있어 (정책적 결정을 하라는) 압력으로 작용해 왔다."

다시 말해, TV와 같은 전통매체에 비춰진 전쟁 또는 분쟁의 이미지는 공중이 전쟁을 지지 또는 반대하는 데 영향을 미쳤고, 이러한 여론은 정책결정자로 하여금 기존의 정책을 수정 또는 강화할 수밖에 없도록 만들었다고 보고 이는 미디어가 외교정책을 통제하는 역할을 한 것이라는 주장이다.

둘째, 제한자 역할(constraining actor)이다. 앞서 논의되기는 했지만 아직 미디어가 외교정책을 통제한다는 충분한 근거는 없다. 이에 기반해 미디어가 외교정책을 '제한'한다는 주장이 제기되었다. 여기서 '제한'의 의미는 국제 뉴스가 일상적인 정책 개발 과정(policy-making process)을 방해(disrupt)할 수 있다는 것으로 정책결정자들이 반드시 언론의 보도를 따라야 한다고 느끼기보다는 우선순위를 조정하는 데 참고할 수 있다는 것이다. 즉, '통제'의 역할보다는 한 단계 낮은 수준으로 정책 결정에 간접적 영향을 미친다는 의미로 해석될 수 있다.

셋째, 개입자 역할(intervening actor)은 미디어가 국제 분쟁에 있어 중재 역할(mediation roles)을 한다는 주장인데, 이는 주로 분쟁 당사국이 적 또는 제3자와 접촉이 없을 경우에 발생한다. 구레비치(Gurevitch, 1994)는 이러한 미디어의 역할을 "국제 정치 브로커(international political brokers)"라고 불렀는데, 분쟁 당사자들 간의 접촉이 없는 상황에서 미디어의 역할 수행은 윤리성과 전문성에 관한 문제를 야기할 수 있으므로 주의를 기울여야 한다. 왜냐하면 편파적이거나 정확하지 않은 미디어의 보도로 인해 분쟁이 격화되어 의도치 않은 희생자가 발생할 수 있기 때문이다.

넷째, 도구자 역할(instrumental actor)이다. 이는 정책결정자 또는 리더들이 미디어를 분쟁 협상에 대한 관심을 표현하고, 신뢰를 구축하며, 공중의 지지를 획득하는 도구로 사용한다는 관점이다. 미디어의 도구자 역할은 기자회견(press conference), 인터뷰(interview), 정보 유출(leak), 분쟁대상국 방문 등의 형태로 구현될 수 있다.

길보아(Gilboa, 2002)가 주장한 네 가지 역할은 분쟁 상황에서 전통매체가 수행 가능한 역할에 초점을 맞추고 있지만 정보통신기술의 발달로 인해 이러한 전통매체의 역할을 소셜 미디어가 대신할 수 있는 환경이 조성되었고, 실제로 아랍의 봄

〈표 5-3〉 **공공외교와 미디어의 역할**

역할	활동	맥락
통제자 (controlling actor)	정책 입안자 대체 (replacing policymakers)	인도주의적 군사개입 (humanitarian military intervention)
제한자 (constraining actor)	정책 입안자 제한 (constraining policymakers)	의사결정 (decision-making)
개입자 (intervening actor)	중재 역할 수행 (becoming mediators)	국제적 중재 (international mediation)
도구자 (instrumental actor)	협상 및 합의 촉진 (promoting negotiations & agreements)	분쟁 해결 (conflict resolution)

(Arab Spring) 시기에 소셜 미디어가 개혁과 혁신의 중추적인 역할을 했다는 점을 상기해 볼 때 소셜 미디어가 전통매체의 역할을 일정 부분 대체할 가능성은 점차 높아지고 있다.

공공외교에 있어 소셜 미디어의 기능

소셜 미디어는 공공외교정책을 수행하는 데 중요한 도구로 의미 있는 역할을 수행해 왔다. 비욜라와 장(Bjola & Jiang, 2015)은 공공외교에 있어 소셜 미디어의 기능을 세 가지 차원으로 구분하였다.

첫째, 의제설정(agenda-setting) 기능으로 소셜 미디어는 공중의 공공외교 관련 인식에 영향을 미치고 있다는 주장이다. 공공외교 커뮤니케이션은 해외 공중(foreign public)에게 외교정책과 관련한 정보를 전달하는 역할을 수행하는데, 이 과정에서 정부 당국, 외교관, 해외 공중이 쌍방향으로 외교 관련 문제를 논의하며 서로의 의견을 전달하게 된다. 정부기관과 외교관들은 페이스북과 같은 소셜 미디어를 통해 의제를 설정하고 그들의 국가에 대한 긍정적 이미지 구축을 위해 노력하는데, 이 과정에서 정부 공공외교의 목적(objective)이 주요 의제로 작용하게 된다. 다시 말해서, 정부와 외교 관계자들이 소셜 미디어를 통해 그들이 속한 국가의 공공외교 목적을 달성하기 위한 핵심 가치와 이슈를 중심으로 의제를 설정하며, 해외 공중은 이렇게 설정된 의제가 해당 국가를 둘러싼 중요한 문제라고 인식하게 되는 것이다.

둘째, 존재의 확장(presence expansion)이다. 전통적 외교와 공공외교 모두에 있어 국가와 외교 관계자들은 그들의 목소리와 주장을 공중이 들을 수 있도록 해야 한다. 전통적 외교에 있어 외교 관계자들은 문화, 교육, 정치, 통상(trade) 분야에 대한 그들의 관점과 코멘트를 제공해 왔는데, 최근 들어 이러한 활동이 페이스북과 같은 소셜 미디어를 통해 이루어지고 있다. 즉, 소셜 미디어가 국가 및 외교 관계자들의 노력을 확장시키는 수단으로 활용되고 있는 것이다.

셋째, 인게이지먼트와 대화 창출(engagement and conversation

[그림 5-1] 공공외교에 있어 소셜 미디어의 기능

generating)이다. 소셜 미디어는 국가와 외교 관계자들이 이해 관계자(stakeholder)를 포함한 다양한 공중과 쌍방향적이고 다방면적인(multi-directional) 커뮤니케이션을 가능하게 한다. 이러한 활동들은 보다 광범위한 공중과의 의사소통을 할 수 있게 해 줄 뿐만 아니라 소통 당사자인 국가(외교 관계자)와 공중이 서로를 이해하는 데 도움을 준다.

소셜 미디어 공공외교의 중심과 기반

전통적인 공공외교 커뮤니케이션에서는 공중의 인구통계학적 요소에 기반해 공중을 세분화하고, 세분화된 공중에 적합한 커뮤니케이션 전략을 도출해 왔다. 이러한 방법은 목표 공중을 최대한 구체화함으로써 그들의 특성에 부합한 메시지를 제공하는 형태였는데, 이는 지정학적, 생물학적 특성이 비교적 명확하고 변동이 적은 시대에 적합한 커뮤니케이션 방법이었다. 그러나 정보통신기술이 발달함에 따라 인구통계학적 요소가 공중의 커뮤니케이션 활동에 미치는 영향이 점차 감소하였고, 누구나 어디서나 자유롭게 의견을 표출할 수 있는 시대가 도래함에 따라 공공외교 커뮤니케이션의 관점에도 변화가 수반되었다.

전통적인 공공외교 커뮤니케이션이 국가 중심의 일방향적인 커뮤니케이션에 가까웠다면 새롭게 대두된 관계 중심의 공공외교 커뮤니케이션은 쌍방향 커뮤니케이션을 지향하며, 국가와 공중이 대등한 입장으로 커뮤니케이션의 중심과 기반이 변화함에 따라 관계가 새롭게 형성된다고 주장한다.

자하르나와 우이살(Zaharna & Uysal, 2016)은 [그림 5-2]와 같이 중심과 기반에 따른 공공외교 커뮤니케이션의 4분면을 제안하였다. 먼저, 제1분면은 국가 중심-국가 기반으로 국가가 커뮤니케이션을 계획하고 시행하며 통제하는 형태를 보이고, 공중은 수동적으로 커뮤니케이션에 임하는 일방향적 커뮤니케이션의 모습을 보인다. 국가와 공중 간의 관계는 긍정적일 수도, 부정적일 수도, 중립적일 수도 있으며, 국가 주도의 소셜 미디어를 통한 커뮤니케이션에 TV나 신문과 같은 전통매체가 합세하는 형태를 보인다. 제2분면은 공중 중심-국가 기반으로 여전히 국가가 주도하여 커뮤니케이션 활동이 이루어지지만 커뮤니케이션의 목표가 공중의 요구를 달성하는 데 있다는 점에서 국가 중심-국가 기반의 커뮤니케이션과 다르다. 공중의 참여를 유도하기 위한 수단들이 활용되며, 소셜 미디어의 연결적이고 상호작용적인 특성이 중요한 역할을 한다. 제3분면은 국가 중심-공중 기반으로 국가가 설정한 목표 달성에 있어 공중 주도로 소셜 미디어 커뮤니케이션이 시작되며, 국가가 참여와 지지를 보내는 형태를 보인다. 제3분면에서 주로 논의될 수 있는 공공외교 주제는 지구 온난화, 건강, 교육 등 국가의 경계를 넘어서는 이슈들이 대부분이다. 제2분면과 제3분면의 공통적

	국가 기반	공중 기반
국가 중심	• 긍정, 부정, 중립 관계 형성 • 국가 주도로 활동 착수 • 국가 주도 목표, 요구 설정 • 국가 통제 • 전통매체 합세	• 중립, 긍정적 관계 형성 • 공중 주도로 활동 착수 • 국가 주도 목표, 요구와 일치 • 공중의 적극적 참여 • 네트워크화된 접근, 동기부여
공중 중심	• 중립, 긍정적 관계 형성 • 국가 주도로 활동 착수 • 공중의 목표, 요구와 일치 • 국가 스폰서, 공중 파트너십 형성 • 수동적 또는 참여적 공중	• 부정적, 적대적 관계 형성 • 공중 주도로 활동 착수 • 공중 주도 목표, 요구 설정 • 공중 통제

[그림 5-2] 중심과 기반에 따른 공공외교 커뮤니케이션
(Zaharna & Uysal, 2016, p. 112)

인 특징은 국가와 공중이 상호 협력적인 관계를 유지한다는 점
이며, 따라서 중립 또는 긍정적인 관계 형성이 가능하다. 마지
막으로 제4분면은 공중 중심-공중 기반으로 공중이 주도권을
완전히 장악한 형태의 커뮤니케이션이다. 공중은 활발한 소셜
미디어 활동을 통해 국가에 적극적으로 공공외교에 관한 의견
을 개진하고, 국가 정책의 변화를 요구하게 되며, 이에 따라 국
가와 공중의 관계는 부정적 또는 적대적인 형태를 나타낸다.

전략적 이슈 관리와 소셜 미디어

공공외교에 있어 커뮤니케이션은 주로 공중의 국가 외교정

책에 대한 이해를 높이고 관심과 지지를 확산하기 위해 시행된다. 하지만 외교정책과 관련된 이슈가 항상 긍정적인 것만 존재하는 것은 아니다. 국가가 예측한 또는 예측하지 못한 외교정책과 관련된 부정적인 이슈는 언제나 발생 가능하며, 해당 이슈를 어떻게 관리하고 대응하는가에 따라 정책의 성패에 결정적인 영향을 미칠 수 있다. 따라서 공공외교에 있어 정책과 관련된 이슈를 모니터링하고 위기 발생시 적절하게 대처하는 것은 매우 중요한 문제이다.

장(Zhang, 2013)은 이슈 및 위기관리 영역에서 활발히 논의된 전략적 이슈 관리(strategic issue management)를 공공외교와 소셜 미디어에 접목해 단계별 이슈 관리 및 대응 방안을 제시하였다.

첫째는 이슈 형성 및 확산(issue ferments and goes viral) 단계로, 이 단계에서는 소셜 미디어상에서 공공외교와 관련한 이슈가 부상하고, 국가 및 외교 담당자들은 해당 이슈에 대한 대응 여부를 결정한다. 만약 해당 이슈와 관련한 트리거 이벤트가 발생할 경우 소셜 미디어에서 관련 논의는 더욱 활발해지며, 신문이나 방송과 같은 전통매체에 이슈에 관한 보도가 이어지게 된다.

둘째는 사전 대응(proactive phase) 단계로, 국가 및 외교 담당자들은 이슈에 대한 연구를 진행해 확산 추세를 확인하고 단계를 구분하며, 이슈와 관련된 우호적인 논의가 강화될 수 있는 방법을 고안한다. 동시에 소셜 미디어와 전통매체를 활용해 우호적 여론을 공고히 하고, 부정적 여론을 약화시키며, 긍정적 의제를 설정하는 데 노력한다.

셋째는 사후 대응(reactive phase) 단계로 갈등이 표면화된 상황에서 국가 및 외교 담당자들이 공중의 반발(backlash)을 최소화하기 위해 다양한 협상 전략을 개발 및 시행한다.

넷째는 이슈 소멸 및 새로운 이슈 형성(issue recedes; new issue ferments) 단계로, 기존의 이슈가 점차 사라지지만 국가 및 외교 담당자들은 장기적 관점에서 공중과의 관계를 정립하고 발전시키는 데 노력하며, 향후 발생 가능한 이슈를 확인하게 되고, 이슈가 소멸함에 따라 이슈 형성 및 확산 단계로 순환하게 된다.

이와 같은 전략적 이슈 관리에서 소셜 미디어는 전략적 도구(strategic tool)로 활용될 수 있다. 구체적으로 사전 및 사후 대응 단계에서 소셜 미디어를 통해 국가 및 외교 담당자들이 유도한 방향으로 의제가 설정되고, 우호적인 논의가 강화된다면 갈등은 비교적 원만하게 해결될 것이다. 아울러 이슈 형성 및 확산, 이슈 소멸 및 새로운 이슈 형성 단계에서는 소셜 미디어가 전술적 도구(tactical tool)로 활용될 수 있는데, 이는 두 단계에서 일일(daily) 단위로 일상적이고(routine) 소소한(small-scale) 주제에 대한 논의가 주로 이루어지기 때문이다. 따라서 정부 및 외교 담당자들은 이슈 및 위기관리에 있어 소셜 미디어의 중요성을 인지한 가운데 전략적 소통을 위해 소셜 미디어를 어떻게 활용해야 하는지 항상 고민해야 한다.

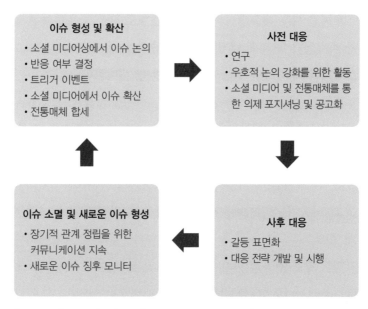

[그림 5-3] 소셜 미디어를 통한 전략적 이슈 관리 단계(Zhang, 2013, p. 1326)

엔터테인먼트 콘텐츠 기반
공공외교

제**3**부
엔터테인먼트
콘텐츠 기반
공공외교

06 영상콘텐츠와 공공외교
07 음악콘텐츠와 공공외교
08 공연콘텐츠와 공공외교
09 관광콘텐츠와 공공외교
10 스포츠콘텐츠와 공공외교

06
영상콘텐츠와
공공외교

장병희(성균관대학교 미디어커뮤니케이션학과/컬처앤테크놀로지융합전공 교수)

영상콘텐츠는 한류의 발생 초기부터 한류의 핵심 콘텐츠로 인정을 받았다. 방송의 경우 TV 드라마가 해외에서 인기를 얻으면서 한류의 성장을 견인하였으며, 최근에는 예능 장르의 중요성이 증대되고 있다. 영화의 경우 방송에 비해 상대적으로 규모는 작았지만 소프트 파워로서의 영향력에 있어서는 무시할 수 없는 위상을 가지고 있다. 전통적으로 한류콘텐츠 분야에서 영상콘텐츠는 방송과 영화를 의미하였다. 하지만 이 장에서는 한류콘텐츠 장르 중 가장 큰 규모를 차지한다는 점에서 게임도 포함하였다. 또한 방송, 영화, 게임을 영상콘텐츠의 세부 장르로 규정하고, 각 장르별로 한류적 측면에서 어떠한 위상을 지니고 있으며, 현재 주요 쟁점은 무엇인지를 살펴본다.

이후 영상콘텐츠가 공공외교와 관련해서 어떠한 시사점을 제공하는지를 제시하는 순서로 진행한다.

방송

방송은 콘텐츠의 대표 장르로 대중의 머릿속에 각인되어 있다. 오랫동안 콘텐츠 산업에서 가장 큰 비중을 차지하였으며, 사회적 영향력 면에서 다른 콘텐츠 장르에 비해 월등하기 때문이다. 특히 사회적 담론의 형성에 주도적인 영향력을 행사한다는 점에서 공공외교적인 측면에서도 방송은 가장 중요한 분석 대상 중 하나라고 할 수 있다. 또한 2000년대 초반 초기 한류가 TV 드라마를 중심으로 발생하였고, 최근 일본에서의 4차 한류 붐 역시 TV 드라마를 기반으로 발생하였다는 점에서 방송이 한류의 중요한 콘텐츠라는 점을 무시하기 어렵다.

방송한류 현황

〈표 6-1〉은 2016년부터 2019년까지 방송 프로그램 수출액의 시계열적 변화를 보여 준다. 중국 한한령의 영향으로 방송 프로그램의 수출액은 2017년 급격히 감소하였다가 이후 지속적으로 회복하는 모습을 보여 주고 있다. 흥미로운 점은 지상

06 영상콘텐츠와 공공외교

파방송과 채널사용사업자 간에 명암이 교차하고 있다는 점이다. 지상파방송은 2017년의 급락 이후에도 여전히 수출액을 회복하지 못하고 있는 반면, 채널사용사업자의 경우에는 한한령과 관계없이 지속적으로 수출액이 증가하고 있는 모습을 보여 준다. 2019년에는 수출액에서 채널사용사업자가 지상파방송을 추월하는 모습을 보여 주고 있다. 지상파방송의 약세와 비지상파 채널의 성장은 케이블 TV와 IPTV 등 유료방송 플랫폼의 성숙과 OTT 플랫폼의 급격한 성장세로 설명할 수 있다. 따라서 채널사용사업자의 우위는 지속될 것으로 예상된다.

〈표 6-1〉 **방송 프로그램 수출액(단위: 만$)**

	지상파	방송채널사용사업자	합계
2016년	27,852	6,879	34,731
2017년	17,437	11,121	28,558
2018년	17,129	15,551	32,680
2019년	17,464	19,068	36,714

출처: 정보통신정책연구원(2018, 2019, 2020)

중국 한한령에도 불구하고 방송한류가 지속적으로 성장하고 있는 것은 OTT 플랫폼의 글로벌화로 풀이할 수 있다. 넷플릭스로 대표되는 글로벌 OTT 플랫폼을 방송 사업자들이 효과적으로 활용하면서 방송한류의 범위와 강도를 증대시킬 수 있었다. 넷플릭스의 국가별 시청순위를 정리해서 보여 주는 웹사이트인 플릭스패트롤(flixpatrol.com)의 자료를 보면 한국 방송콘텐츠의 영향력이 글로벌 차원에서 확장되고 있음을 확인할 수 있다. 예를 들어, 〈표 6-2〉에서는 드라마 〈사이코지만 괜찮아〉가 2020년 시청 톱 10에 있었던 일수가 100일 이상으로 높은 수준을 보인 국가들을 제시한다. 모두 아시아 국가라는 사실을 알 수 있다. 이 국가들은 제작국인 한국보다도 높은 일수를 보여 주고 있다. 같은 아시아권이지만 〈표 6-2〉에는 없는 파키스탄의 경우에는 4일에 불과한 것은 방송한류를 포함한 한류콘텐츠의 확산에 있어 종교를 주요 변수로 고려할 필요가 있음을 시사한다.

〈표 6-2〉 2020년 넷플릭스 내 〈사이코지만 괜찮아〉 시청 톱 10 100일 이상 지속 국가

국가	일수
홍콩	140
필리핀	133
말레이시아	127
타이완	126
태국	122
베트남	115
싱가포르	113
일본	103
한국	100

출처: FlixPatrol(flixpatrol.com)

방송한류에서 주류를 형성하는 드라마에 대한 이용자들의 반응을 살펴볼 경우에도 넷플릭스 등 글로벌 OTT 사업자의 영향력을 쉽게 확인할 수 있다. 〈표 6-3〉은 한국국제문화교류진흥원에서 매년 실시하는 해외한류실태조사의 2020년 조사 결과를 보여 준다. 〈사랑의 불시착〉, 〈사이코지만 괜찮아〉, 〈부부의 세계〉, 〈이태원 클라쓰〉, 〈킹덤〉 등 우리에게 익숙한 드라마들이 해외 한류 팬들이 선호하는 드라마 1위에서 5위까지 차지하고 있다. 하지만 좀 더 깊숙이 살펴보면, 이들 드라마가 모두 넷플릭스에서 제공하는 프로그램임을 알 수 있다. 〈킹덤〉의 경우에는 지상파 채널을 거치지 않고 넷플릭스를 통해 독점 제공되고 있음에도 상위권을 차지하고 있다. 넷플릭스의 영향력 증대는 5위 내에 〈태양의 후예〉와 〈대장금〉과 같이 넷플릭스에서 제공되지 않는 드라마가 포함되어 있던 2019년과 비교하면 명확하게 확인할 수 있다.

〈표 6-3〉 **가장 좋아하는 한국 드라마(1~5위)**

순위	2019년	비율(%)	2020년	비율(%)
1	호텔델루나	8.2	사랑의 불시착	9.5
2	태양의 후예	3.0	사이코지만 괜찮아	4.1
3	대장금	2.3	부부의 세계	2.8
4	킹덤	2.1	이태원 클라쓰	2.8
5	도깨비	2.0	킹덤	2.5

출처: 한국국제문화교류진흥원(2021)

근년 들어 방송한류의 가장 큰 위기는 방송콘텐츠의 기존 주요 수입국이었던 일본 및 중국과 외교적 마찰이 증대되었다는 점이다. 예전의 경우라면 이러한 외교적 갈등은 한류콘텐츠 수출의 급격한 감소로 이어졌을 것이다. 하지만 방송 프로그램의 수출 지역 다양성이 증대되어 이러한 위기를 극복하고 있는 것에서 K-콘텐츠로서 지속성장가능성을 확인할 수 있다. 〈표 6-4〉를 살펴보면 일본과 중국에서 방송 프로그램 수출액이 감소하였지만 다른 아시아 지역과 미주 지역에서의 수출액 증가로 보완하고 있음을 알 수 있다. 일본과 중국과의 외교적 위기가 방송한류에 있어서는 다양성 증가라는 새로운 기회로 이어질 수 있음을 시사한다.

방송 장르는 수출의 측면에서 드라마와 오락 장르로 크게 구분할 수 있다. 〈표 6-5〉는 연도별로 드라마와 오락 장르의 수

〈표 6-4〉 **방송 프로그램 국가별 수출액(단위: 만$)**

	2017년	2018년	2019년
일본	8,195	9,578	9,177
중국(대만, 홍콩 포함)	7,728	6,054	5,473
아시아(일본, 중국 제외)	4,315	2,623	4,959
미주	1,847	6,201	8,379
유럽	111	157	195
기타(아프리카, 오세아니아 등)	1,867	3,599	2,651

출처: 정보통신정책연구원(2018, 2019, 2020)

06 영상콘텐츠와 공공외교

출액을 지상파와 PP(채널사용사업자)로 구분하여 보여 준다. 우선 방송한류에서 드라마 장르가 오락 장르에 비해 뚜렷하게 우위에 있음을 보여 준다. 다음으로 드라마와 오락에서 PP가 지상파를 앞지르고 있음을 알 수 있다. 다만, 지상파의 경우 오락 분야에서는 PP와 다시 가까워지고 있는 모습을 보여 주고 있다.

⟨표 6-5⟩ **방송 프로그램 장르별 수출액(단위: 만$)**

	2017년	2018년	2019년
지상파 오락	747	1,016	1,157
PP 오락	1,050	1,472	1,341
지상파 드라마	10,945	11,540	11,372
PP 드라마	9,353	12,650	15,955

출처: 정보통신정책연구원(2018, 2019, 2020)

방송한류의 중심인 드라마의 인기 요인으로는 배우와 스토리를 들 수 있다. 구체적으로 한국국제문화교류진흥원(2021)의 2020년 조사 결과에 따르면(⟨표 6-6⟩), 한국 드라마의 인기 요인이 '배우의 매력적인 외모' '스토리가 짜임새 있고 탄탄함' '한국 생활/문화 간접 경험'의 순서로 나타난 것에서 확인할 수 있다. 흥미로운 점은 선호하는 스타 출연이 상대적으로 낮은 비율을 보이는 것에서 팬덤의 영향력이 예상보다 높지 않음을 알 수 있다.

<표 6-6> **한국 드라마 인기 요인(2020년)**

순위	이유	1순위+2순위 비율(%)
1	배우의 매력적인 외모	33.2
2	스토리가 짜임새 있고 탄탄함	28.8
3	한국 생활/문화 간접 경험	24.9
4	다양한 소재/장르	21.0
5	한국 문화만의 독특함	20.7
6	뛰어난 배우의 연기력	20.2
7	영상미, 연출력 등의 작품성	16.0
8	한국 최신 패션/뷰티 트렌드 확인	14.0
9	선호하는 스타 출연	12.7

출처: 한국국제문화교류진흥원(2021), p. 31.

앞선 분석이 미시적인 분석이라면, 최영준과 김윤영(2012)은 거시적인 측면에서 방송콘텐츠의 수출 결정 요인을 실증적으로 분석하였다. 수출을 분석하는 전통적인 모형인 중력모형을 활용하였으며, 경제적 변수, 지리적 변수와 함께 소셜 네트워크를 변수로 고려하였다. 분석 결과, 지리적 근접성과 소셜 네트워크가 방송콘텐츠의 수출에 유의미한 영향을 미치는 것으로 나타났다. 지리적 근접성의 영향력은 문화적 동질성 가설로 설명할 수 있지만 소셜 네트워크의 영향력은 새로운 시각을 제공한다. 초고속인터넷의 발달과 이에 기반한 커뮤니케이션 및 콘텐츠 서비스는 K-콘텐츠의 시장 범위를 확대하였으며, 이로 인해 K-콘텐츠의 수출이 증가하고 있음을 시사한다. 이를

06 영상콘텐츠와 공공외교

통해 유튜브의 성장이 K-pop의 성장으로 이어지고 있고, 넷플릭스로 인해 한국 드라마와 영화의 영향력이 커지고 있는 현상을 설명할 수 있다.

방송한류의 쟁점

방송한류와 관련된 쟁점으로는 글로벌 OTT의 영향력, 해외 자본 의존, 드라마 수출 편향 등을 들 수 있다. 최근 한국 방송 콘텐츠의 수출이 증가하고 있는 것은 넷플릭스와 같은 글로벌 OTT를 적극적으로 활용한 결과로 볼 수 있다. 글로벌 OTT의 활용에 대해서는 찬성과 반대의 입장이 모두 존재한다. 글로벌 OTT를 현재와 같이 전략적으로 활용할 경우 비용 효율적으로 많은 국가에 방송콘텐츠를 제공할 수 있다는 점에서 매력적이다. 특히 예전의 경우에는 진입이 힘들었던 국가의 경우에도 글로벌 OTT 플랫폼을 통해 해당 국가의 소비자들을 만날 수 있다는 점은 한류를 통한 공공외교적 성과를 높일 수 있다.

반면, 글로벌 OTT에 과도하게 의존하게 될 경우 장기적인 관점에서 문제가 될 부분도 있다. 우선 국내 OTT의 성장이 어려워질 수 있으며, 이에 따라 국내 방송 산업의 규모가 축소될 가능성도 있다. 글로벌 OTT가 과점화할 경우 현재와 같은 상대적으로 우호적인 계약조건이 점차 나빠질 가능성도 있다. 또한 글로벌 OTT의 수직적 결합 구조에 종속될 경우 콘텐츠 하청업자로 전락할 위험성도 있다.

　방송콘텐츠가 해외시장에 의존하는 정도가 심화되는 과정에서 역풍에 처할 위험성도 증가하고 있다. 해외시장에 의존하는 방식은 크게 두 가지로 구분할 수 있다. 하나는 완성작을 해외에 수출해서 얻는 경우이다. 다른 하나는 제작을 하는 과정에서 제작비의 지원을 받는 경우이다. 해외 수출의 경우에는 문제가 없지만 제작비의 지원을 받는 경우에는 국내 시청자로부터 반감의 대상이 될 수 있다. 특히 이러한 해외 자본의 투입이 방송콘텐츠의 내용에 영향을 미치는 것으로 판단될 경우 비판의 수위가 높아진다. 2021년 드라마 〈조선구마사〉의 방송이 중단된 경우가 대표적인 사례라고 할 수 있다.

　해외에 수출되는 방송콘텐츠가 여전히 드라마에 집중되어 있는 것은 여전히 아쉬움으로 남는다. 예능에 비해 드라마의 인기가 더 높은 것은 문화적 할인(cultural discount) 개념으로 설명할 수 있다. 드라마의 주제 혹은 표현방식이 예능에 비해 세계적 보편성이 더 높기 때문이다. 드라마의 경우에도 예능적 속성이 강한 코미디 장르의 경우 다른 드라마 세부 장르에 비해 해외 수출의 비중이 낮은 것은 문화적 할인을 더 강하게 받기 때문이다.

　이유진과 유세경(2016)은 국내 예능 콘텐츠에서 문화적 할인이 발생하는 것을 예능 포맷 측면에서 분석하였다. 포맷이 수출된 한국 예능 프로그램과 해외 예능 프로그램의 포맷을 비교하여 차이점이 있는지를 검증하였다. 분석 결과, 예능 프로그램의 포맷 유형, 출연진, 소재 등에서 한국 예능 포맷과 해외 예능 포맷 간에 차이가 있음을 발견하였다. 예를 들어, 국내 예능 프로그램은 리얼리티 포맷에 중점을 두는 반면 해외 예능 프로그램은 퀴즈/게임 포맷의 비중이 높았으며, 출연진의 경우 한국 예능은 상대적으로 연예인의 비중으로 높게 나타났고, 소재에 있어서도 한국 예능은 음악/댄스, 가족/육아 등을 중시한다는 점에서 해외 예능과 차이를 보였다.

영화

방송콘텐츠(특히 드라마)가 대중적 인기도 측면에서 한류콘텐츠의 가능성을 보여 준다면, 영화는 작품성 측면에서 한류콘텐츠의 가능성을 보여 준다. 영화 〈기생충〉의 2020년 미국 아카데미상 수상은 한국 영화에 대한 해외 관객들의 인식을 바꾸는 데 결정적인 영향을 미쳤고, 2021년 윤여정 배우의 아카데미 조연상 수상은 한국 영화의 질적 발전이 일시적 현상이 아님을 보여 주었다.

영화한류 현황

한국 영화의 수출 분야는 완성작 수출과 서비스 수출로 구분할 수 있다. 완성작 수출은 계약금액과 현재배급수익을 합쳐 계산할 수 있으며, 서비스 수출에는 기술서비스 수출과 로케이션 유치가 포함된다. 〈표 6-7〉은 2016년부터 2020년까지 한국 영화의 해외수출액을 보여 준다. 완성작 수출의 경우 연도별로 등락이 지속되는 모습을 보여 주다가 2020년에 급격한 성장을 보여 주고 있다. 반면, 서비스 수출의 경우에는 2017년 정점을 찍은 이후 지속적으로 감소하는 모습을 보여 주고 있다.

〈표 6-7〉 한국 영화 해외수출 추이(단위: $)

구분 1	구분 2	2016년	2017년	2018년	2019년	2020년
완성작 수출	계약금액	30,106,468	34,771,671	37,436,403	36,276,567	51,290,400
	현지배급 수익	13,787,069	5,954,486	4,170,844	1,600,749	2,866,580
	소계	43,893,537	40,726,157	41,607,247	3,787,7316	54,156,980
서비스 수출	기술서비스 수출	38,613,215	70,184,428	35,361,845	19,089,682	9,761,760
	로케이션 유치	18,582,623	7,878,294	3,395,117	16,815,191	19,686,314
	소계	57,195,838	78,062,722	38,756,962	35,904,873	29,448,074
합계		101,089,375	118,788,879	80,364,209	73,782,189	83,605,054
전년 대비 증감률		82.1%	17.5%	-32.3%	-8.2%	13.3%

출처: 영화진흥위원회(2021), p. 58.

〈표 6-8〉은 완성작의 세계 권역별 수출액을 보여 준다. 문화적 할인을 감안할 때 한국 영화가 문화적 근접성이 높은 아시아 국가에서 강세를 보일 것이라는 것은 쉽게 예측할 수 있다. 2018년과 2019년의 경우를 보더라도 아시아 지역의 비율이 70% 내외를 차지하고 있다. 흥미로운 점은 유럽의 비중이 미국에 비해 더 높다는 점이다. 이러한 현상은 영화가 지닌 예술성을 유럽이 미국에 비해 더 중요시하는 것으로 풀이할 수 있다. 2020년에 들어 가장 큰 변화는 기타의 비중이 급격히 증가했다는 점이다. 2019년의 경우 2.7%에 불과했지만 2020년 들어 43.2%로 증가하여 아시아 지역에 버금가는 수준에 도달

〈표 6-8〉 **한국 영화 완성작 권역별 수출액(단위: $)**

권역	2018년		2019년		2020년	
	금액	비중	금액	비중	금액	비중
아시아	27,924,327	67.1	27,403,357	72.3	24,996,726	48.7
유럽	4,057,565	9.8	4,133,177	10.9	2,526,754	4.9
북미	3,313,223	8.0	3,762,036	9.9	998,600	1.9
중남미	1,582,428	3.8	824,821	2.2	308,000	0.6
오세아니아	339,644	0.8	612,478	1.6	195,620	0.4
아프리카/중동	92,560	0.2	121,447	0.3	126,300	0.2
기타(전 세계 포함)	4,297,500	10.3	1,020,000	2.7	22,138,400	43.2
합계	41,607,247	100.0	37,877,316	100.0	51,290,400	100.0

출처: 영화진흥위원회(2021), p. 79.

하였다. 이러한 결과는 코로나19로 인해 상영관 사업이 사실상 중단되었고 대안으로 기타에 포함되는 OTT 창구의 비중이 높아졌기 때문이다. 글로벌 OTT 사업자는 완성작의 판권을 계약하면서 전 세계를 대상으로 계약을 맺기 때문에 특정 권역이 아닌 기타에 포함된다.

한국 영화의 인기 요인으로는 스토리와 한국 경험을 들 수 있다. 한국국제문화교류진흥원(2021)의 2020년 조사 결과에 따르면 한국 영화의 인기 요인이 '스토리가 짜임새 있고 탄탄함' '한국 생활/문화 간접 경험' '배우의 매력적인 외모'의 순서로 나타났다. 흥미로운 점은 배우의 매력적인 외모의 경우 TV 드라마에서는 1위를 차지했지만 영화에서는 3위로 순위가 낮아졌다

〈표 6-9〉 **한국 영화 인기 요인(2020년)**

순위	이유	1순위+2순위 비율(%)
1	스토리가 짜임새 있고 탄탄함	31.1
2	한국 생활/문화 간접 경험	25.2
3	배우의 매력적인 외모	24.1
4	다양한 소재/장르	21.9
5	자국 영화에서는 볼 수 없는 독특함	21.7
6	뛰어난 배우의 연기력	21.7
7	영상미, 연출력 등의 작품성	19.8
8	한국 최신 패션/뷰티 트렌드 확인	12.4
9	선호하는 스타 출연	11.4

출처: 한국국제문화교류진흥원(2021), p. 33.

는 것이다. 이러한 결과를 통해 TV 드라마에 비해 영화를 좀 더 작품성 차원에서 관객들이 접근하는 것으로 추론할 수 있다.

한류의 인기 요인을 분석하는 연구는 이전에도 꾸준히 진행되었다. 한국방송영상산업진흥원의 보고서(2008)를 보면 한국 영화 및 드라마의 인기 요인으로 '어필' '스토리 공감' '외모 및 연기력' '제작기술 수준' '프로듀서 역량' '뛰어난 경쟁력' 등을 제시하였다. 실증 분석을 통해 중국, 대만, 베트남의 경우 대부분의 영역에서 긍정적인 평가를 내렸지만, 일본의 경우 '제작기술 수준' '프로듀서 역량' '뛰어난 경쟁력' 등의 항목에서 높게 평가하지 않았다. 이러한 결과는 한류의 인기 요인이 국가별로 상이할 수 있음을 보여 준다. 그리고 문효진(2014)은 실증적 분석을 통해 한류의 인기 요인을 '한류콘텐츠 전문성' '한류콘텐츠 차별성' '한류 스타의 감성적 매력'으로 일반화하여 제시하였다. 또한 산업적 경쟁력 측면에서 이장우와 허재원(2012)은 국내 콘텐츠 기업의 경우 '산업환경' '최고경영자의 리더십' '조직역량' 등이 해외 진출 전략과 성과에 영향을 미친다고 주장하였다.

영화한류의 쟁점

현재 영화한류의 쟁점으로는 서비스 부문 수출 부진, 중국 시장 진입 어려움, 코로나19, OTT 성장에 따른 배급 창구의 변화 등으로 정리할 수 있다. 한국 영화 수출에 있어 서비스 부문의 수출이 부진을 겪고 있는 것은 우려의 대상이다. 일반적으로 영화의 경우 완성작 중심으로 보는 경향이 강하지만, 영화 산업의 국제화로 산업 내 가치사슬의 연결이 확대되면서 서비스 수출의 중요성도 증대하고 있다. 쉽게 생각할 수 있는 것이 로케이션 유치이다. 한국에서 영화를 제작하게 될 경우 국내 스태프의 고용이 증가할 수 있다. 특히 한국의 모습이 영화에 담기면서 관광 수요에도 긍정적인 영향을 미칠 수 있다. 다음으로 기술서비스 분야도 무시하기 어렵다. 영화 제작 과정에 VFX 등 특수효과를 사용하는 비중이 증가하면서 이러한 기술적 서비스 역시 중요한 수출의 대상이 되고 있다. 기술적 서비스의 중요성이 앞으로 더욱 증가할 것으로 예상된다는 점에서 정책적인 지원이 필요할 것이다.

2018년 중국에서 문화콘텐츠와 미디어 산업을 총괄하던 광전총국이 해체되고 영화의 경우 관할부서가 중앙선전부로 이관되면서 이전에 비해 더 강한 수준의 규제를 받게 되었다. 따라서 다른 콘텐츠 유형에 비해 영화의 경우 중국 시장에 진입하는 것이 상대적으로 힘들 것으로 예상된다.

영화한류는 코로나19로 인해 크게 위축되었지만 코로나19 이후 빠르게 회복될 가능성이 높다. 특히 상영관 부문의 경우 국내 상영관 사업자들이 해외에 적극적으로 진출한 후폭풍으로 어려움에 처했지만 코로나19가 종료될 경우 보복소비 등으

06 영상콘텐츠와 공공외교

로 빠른 회복이 예상된다.

향후 영화한류의 방향성은 배급 창구 측면에서 변화의 필요성이 제기된다. 상영관에 초점을 맞추는 전통적인 방식은 더 이상 효용성을 유지하기 어렵다. 코로나19로 인한 결과이지만 〈사냥의 시간〉과 〈승리호〉 등은 극장 상영을 포기하고 글로벌 OTT(넷플릭스)에서 첫 상영을 하는 결정을 하였다. 앞으로 OTT가 상영관 부문과 함께 창구화 사슬의 선두에 위치할 것임을 쉽게 예상할 수 있다. 특히 OTT의 영향력 증대는 영화가 가지는 공공외교적 성과가 예전에는 해외 극장 배급 순서에 따라 발생하던 것이 이제는 전 세계에서 동시적으로 발생할 수 있음을 의미한다.

게임

게임콘텐츠는 한류콘텐츠 수출에서 가장 큰 비중을 차지하고 있다. 하지만 사회적으로 부정적 측면이 언론 등을 통해 부각되면서 중요성을 상대적으로 인정받지 못하고 있는 실정이다. 공공외교적인 측면에서도 게임을 어떻게 활용할 수 있을지에 대해서는 논의가 거의 진행되지 못하고 있다는 점에서 학술적 관심을 기울일 필요가 있다.

게임한류 현황

한국 게임 시장의 규모는 지속적으로 성장하고 있다. 2010년 7조 4천억 대의 시장 규모로 이미 상당한 크기를 자랑했던 게임 시장은 이후에도 성장을 지속하면서 2019년에는 두 배가 넘는 15조 6천억 원대의 규모로 증가하였다. 방송 등 다른 분야와 비교하면 이러한 성장의 크기를 더욱 체감할 수 있다. 게임 시장은 이제 가장 큰 콘텐츠 시장이며 성장가능성도 여전히 높다고 정리할 수 있다.

〈표 6-10〉 **한국 게임 시장의 규모 및 성장률**

	2010년	2011년	2012년	2013년	2014년
매출액(억 원)	74,312	88,047	97,525	97,197	99,706
성장률(%)	12.9	18.5	10.8	−0.3	2.6
	2015년	2016년	2017년	2018년	2019년
매출액(억 원)	107,223	108,945	131,423	142,902	155,750
성장률(%)	7.5	1.6	20.6	8.7	9.0

출처: 한국콘텐츠진흥원(2020), p. 21.

게임의 한류적 영향력을 보여 주는 수출의 경우에도 지속적인 성장세를 보여 주고 있다. 〈표 6-11〉을 보면 2013년 이후 수출액은 한 차례도 마이너스를 기록하지 않고 성장하고 있음을 알 수 있다. 반면, 수입액의 경우에는 마이너스 성장을 빈번

〈표 6-11〉 **한국 게임 수출입 현황 (단위: 천 달러, %)**

구분		2013년	2014년	2015년	2016년
수출	수출액	2,715,400	2,973,834	3,214,627	3,277,346
	증감률	2.9	9.5	8.1	2.0
수입	수입액	172,229	165,558	177,492	147,362
	증감률	−3.9	−3.9	7.2	−17.0
구분		2017년	2018년	2019년	
수출	수출액	5,922,998	6,411,491	6,657,777	
	증감률	80.7	8.2	3.8	
수입	수입액	262,911	305,781	298,129	
	증감률	78.4	16.3	−2.5	

출처: 한국콘텐츠진흥원(2020), p. 24.

하게 기록하고 있다.

이 결과, 세계 게임 시장에서 한국의 점유율은 미국, 중국, 일본, 영국에 이어 5위를 차지하고 있다. 한국의 뒤에 프랑스, 독일 등이 있는 것을 감안하면 엄청난 성과라고 할 수 있다. 특히 세계 무역 시장에서 한국이 10위 정도에 있다는 점을 감안할 때 게임 수출의 성과를 뚜렷이 체감할 수 있다.

코로나19로 인해 가장 큰 성장을 하게 된 콘텐츠 유형으로 게임콘텐츠를 들 수 있다. 실내에서 개인이 비대면으로 즐길 수 있다는 장점으로 코로나19 확산을 전후해서 대부분의 게임 플랫폼에서 이용시간이 증대하였다. 〈표 6-12〉를 보면 코로나19 이후 국내에서 PC게임의 이용시간이 증가하였다고 답변

〈표 6-12〉 코로나19 확산 전후 게임 플랫폼별 이용시간 변화(단위: %)

	(매우) 감소한 편이다	변화 없다	(매우) 증가한 편이다
PC게임 이용자(n=1279)	15.2	39.2	45.6
모바일게임 이용자(n=1978)	7.2	45.7	47.1
콘솔게임 이용자(n=451)	12.5	46.1	41.4
아케이드게임 이용자(n=218)	32.3	49.7	18.0

출처: 한국콘텐츠진흥원(2020), p. 17.

한 비율이 45.6%로, 감소하였다고 답변한 15.2%를 압도하고 있다. 이러한 현상은 모바일게임과 콘솔게임의 경우에도 동일하게 나타났다. 다만, 대면 상황에서 게임을 할 가능성이 높은 아케이드게임의 경우에만 이용시간이 증가하였다고 답변한 비율(18.0%)에 비해 감소하였다고 답변한 비율(32.3%)이 더 높았다. 이러한 결과를 통해 코로나19 시대에 다른 콘텐츠 장르에 비해 게임의 영향력이 더욱 커졌음을 알 수 있다.

한국 게임의 수출은 중국에 상당 부분 의존하고 있다. 〈표 6-13〉을 보면 2019년 기준 중국 시장이 차지하는 비중이 40%를 넘고 있다. 특히 2018년과 비교할 때 10%가량 증가한 점이 눈에 띈다. 반면, 북미와 유럽의 경우에는 비중이 높지 않다.

한국 게임의 인기 요인으로는 그래픽과 게임 플레이 방식을 들 수 있다. 한국국제문화교류진흥원(2021)에 따르면, 2020년 조사 결과 한국 게임의 인기 요인이 '그래픽/그림 선호' '게임 플레이 방식/게임 구성' '다양한 소재/장르를 다루어서'의 순서

<표 6-13> 한국 게임의 수출 국가별 비중 비교

	2018년	2019년	차이
중국	30.8	40.6	+9.7%p
대만/홍콩	15.7	14.5	−1.2%p
일본	14.2	10.3	−3.9%p
동남아	10.3	11.2	+0.8%p
북미	15.9	9.1	−6.8%p
유럽	6.5	6.0	−0.5%p
기타	6.6	8.4	+1.8%p

출처: 한국콘텐츠진흥원(2020), p. 62.

<표 6-14> 한국 게임 인기 요인(2020년)

순위	이유	1순위+2순위 비율(%)
1	그래픽/그림 선호	33.8
2	게임 플레이 방식/게임 구성	29.5
3	다양한 소재/장르를 다루어서	20.0
4	다른 게이머와 네트워크 형성/즐길 수 있음	19.2
5	캐릭터의 성격/역할이 개성 있어서	15.7
6	짜임새 있고 탄탄한 스토리	15.3
7	좋아하는 스트리머가 한국 게임 자주 소개	11.9
8	한국 프로게이머 선호	11.6
9	좋아하는 프로게이머가 한국 게임 많이 함	11.5
10	한국 게임동영상 스트리머 선호	10.8
11	한류 스타가 광고/홍보	10.2

출처: 한국국제문화교류진흥원(2021), p. 37.

로 나타났다. 그래픽/그림과 같이 기술적 요소가 한류게임의 장점으로 부각되고 있는 점은 상대적으로 기술적 측면의 우위가 약한 TV 드라마 및 영화와 대비되는 부분이다.

게임한류의 쟁점

게임한류의 쟁점은 e스포츠 산업의 성장, 원 소스 멀티 유스, 중국 의존, 낮은 콘솔게임 비중, 게임기술 혁신 등으로 정리할 수 있다. 게임 산업은 이제 e스포츠 산업과 뗄 수 없는 관계에 도달하였다. 골프가 즐기는 운동이면서 보는 운동인 것과 마찬가지로 게임 역시 즐기는 콘텐츠이며 동시에 보는 콘텐츠로 변화되었다. 그리고 e스포츠는 다양한 창구를 통해 영상콘텐츠로 소비자에게 동시에 제공될 수 있다는 점에서 상당한 파급력을 가지고 있다. e스포츠 선수 역시 다른 스포츠 스타 혹은 연예 스타와 유사하게 강한 팬덤을 가지고 있으며, 이러한 e스포츠 팬덤은 드라마 및 K-pop 팬덤의 경우와 동일하게 소프트 파워와 공공외교적 성과로 이어질 수 있다.

게임을 '지식재산권'으로 활용하는 것은 일반화된 비즈니스 전략이다. 게임을 바탕으로 영화 등으로 이어질 수도 있으며, 역으로 영화에서 성공한 후 게임으로 이어지는 것도 쉽게 발견할 수 있다. 이러한 현상은 게임의 공공외교적 성과가 게임으로만 그치는 것이 아니라 원 소스 멀티 유스를 통해 확장될 수 있음을 시사한다.

 게임한류에 있어 가장 큰 위험 요소 중 하나로는 중국에 의존하는 비중이 높다는 점이다. 국내 게임 사업자들이 중국 시장에 진출하고자 하지만 허가 과정에서 판호를 받지 못해 어려움을 겪고 있는 것에서 볼 수 있듯이 특정 국가에 의존할 경우 국가 간 외교적 관계 혹은 정책적 변화에 의해 영향받을 가능성이 높아진다. 따라서 현재 비중이 낮은 유럽과 북미 시장에서의 성과를 높일 필요가 있으며, 아직 성과가 미진한 새로운 지역으로 진출하는 데 관심을 높일 필요가 있다.

 국내 게임의 경우 PC게임과 모바일게임에 대한 의존은 높은 반면, 콘솔게임의 비중은 상당히 낮은 수준이다. 물론 모든 플랫폼에서 게임 산업을 육성하는 것은 비효율적인 접근이라고 할 수 있다. 하지만 콘솔게임의 비중이 높은 유럽과 미국 등에서 게임한류의 영향력을 높이기 위해서는 콘솔게임에 대한 관심을 높일 필요가 있으며, 게임이 점차 플랫폼의 제약으로부터 자유로워지고 있는 상황도 감안할 필요가 있다.

 영화 시장이 OTT와 같은 새로운 기술에 의해 급격한 변화를 겪고 있는 것처럼 게임 시장 역시 새로운 기술에 의해 변화될 가능성이 높다. 이러한 가능성을 클라우드 기반 게임스트리밍에서 찾을 수 있다. 또한 VR과 AR과 같은 실감미디어 기술의 등장은 게임 산업의 모습을 변화시키고 있으며 더 나아가 메타버스 등은 게임 산업의 미래를 전면적으로 변화시킬 수도 있다.

영상한류와 공공외교

앞서 우리는 영상한류에 포함할 수 있는 방송, 영화, 게임 분야의 현황과 쟁점에 대해 살펴보았다. 여기에서는 영상한류를 공공외교와 좀 더 연결하여 시사점을 도출하고자 한다. 이를 위해 영상한류의 성과를 집중적으로 살펴보고자 한다. 또한 최근 공공외교와 관련하여 고민해 볼 필요가 있는 쟁점들을 정리하고자 한다.

영상한류의 영향력

영상한류의 영향력을 쉽게 생각할 수 있는 것으로 한국 상품 구매에 대한 영향력을 들 수 있다. 한류콘텐츠에 호감을 가지게 될 경우 가깝게는 콘텐츠 혹은 배우/가수 등과 관련된 굿즈를 구매할 것으로 예상할 수 있고, 다음 단계로는 한류 스타가 광고하는 제품을 구매하게 될 가능성이 높아진다. 그리고 일부 한국 제품에 친근하게 되면서 한국 제품 전체에 대한 선호도와 구매의도가 높아지게 된다.

관련된 연구를 살펴보면, 문효진(2014)은 한류 인기 요인을 '한류콘텐츠 전문성' '한류콘텐츠 차별성' '한류 스타의 감성적 매력'으로 구분한 후 한국산 제품 선호도에 미치는 영향력을 분석하였다. 분석 결과, '한류콘텐츠 차별성' 요인이 한국산 제품 선호도에 정적인 영향을 미치는 것으로 나타났다. 이인구와 김종배(2007)는 중국과 일본에서 한국 식당 방문객들을 조사하여 한국 영화와 드라마에 대한 만족도가 한국 상품 구매의도에 정적인 영향을 미친다는 것을 발견하였다. 김주연과 안경모(2012)는 중국에서 한류콘텐츠 선호가 한국 상품 구매에 영향을 미치는지 실증적으로 분석하였다. 드라마, 영화, K-pop, 게임 등을 대상으로 조사를 진행한 결과, 한류에 가장 영향을 받는 상품인 화장품과 의류의 경우 드라마가 가장 큰 영향을 미치는 것으로 나타났다.

  K-콘텐츠의 영향력은 관광, 한식, 화장품, 패션과 같은 개별 제품 및 서비스 분야에서도 확인할 수 있다. 우선 관광 분야에 유의미한 영향을 미친다. 왕남 등(2015)의 연구에서는 한국 드라마가 한국을 방문하는 중국 관광객의 지각된 위험을 감소시켜 주는 것으로 나타났다. 곽수경(2006)은 TV 드라마의 배우와 촬영지가 다른 관광자원보다 상대적으로 높은 영향력을 외국 관광객에게 미친다고 제시하였다. 한동준과 조인희(2017)는 한국을 방문한 중국 관광객에 대한 조사를 바탕으로 방송콘텐츠 이용이 방문의도에 정적인 영향을 미치며, 이 과정에서 국가 이미지가 조절변수의 기능을 수행함을 제시하였다. 개별 콘텐츠의 영향력도 확인되었다. 김과 왕(Kim & Wang, 2012)은 드라마 〈대장금〉의 시청이 〈대장금〉에 대한 관여도를 높이고 촬영

장 방문으로까지 연결된다는 것을 실증적으로 보여 주었다. 오민재 등(2020)은 TV 드라마의 내부 속성이 관광지에 대한 지각된 효과, 만족 등의 관광 효과로 이어질 수 있음을 검증하였다. 〈미스터션샤인〉 촬영지인 선샤인스튜디오 방문객을 대상으로 조사를 실시한 결과, 드라마의 속성인 스토리, 배우, 배경지, BGM 등이 관광지의 지각된 가치에 영향을 미치고, 이후 만족과 행동의도까지 매개될 수 있음을 확인하였다. 특히 드라마의 속성 중 배경지가 지각된 가치에 가장 큰 영향을 미친다는 결과는 영상콘텐츠가 지닌 시각적 효과의 영향력을 시사한다.

한류는 K-푸드, 즉 한식의 소비에도 영향을 미칠 수 있다. 이미옥(2020)은 국내 유학생들을 대상으로 한식 만족도에 영향을 미치는 한류 관련 요인들의 영향력을 조사하여 회귀분석과 의사결정나무분석을 통해 중국과 베트남의 경우에는 한국가요 선호도가 중요하게 영향을 미치며, 기타 국가의 경우에는 한국 드라마 선호도가 중요하게 영향을 미친다는 것을 발견하였다. 이상미(2015)는 한국을 방문한 중국 관광객들을 대상으로 실시한 연구를 통해 한류문화가 한식에 대한 인지도와 구매의도에 직접적으로 영향을 미치는 것을 확인하였다. 강선아와 이수범(2015)은 해외 8개국의 현지인 조사를 통해 한류선호도가 한식에 대한 태도에 정적인 영향을 미치며, 한식에 대한 태도를 통해 한식 수용의도에 영향을 미치는 것을 확인하였다.

한류가 한국 화장품 소비에 영향을 미치는 것은 여러 연구에서 확인되었다. 정갑연과 이수희(2016)는 한류의 요소 중 특히 한류 스타에 초점을 맞추어 화장품 구매와 연결하였다. 한류 스타를 휴먼브랜드로 간주하였으며, 한류 스타 애착이 해당 스타가 광고한 브랜드에 대한 진정성에 영향을 미치고 이러한 브랜드 진정성이 한국 화장품 브랜드에 대한 신뢰에 영향을 미칠 수 있음을 제시하였다. 화장품 브랜드 관련 한류 스타의 중요성은 한충민 등(2011)의 연구에서도 확인되었다. 중국 시장을 대상으로 실시한 연구에서 한류가 국가 이미지와 한류 광고에 대한 태도를 통해 한국 브랜드 이미지에 영향을 미칠 수 있음을 확인하였다. 특히 TV 드라마 호감도에 비해 한류 스타 호감도의 영향력이 더 큰 것으로 나타났다. 이러한 결과는 한류 효과의 극대화를 위해서 한류 스타 개발 및 지원이 필요함을 시사한다. 김경진과 오대원(2013)은 중국 소비자들을 대상으로 한국 저가화장품 인식에 대해 조사하여 다양한 한류콘텐츠 중 드라마, 음식, 패션이 영향을 미치는 것을 확인하였다. 특히 한국 드라마는 한국 화장품에 대한 관여도를 높이거나 인지적 수월성을 통해 한국 저가화장품 인식을 높이는 것으로 나타났다. 한국 드라마가 화장품 구매에 미치는 영향력은 베트남 시장에서도 확인되었다. 찬티바오엔 등(2020)은 베트남 시장에서 한국 드라마가 SNS, K-pop과 함께 제품 이미지에 정적인 영향을 미친다는 것을 확인하였다.

한류는 패션 구매에도 영향을 미칠 수 있다. 장수월과 김한나(2018)는 중국 소비자를 대상으로 한류선호가 한국 패션 구매에 미치는 영향을 분석하였다. 설문조사 결과, 한류선호도는 한국 패션 브랜드 신뢰, 만족도, 구전의도 그리고 재구매의도에 모두 유의미하게 정적인 영향을 미치는 것으로 나타났다.

마지막으로 한류는 다른 상품의 수출량에도 영향을 미칠 수 있다. 이러한 현상은 두 국가 간에 무역 교류, 직접투자, 이민 등이 증대하면 두 국가 간 선호가 유사해지기 때문으로 풀이할 수 있다(Stigler & Becker, 1977). 최문성(2012)은 중력모형을 기반으로 분석을 진행하여 한국의 수출과 관련해서 한류가 정적인 영향을 미침을 확인하였다. 또한 한류 지속시간을 기준으로 한류의 진행 수준을 구분하여 진행 수준 또한 정적인 영향을 미치는 것을 확인하였다.

국가 이미지와 공공외교

한류가 한국산 상품의 구매에 영향을 미치는 것이 공공외교와 간접적으로 연결된 부분이라면, 국가 이미지에 대한 영향력은 공공외교와 직접적으로 연결된다.

군사력과 경제력 같은 하드 파워와 정부 간 전통외교는 9·11 테러로 한계를 노정하였다(변지영, 정헌주, 2018). 이에 따라 자국에서 보유하고 있는 소프트 파워 자원을 바탕으로 세계의 일반 대중과 직접 소통하여 신뢰를 형성하는 공공외교가 세계적으로 본격화되었다(성병욱, 2013; Melissen, 2005). 공공외교(public diplomacy)는 대외정책을 형성하고 집행하는 과정에서 타국 대중과의 의사소통을 거쳐 마음을 얻는 것으로 정의할 수 있다(마영상, 2011; Cull, 2008; Tuch, 1990). 한류의 관점에서 공공외교가 타국 대중의 마음을 얻기 위한 일차적인 단계는 자국에 대한 호의적인 국가 이미지를 형성하는 것이다.

한류콘텐츠가 국가 이미지 혹은 국가 호감도에 영향을 미친다는 것은 여러 연구를 통해 확인할 수 있다. 문효진(2014)은 국내 거주 유학생들을 대상으로 실시한 조사를 통해 한류 인기 요인 중 '한류콘텐츠 전문성' 요인이 한국 국가 호감도에 정적인 영향을 미치는 것을 확인하였다. 이운영(2006)의 연구에서는 중국인들이 한류를 접촉한 이후 접촉 전에 비해 한국 국가 이미지가 전반적으로 개선되었다고 제시하였다. 김성섭과 김미주(2009)는 한국 영상콘텐츠 이용이 한국 국가 이미지에 정적인 영향을 미치는 것을 발견하였다.

한편, 국가 이미지에 영향을 미치는 콘텐츠의 유형은 국가별로 상이하게 나타날 수 있다. 예를 들어, 몽골 시장을 대상으로 실시한 연구(체렌돌람, 신택수, 2019)에 따르면, 분석에 투입한 K-pop, 한류 영상과 드라마, 한류 음식 모두 한국에 대한 국가 이미지에 유의미한 영향을 미치는 것을 발견하였다. 하지만 세부적으로 분석할 경우 한류 영상과 드라마가 한국에 대한 이미지에 가장 큰 영향을 미치는 것으로 나타났으며, 이렇게 형성된 한국 이미지가 한국 제품에 대한 신뢰에 정적인 영향을 미치는 것을 확인할 수 있었다.

한류를 통해 형성된 국가 이미지는 해당 국가의 상품에 대한 구매에 영향을 미칠 수 있다. 국가 이미지는 원산지효과를 통해 해당 국가에서 생산된 상품에 대한 구매 혹은 구매의도에 영향을 미칠 수 있다는 점에서 중요하다. 한류는 국가 이미지에 정적인 영향을 미쳐 간접적으로 상품 구매의도에 영향을 미칠 수 있으며, 때로는 국가 이미지가 구매의도에 영향을 미치는 과정에 조절변수로 작용하기도 한다. 송윤아와 부띠푸엉따오(2015)는 베트남 시장을 대상으로 조사를 실시하여 국가 이미지가 구매의도에 영향을 미치며, 또한 이 과정에서 한류가 국가 이미지의 영향력을 증대시키는 조절변수로 기능한다는 것을 실증적으로 밝혔다.

국가 이미지가 중요한 것은 상품 구매를 넘어 타국 국민의 마음을 얻는 공공외교적 성과로 직접 이어질 수 있기 때문이다. 예를 들어, 송정은과 장원호(2013)의 연구에서는 한국 드라마와 한류 스타에 대한 관심과 애정이 한국 문화에 대한 학습 욕구에 정적인 영향력을 미치는 것으로 나타났다. 이러한 학습을 통해 한국 문화에 대해 깊이 이해하게 되면 한국과 관련된 외교적 측면에서도 호의적 태도를 가질 가능성이 높아진다. 이 결과, 영상콘텐츠를 비롯한 한류콘텐츠는 국가 간 분쟁의 해결에도 긍정적인 영향을 미칠 수 있다. 이희진(2018)은 중국인들을 대상으로 한국인에 대한 경쟁의식과 문화유입수용성이 자국방어적 대응에 영향을 미치는 과정에서 한류호감도의 조절효과를 분석하였다. 분석 결과, 한류호감도가 높은 집단의 경우에는 국가 간 경쟁의식이 매개변수인 합리적 분쟁해결인식에 부정적인 영향을 미치지 않은 반면, 한류호감도가 낮은 집단의 경우에는 부정적인 영향을 미치는 것으로 나타났다. 또한 한류호감도가 높은 집단에서는 문화유입수용성이 합리적 분쟁해결인식을 매개로 자국방어적 대응성향을 약화시키는 것으로 나타났다.

영상한류와 공공외교 관련 쟁점

영상콘텐츠를 중심으로 한류콘텐츠는 공공외교적 관점에서 현재 다양한 쟁점을 가지고 있다. 우선 한류콘텐츠에 대한 단순 노출의 효과를 넘어 세부적 내용에 대한 고려와 전략이 필요하다. 예를 들어, 백승혁과 양수영(2020)은 한국 드라마가 건전하면서 흥미를 추구한다는 점에서 매력적이라고 분석하였다. 이러한 건전성은 특히 미국과 유럽 등에서 강점으로 작용할 수 있다. 이들 국가의 드라마는 표현에 있어서 폭력성과 선정성 등 자극성이 강하다는 점에서 한국 드라마를 상대적으로 안전한 콘텐츠로 간주할 여지가 있다. 만약 한국 드라마의 건전성을 한국의 국가 이미지와 연결시킬 수 있다면 공공외교적 측면에서 부드러운 이미지로 타국 국민들에게 다가갈 수 있을 것이다.

한류콘텐츠의 영향력에 관한 학술적 연구가 좀 더 성숙될 필요가 있다. 예를 들어, 한류가 경제적 영향력을 미치는 과정에서 한류 관여도 변수가 영향을 미칠 수 있다. 자르갈마와 유소이(2020)는 몽골 소비자를 대상으로 조사를 실시하여 한류에 대한 태도가 한국 기업에 대한 태도와 한국 제품과 관련된 국가 이미지에 정적인 영향력을 미치며, 특히 한류 태도가 국가 이미지에 영향을 미치는 과정에서 한류 관여도가 조절변수의 기능을 수행함을 확인하였다.

영상콘텐츠를 비롯한 한류에 대한 반응을 체계적으로 분석할 필요가 있다. 예를 들어, 빅데이터 분석과 텍스트 마이닝 분석 등을 적용할 수 있다. 황서이와 박정배(2020)는 한류와 관련된 이슈를 분석하기 위해 토픽모델링과 의미연결망분석을 활용하여 뉴스 기사를 분석하여 방송콘텐츠의 중요성을 제시하였다. 2000년부터 2019년까지 한류 관련 보도기사 197,992건을 분석한 결과, 한류 관련 이슈로 '방송한류' '한류 수출' '국내외 정세' '한류 교육' '뷰티 · 패션 한류' '음악 · 공연 한류' '관광한류' '미디어(플랫폼)' '권역 및 지역' 등 총 9개의 토픽이 도출되었다. 이러한 결과를 통해 방송한류는 음악 및 공연 한류와 함께 한류와 관련된 핵심적인 콘텐츠 유형임을 알 수 있다. 또한 한류의 영향력을 알기 위해서는 수출을 검토할 필요가 있으며('한류 수출'), 국가 간 관계가 한류의 흐름과 영향력에 큰 영향력을 미칠 수 있음을 알 수 있다('국내외 정세').

한류의 영향력은 국가별로 상이하고 또한 시기별로 변화가 있다는 점을 분석할 필요가 있다. 예를 들어, 최근 일본의 4차 한류 현상은 중요한 분석 대상이 될 수 있다. 문재인 정부 이후 한국과 일본의 외교적 관계가 악화된 상황에서 회복되지 않고 있다. 하지만 이러한 상황에서도 4차 한류 현상이 발생한 점은 시사점이 크다. 글로벌 OTT 플랫폼인 넷플릭스를 통해 드라마 〈사랑의 불시착〉과 〈이태원 클라쓰〉가 제공되면서 발생한 것에서 알 수 있듯이 핵심적인 요인은 글로벌 OTT와 콘텐츠의 매력도라고 할 수 있다. 전통적인 지상파 네트워크를 통해 한류 드라마가 유통되기 어려운 상황에서 글로벌 OTT는 이러한 한계를 극복할 수 있는 적합한 대안이 되었다. 이러한 결과는 향후 국가 간 외교적 관계의 부침 속에서도 국가 단위를 넘는 글로벌 차원의 서비스가 있을 경우 콘텐츠 소프트 파워가 발현될 수 있음을 시사한다. 한국 드라마 콘텐츠가 지닌 매력도 역시 무시할 수 없다. 예를 들어, 이승희(2020)의 서사 분석에 따르면, 〈사랑의 불시착〉은 북한을 소재로 해서 일본인들의 북한 인식과 연결될 수 있었고, 여성 캐릭터의 주체적인 모습을 통해 가부장제가 잔존해 있는 일본 사회에 대한 여성 시청자의 대리만족을 제공하였으며, 일본인들에게 익숙한 웃음 코드가 있었고, 북한 주민들의 일상이 일본에서의 '쇼와 노스텔지어'

현상과 결합되었기에 높은 수준의 흡인력을 발휘할 수 있었다.

한편, 한류콘텐츠의 이용과 혐한정서 간 관련성에 대해서도 세심한 분석의 필요성이 제기된다. 이희진(2017)의 연구에서는 한류콘텐츠 이용량과 중국인의 혐한정서 간에 정적인 관련성이 있음을 발견하였다. 중국 10대와 20대를 대상으로 한 조사를 통해 한류콘텐츠 이용이 혐한감정과 정적인 상관관계가 있음이 발견되었기 때문이다. 하지만 체계적 분석을 통해 해석의 오류를 방지할 수 있었다. 한류콘텐츠 이용량은 혐한정서에 정적인 영향을 미쳤지만 한류호감도에도 정적인 영향을 미치는 것으로 나타났다. 그리고 이어서 한류콘텐츠 이용량과 한류호감도는 한국인에 대한 긍정적 인식에 정적인 영향을 미치는 것으로 나타났다.

기존 영상콘텐츠의 주요 수출 대상국으로는 중국과 일본을 비롯한 아시아 지역에 초점을 맞추었으며, 확장할 경우에는 미국과 유럽 등이 포함되었다. 하지만 한류의 지속가능한 성장과 공공외교 성과의 확산을 위해서는 글로벌 차원에서 한류의 확산을 바라볼 필요가 있다. 이석환과 김성수(2021)는 기존 한류 연구에서 소외되었던 아프리카에 관심을 두었다. 비록 현지에서 조사를 실시하지는 못했지만 국내에 거주하는 아프리카 유학생들을 대상으로 설문조사를 실시하여 한류의 가능성을 검증하였다. 분석 결과, 아프리카 유학생들의 한국 드라마와 가요에 대한 긍정적인 평가가 한국의 국가 이미지에 정적인 영향을 미친다는 것을 확인하였다.

유튜브 등 소셜 미디어는 기존 콘텐츠를 세계 이용자들에게 전달하는 새로운 창구라는 수준을 이미 넘어섰다. 초기에는 K-pop 등을 뮤직비디오를 통해 빠르게 확산하는 도구였지만 리액션 비디오와 1인 방송 등 새로운 방식이 등장하면서 유튜브 자체가 하나의 콘텐츠로 변화하고 있다. 왕이민과 배소영(2021)은 새로운 소셜 미디어 플랫폼이 한류의 확산 및 소프트 파워에 영향을 미칠 수 있음을 실증적으로 검증하였다. 중국의 영상 플랫폼인 'bilibili'의 이용자를 대상으로 한류 영상 시청동기가 시청태도, 한국에 대한 국가 이미지, 행동의도에 위계적으로 영향을 미치는지 온라인 설문조사를 통해 분석하였다. 분석 결과, 한국 영상 시청동기 중 오락, 지식습득, 사회관계, 대리만족이 시청태도에 정적인 영향을 미치고, 이어서 시청태도가 한국의 국가 이미지에 정적인 영향을 미치며, 국가 이미지가 다시 방문의도와 구전의도에 정적인 영향을 미치는 것으로 나타났다.

콘텐츠 산업은 급격하게 융복합 콘텐츠 산업으로 변모하고 있다. 방송과 영화 등 전통적인 콘텐츠 분야에도 다양한 방식으로 융복합 테크놀로지가 적용되고 있지만, 융복합 현상을 쉽게 관찰할 수 있는 것은 실감미디어와 AI 기반 콘텐츠 분야이다. AR, VR, MR 등 XR 기술은 게임에 주로 적용되다가 HMD 기기가 발전하면서 메타버스로 이어지고 있다. 메타버스는 현실 세계와 유사한 질서가 가상 세계에서도 구현될 수 있다는 점에서 파급력이 매우 높다. 팬덤도 위버스 등 메타버스 성격을 지닌 공간으로 급격하게 변화하고 있으며 디지털 네이티브인 MZ 세대의 기술적 친화력을 감안할 때 팬덤과 융복합콘텐츠 간 결합은 빠른 속도로 진행될 가능성이 높다.

방송한류의 지속가능한 성장을 위해서는 정부의 지원 역시 필요불가결하다. 양문희(2019)는 전문가들을 대상으로 심층인터뷰를 실시하여 한류 확산을 위한 정책적 방안을 도출하였다. 연구 결과, 한류방송콘텐츠의 확산을 위해서는 한류 관련 지원기관을 체계적으로 운영할 필요가 있다는 점, 한류를 산업적인 차원이 아닌 문화교류와 상호 호혜적 관계 수립 차원에서 인식할 필요가 있다는 점, 중국과 일본의 경우 위기관리시스템을 구축하여 정치적 이슈를 관리할 필요가 있다는 점, 동남아시아의 경우 현지 진출 기업과 협력하여 한류 마케팅을 확대할 필요가 있다는 점, 유럽 지역의 경우 유럽인들의 문화적 및 정서적 차원을 조사/분석한 후 콘텐츠를 개발할 필요가 있다는 점 등이 제시되었다.

영상한류의 지속가능한 성장을 위해서는 기존의 일방향적 접근을 지양하고 양방향적 접근으로 변화할 필요가 있다. 대표적인 방식으로 합작을 들 수 있다. 장치와 오미영(2019)은 중국의 TV 예능 프로그램과 관련해서 한국과의 합작의 효용성을 강조하였다. 예능 프로그램 제작과 관련해서 중국은 2000년대 초반까지는 무단 모방을 하는데 그쳤지만 이후 한국 예능 프로그램의 포맷을 수입하면서 제작 역량에서 큰 발전을 할 수 있었고, 이후 포맷 수입에 대한 규제가 시작되었지만 합작을 통해 한류가 지속적으로 교류될 수 있음을 제시하였다.

정리하면, 방송을 포함한 한류는 새롭게 정의될 필요가 있다. 〈표 6-15〉는 정책적 지원 차원에서 한류를 새롭게 정의할 필요가 있음을 보여 준다. 새로운 한류로서 신한류는 세계와 소통하는 양방향적 이미지와 민간 중심으로의 관점을 가질 필요가 있으며, 지속가능성에 방점을 둘 필요가 있다(백승혁, 양수영, 2020).

〈표 6-15〉 **한류의 패러다임 전환과 신한류 개념 정의**

구분	기존 한류(As is)	신한류(To be)
이미지 포지셔닝	한국만의 것으로, '진출', '점유' 등 공격적 의미를 갖는 한류	모두가 함께 '향유'하는 세계 속의 문화, 즐거움으로서의 한류(다양성)
관점	정부 시각의 한류 (국가산업으로서의 한류)	민간 시각의 한류 (문화 · 경제적 관점에서의 한류: 정부 지원은 적극적으로, 관여는 최소한으로)
정책방향	외연확대 - 국가의 '대표 수출상품'으로서 매출 증대, 진출 확대, 국가 이미지 강화	미래를 향한 한류 (건강한 생태계, 강력하고 창의적 콘텐츠, 제한적이나 효율적인 정부지원 등 내실화를 통한 미래 한류의 토대 마련)

출처: 김성(2020); 백승혁, 양수영(2020), p. 10.

07
음악콘텐츠와
공공외교

남상현(한국국제문화교류진흥원 운영관리부장)

디지털 기술의 발전과 함께 문화, 전통, 예술 등 다양한 분야의 국제 교류가 증가하고 있다. 공공 부분만이 아니라 민간 부분에서의 활발한 소통을 통해 자국의 정책과 비전에 대한 공감대와 신뢰를 형성하고, 국가 브랜드를 제고함으로써 국제사회에서의 영향력을 높이는 '공공외교'의 중요성이 높아지는 상황이다. 무엇보다 한국 대중음악을 중심으로 한 한류의 확산은 공공외교의 효과를 높이는 핵심적 역할을 하고 있다. 이 장에서는 한류와 한국 대중음악의 발전 과정에 대한 분석을 통해 그 파급효과를 살펴보고, 공공외교 측면에서의 음악콘텐츠 활용 방안을 제시하고자 한다.

한류 현황과 대중음악

과거 영미권과 일본의 영향을 받으며 발전한 한국의 대중문화는 오랜 기간 재해석과 재창조의 과정을 통해 한국만의 개성을 가진 결과물을 만들어 내고 있다. 보아, 동방신기, 싸이, 방탄소년단 등 역수출의 성공사례가 모여 지금의 한류가 되었다. 한류는 한국 문화가 해외에서 유행하며 소비되는 사회적 현상으로, 단순히 특정 콘텐츠의 인기 정도가 아니라, 그들의 삶에 한국의 문화가 간접적으로 체험되고 녹아든다는 중요한 의미를 갖는다. 덕분에 한류의 확산은 문화, 사회, 경제, 외교 등 광범위한 영역에서 긍정적 효과를 부여하는 중요한 자산으로 인식된다.

한류는 핵심 콘텐츠의 장르, 이용 미디어의 종류, 그리고 소비방식에 따라 확산의 변화를 보여 왔다. 2020년 정부에서 발표한 신한류 정책에서는 이러한 패러다임 변화를 태동, 확산, 세계화 단계로 구분한다.

태동 단계인 '한류 1.0' 시기는 1997년부터 2000년 중반까지로 드라마가 한류 확산을 주도하였다. 1990년대 후반 드라마 〈사랑이 뭐길래〉와 〈별은 내 가슴에〉가 중화권에서 높은 인기를 구가하며 '한류'라는 용어가 본격적으로 사용되기 시작하였고, 2000년대 초 드라마 〈대장금〉과 〈겨울연가〉가 한류를 크게 확장시켰다. 음악의 경우 드라마가 흥행하면서 그 OST가 함께 인기를 얻는 방식이었다. 이후 그룹 클론, HOT 등이 중국에서 단독 콘서트를 개최하면서 아이돌 그룹의 해외 진출이 시작되었다. 가수 보아가 일본에 진출해 2002년 오리콘 앨범 차트 1위라는 대기록을 기록하고, 2002년 드라마 〈겨울연가〉가 일명 욘사마 열풍을 일으키며 흥행하면서 일본 한류는 고조되었다. 이처럼 '한류 1.0' 시기에는 중화권과 일본 등 동북아시아에서 드라마를 중심으로 한류가 태동했고, 아이돌 그룹의 해외 진출이 본격화되었다.

확산 단계인 '한류 2.0' 시기는 2000년대 중반부터 2010년 초반까지로 대중음악이 한류 확산의 핵심 장르로 자리 잡는다. 이러한 변화에는 콘텐츠를 이용하는 미디어가 TV, 라디오와 같은 전통매체에서 온라인 중심으로의 전환이 있었다. 유튜브와 SNS의 보편화는 온라인 중심의 한류콘텐츠 유통을 촉진하고, 해외에서의 접근성을 높이는 기회가 되었다. 온라인 플랫폼에 최적화된 음악콘텐츠는 한류의 중심 장르가 되었고, 디지털 환경에 익숙한 젊은 층을 중심으로 글로벌 팬층이 급격히 증가하였다. K-pop 아이돌 그룹의 글로벌 인기는 동북아시아를 넘어 동남아시아, 중동, 미주 등으로 확산되었다.

한류 확산과 함께 위험 요인들도 생겨났다. 한류콘텐츠의 수출단가가 크게 상승하여 외국의 수입업자들이 이에 대해 반발하는가 하면, 각국 정부에서는 지나친 한류 붐을 견제하고 자국 문화의 보호를 위해 반한류 정책을 내놓게 되었다. 한국 콘텐츠를 좋아하고 모방하는 행위에 대한 부정적 인식의 증가와 함께 역사, 정치 등 문화 외적인 갈등요소들이 더해지면서 중국과 일본에서의 한류 붐이 주춤하기도 했다.

중국, 일본 등 한류 핵심 국가에서의 부정적 이슈를 극복하기 위해 K-pop 그룹들은 새로운 해외 진출 창구를 만들고자 동남아시아에 집중하였다. 보아, 동방신기, 빅뱅, 원더걸스, 소녀시대 등이 일본에서의 성공을 기반으로 동남아시아에 진출하면서 아이돌 가수 붐이 형성되었다. 해외 진출을 목표로 그룹 내 외국인 멤버를 영입하는 사례들도 생겨났다. 예를 들어, 그룹 2PM의 경우 태국 출신인 닉쿤을 멤버로 구성해 태국 K-pop 인기에 큰 역할을 했다. 음악 산업 매출의 상당 부분을 차지하는 일본으로의 진출도 여전히 핵심이었다. '한류 2.0' 시기에는 소녀시대, 카라 등 걸 그룹을 중심으로 일본 한류가 절정을 이루었다. 걸 그룹 가수들은 일본 여성들이 동경하는 대상이 되었고 이들의 춤, 화장법, 패션 등을 따라 하는 신드롬이 나타나기도 했다.

대중음악 시장에 가장 큰 변화를 준 사례는 가수 싸이의 빌보드 수상이다. 〈강남스타일〉(2012)은 당시 유튜브 조회 수 10억 건을 달성하며, 미국 빌보드 차트 핫 100에서 7주 연속 2위를 기록하였다. 아이돌 그룹 중심의 해외 진출이 이루어지는 상황에서 비주류로 인식되는 싸이의 흥행은 한국 대중음악 장르의 다양화 가능성을 높인 동시에 소셜 미디어 마케팅의 중요성을 각인시킨 사건이었다. 많은 기획사가 소셜 미디어를 통해 해외 팬들과 소통하고 마케팅 전략을 수립하는 데 집중하게 되었고, 이러한 마케팅 방식의 변화는 자연스럽게 한류 소비자층의 다양화와 확대로 이어졌다. 디지털에 익숙한 팬들이 그 중심이 되었고, 이제는 전 세계 한류 동호회원 규모가 1억 명을 넘어서면서 이들의 영향력은 비단 산업적인 측면만이 아니라 사회·정치·국제관계 측면까지 넓어졌다. 아티스트의 생각과 메시지는 글로벌 팬덤을 통해 사회에 투영되고 변화를 일으키고 있다. 한류가 국가 이미지 및 국가 브랜드와 상호보완적 관계라는 점에서 소셜 미디어를 중심으로 한 한류 팬들의 활동과 영향력이 국가 차원에서도 중요하게 다루어지기 시작하였다.

이런 흐름을 타고 한류는 세계화 단계에 접어들었다. 2010년 초반부터 2019년까지의 '한류 3.0' 시기는 방탄소년단(이하 BTS)의 빌보드 수상, 영화 〈기생충〉의 아카데미 수상 등 소수 국가만의 리그로 여겨졌던 주류시장에서 성공한 사례가 많아지고, 전 세계적으로 한류콘텐츠에 관한 관심이 급증하였다. 한류의 외연은 대중문화 전반으로 그리고 전 세계로 확장되었다. 한류의 파급효과가 문화적, 산업적으로 미치는 효과도 거대해졌다. 드라마 〈별에서 온 그대〉 흥행 후 '치맥' 문화가 다른 나라에서 유행하기도 하고, 드라마 〈태양의 후예〉는 경제적 파급효과가 1조 원이 넘는다는 분석 결과가 발표되기도 했다.

『포브스』는 최근 BTS의 경제적 가치를 약 5조 원으로 평가했는데, 이는 한국 GDP의 0.2% 수준에 달할 정도다. 그렇다 보니 한류와 연관산업과의 '융합'이 중요한 키워드가 되었다. 한류 스타를 광고 모델로 기용하거나, 아이돌 굿즈 제작, 관광상품 개발 등 다양한 분야와의 융합이 활발해졌다. 한류 스타에 대한 선호가 기반이 되는 만큼 패션과 뷰티 상품과의 콜라보가 주를 이뤘다. 최근에는 광고나 마케팅 차원을 넘어서 상품의 기획 단계에서 한류 IP를 활용하게 되었다. BTS의 세계관을 기반으로 웹툰, 게임, 다큐멘터리 등을 제작하는 방식이 그 예이다. 한류 IP가 보유한 브랜드 자산을 파생상품에 전이해 소비

〈표 7-1〉 **한류 패러다임 변화**

구분	한류 1.0	한류 2.0	한류 3.0	신한류
시기	1990년대 후반~2000년대 중반	2000년대 중반~2010년대 초반	2010년대 초반~2019년	2020년~
특징	태동/영상콘텐츠 중심	확산/아이돌스타 중심	세계화/세계적 스타상품 등장	다양화 + 세계화/온라인 소통
핵심분야	드라마	대중음악	대중문화	한국 문화 + 연관산업
소비권역	동아시아	아시아, 중남미, 중동, 구미주 일부 등	전 세계	전 세계 (전략적 확산)
소비자	흥미형 (소수마니아)	체험형 (10~20대)	프로슈머형 (전 연령대)	프로슈머형 (맞춤형 접근)
주매체	전통매체	온라인	온·모바일	온·모바일

출처: 문화체육관광부(2020). 신한류 진흥 정책 참고하여 수정함.

07 음악콘텐츠와 공공외교

층을 확보하고 경쟁 우위를 갖는 것이다. 디지털 기술의 발전은 한류 파급효과의 규모와 속도를 더 높이고 있다. 공급 측면에서는 실감형 콘텐츠 제작을 통해 체험 수요를 충족시키려는 시도가 늘어나고 있고, 소비 측면에서는 단순한 소비가 아니라 콘텐츠를 재생산하여 공급하는 프로슈머형 향유자들이 많아지는 변화를 겪고 있다.

이러한 변화를 지속·확대하기 위해 정부는 2020년을 기점으로 한 '신한류'의 진흥 정책을 발표하였다. 신한류는 온라인 플랫폼을 통한 전 세계와의 실시간 그리고 직접적인 소통 환경이 가장 주요한 특징이다. 개방적 소통 창구를 통한 다양한 장르의 대중문화의 해외 진출 가능성이 높아지고, 생활 문화의 전파를 통해 한류와 연관된 산업의 해외 동반성장이 더욱 확대된다. 무엇보다 국가마다 한류의 확산 수준이 다름을 다양한 정보를 통해 확인하고, 또한 각기 다른 접근이 가능한 환경이 되었다. 전략적이고 맞춤형 방식의 정책과 기업의 전략 수립이 용이해지고 있다는 것이다. 이러한 환경적 요건하에서 정부는 문화체육관광부 내 한류지원협력과를 신설해 정책 추진 동력을 확보하고, 한류콘텐츠 다양화, 한류와 연관산업의 동반성장, 지속가능 한류 토대 형성 등 3가지 전략과 9개의 정책과제를 제시하였다.

〈표 7-2〉 신한류 진흥 정책 추진계획

추진전략	추진과제
1. 확산: 한류콘텐츠 다양화	• 경쟁력 높은 한류콘텐츠 지속 발굴 • 한국 문화 전반으로 한류의 저변 확장 • 비대면 경제변화에 대응하는 온라인 서비스 강화
2. 융합: 한류로 연관산업 동반성장 견인	• 한류 활용 소비재 산업 마케팅 지원 • 한류 연계를 통한 서비스 산업 육성 • 한류와 산업 간 마케팅 공조 강화
3. 기반: 지속가능 한류 확산 토대 마련	• 한류 정책 협력체계 구축 • 한류 소비층 확대 및 문화교류 증진 • 저작권 보호를 통해 한류 지속 확산 지원

출처: 문화체육관광부(2020)

한국 대중음악의 확산과 파급효과

한국 대중음악 확산 현황과 특징

한국 문화 전달의 매개체

한국 대중음악은 한류 확산에 있어 가장 핵심적인 역할을 해왔다. 하지만 역설적으로 산업적인 측면에서 음악 분야의 수출 규모는 다른 엔터테인먼트 콘텐츠에 비해서 작은 편이다. 한국 콘텐츠 수출의 약 60% 이상은 게임 분야에서 발생하고, 음악의 수출 비중은 겨우 6% 정도로 약 열 배 이상의 차이가 있다. 상대적으로 작은 규모의 산업임에도 한류하면 가장 먼저 K-pop

을 떠올리는 이유는 콘텐츠 자체에서 상대적으로 한국 콘텐츠임을 더 쉽게 인지할 수 있기 때문이다. 콘텐츠를 구성하는 요소들이 한국적인 색채를 더 강하게 노출한다는 것이다. 방송, 영화, 음악(뮤직비디오)과 같은 영상콘텐츠는 한국인의 모습과 생활양식이 그대로 노출되는 반면, 가상의 캐릭터와 배경을 기반으로 하는 게임의 경우 한국 문화의 노출이 거의 없다. 심지어 한국 게임을 이용하는 해외 유저의 상당수는 해당 게임을 한국 콘텐츠로 인지하지 못한다. 이 때문에 외국인들은 한국의 문화적 정체성이 강하게 드러나는 콘텐츠를 중심으로 한국에 대한 이미지를 형성한다.

⟨표 7-3⟩ 한국 콘텐츠 산업 수출액 규모(단위: 백만 달러)

구분	2015년	2016년	2017년	2018년	2019년	비중	연평균 증감률
출판	223	187	221	249	215	2.1%	-0.9%
만화	29	32	35	41	46	0.5%	12.2%
음악	381	443	513	564	756	7.4%	18.7%
게임	3,215	3,277	5,923	6,411	6,658	65.3%	20.0%
영화	29	44	41	42	38	0.4%	7.0%
애니메이션	127	136	145	175	194	1.9%	11.2%
방송	320	411	362	478	474	4.7%	10.3%
광고, 캐릭터, 지식정보 등	1,337	1,478	1,574	1,655	1,808	17.7%	7.8%
합계	5,661	6,008	8,814	9,615	10,189	100%	15.8%

출처: 문화체육관광부(2021)

[그림 7-1] 권역별 한국 연상 키워드(한국국제문화교류진흥원 내부 자료)

디지털 최적화 콘텐츠

글로벌 음악 시장은 실물 음반 시장 중심에서 디지털 음원시장으로 전환하고 있다. 이런 전환은 기업의 앨범 발매 전략에도 변화를 준다. 다수의 음원을 담아 정규앨범을 발매하기보다는 이제는 싱글 혹은 미니앨범(EP) 등 소수의 음원으로 앨범을 발매한다. 수익적인 측면에서는 제작시간의 감축과 차기 앨범 발매와의 시간공백 해소로 인해 투자 대비 수익성을 높일 수 있다. 디지털 환경에서 홍보의 용이성이 높아져 싱글 앨범을 통해 이슈를 지속적으로 만들어 내는 데도 유리하다. 유통 측면에서 음악콘텐츠는 디지털에 최적화되어 있다. 숏폼 콘텐츠, 이동 용이성, 반복 소비 등 콘텐츠가 가지고 있는 특성은 장소와 시간에 구애받지 않고 콘텐츠를 이용할 수 있는 디지털 환경에서 유리하게 작용한다.

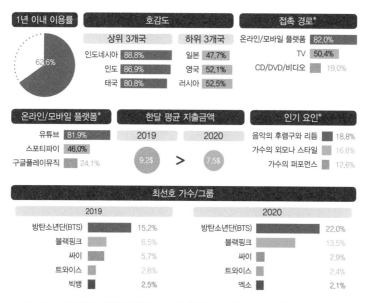

[그림 7-2] 한국 음악의 해외 소비실태(한국국제문화교류진흥원, 2021a)

　디지털 유통은 글로벌 플랫폼을 통해 전 세계로의 접근성을 높이는 동시에, 해외 진출을 위해 투입되는 물리적, 시간적 비용을 낮췄다. 2012년 싸이의 〈강남스타일〉이 유튜브 최고 조회 수를 기록하며 그 길을 열었고, 엑소, 샤이니, 트와이스, 블랙핑크, BTS 등 아이돌 그룹들의 해외 진출이 집중되었다. 2013년 싸이의 빌보드 수상과 아이돌 그룹의 적극적인 해외 진출은 글로벌 음악시장에서 한국 음악에 대한 인지도를 급증시키는 요인이 된다. 이 영향으로 K-pop은 2014년 이후 현재까지 한 해를 제외하고 모든 해에서 한국 연상 이미지 1위 키워드가 된다.

<표 7-4> 한국 연상 이미지

구분	2012년	2014년	2016년	2018년	2020년
1위	한식	K-pop	한식	K-pop	K-pop
2위	드라마	한식	K-pop	한식	한식
3위	전자제품	IT산업	IT산업	IT산업	IT산업
4위	K-pop	드라마	드라마	드라마	한류스타
5위	한국전쟁	뷰티	북한	뷰티	드라마

출처: 한국국제문화교류진흥원(2021a)

　최근 한국 대중음악의 인기는 가히 기록적이다. BTS는 2021년 9월까지 총 5개 음원을 빌보드 핫 100 1위에 올려놓았고, 그중 2021년 5월에 발표한 〈Butter〉는 10주 차 동안 1위를 기록했다. BTS의 〈Dynamite〉, 〈Butter〉는 유튜브 24시간 조회 수가 1억 회를 상회한다. 싸이의 〈강남스타일〉은 유튜브 조회 수 40억 회를 돌파했고, 이외에도 〈뚜두뚜두〉, 〈Gentleman〉, 〈Kill this love〉, 〈작은 것들을 위한 시〉, 〈DNA〉, 〈붐바야〉, 〈Dynamite〉 등 10억 회 이상의 조회 수를 기록한 K-pop 음원이 10개가 넘는다.

　'유튜브 24시간 조회 수' 기록 상위에도 BTS와 블랙핑크 등 아이돌 그룹의 뮤직비디오가 대부분이다. 빌보드 차트 진입은 불과 10년 전만 하더라도 한국의 언론이 앞다퉈 다룰 만한 이슈였다. 그러나 지금은 BTS, 블랙핑크 등 K-pop 그룹들은 연일 유튜브 조회 기록을 경신하고 있고, 빌보드 차트 진입을

〈표 7-5〉 K-pop 유튜브 누적조회 수(2021년 9월 기준)

구분	곡정보	아티스트	유튜브 누적조회 수(회)	유튜브 게시일
1	강남스타일	싸이	4,196,516,067	2012.07.15.
2	뚜두뚜두	블랙핑크	1,703,114,982	2018.06.15.
3	GENTLEMAN	싸이	1,431,318,902	2013.04.13.
4	Kill This Love	블랙핑크	1,401,399,502	2019.04.04.
5	작은 것들을 위한 시	방탄소년단	1,358,085,029	2019.04.12.
6	DNA	방탄소년단	1,348,328,744	2017.09.18.
7	붐바야	블랙핑크	1,277,964,000	2016.08.08.
8	Dynamite	방탄소년단	1,252,031,745	2020.08.21.
9	마지막처럼	블랙핑크	1,077,775,068	2017.06.22.
10	MIC Drop	방탄소년단	1,049,360,375	2017.11.24.
11	FAKE LOVE	방탄소년단	1,009,352,281	2018.05.18.
12	IDOL	방탄소년단	1,008,960,085	2018.08.24.

출처: K-pop Radar 홈페이지 DB

넘어 1위를 기록한다. 한국만의 것이 아니라 전 세계가 즐기
는 문화가 된 것이다. 팬덤 연구소 블립(2019)이 발표한 '2019
GLOBAL K-POP MAP'을 살펴보면 디지털 플랫폼의 위력을 새
삼 확인할 수 있다. K-pop 유튜브 영상 조회 수의 국가별 비중
을 분석했는데, 대한민국에서 조회한 비율이 약 10%에 그치고
있기 때문이다. 인도네시아(9.9%), 태국(8.1%), 베트남(7.4%)과
비교해도 큰 차이가 없다. K-pop 유튜브 영상의 약 90%가 모
두 해외에서 소비된다. 디지털 플랫폼을 통한 음악 소비 트렌

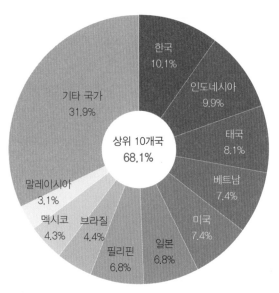

한국
10.1%

인도네시아
9.9%

기타 국가
31.9%

태국
8.1%

상위 10개국
68.1%

베트남
7.4%

말레이시아
3.1%

미국
7.4%

멕시코
4.3%

브라질
4.4%

필리핀
6.8%

일본
6.8%

[그림 7-3] 국가별 K-pop 소비 현황(블립, 2019, 2020 한국음악백서 재인용)

드는 글로벌 흥행의 기준을 바꾸어 놓았고, K-pop 세계화에
길을 열어 주었다 해도 과언이 아니다.

팬덤 영향력 강화

팬덤은 한국 대중음악 확산에 매우 중요한 역할을 한다. 가
수가 중심이 되는 음악은 다른 콘텐츠에 비해서 팬덤 문화가
매우 활성화되어 있는데, 최근에는 SNS를 통해 한류 스타와 해
외 팬들과의 소통이 실시간으로 이루어지다 보니 팬들의 충성
도와 홍보 활동이 국제적으로 많아지고 있다. BTS가 글로벌 스
타가 되는 과정에서도 SNS에서 팬들에게 일상의 모습을 공유

07 음악콘텐츠와 공공외교

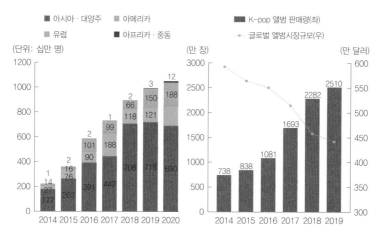

[그림 7-4] 온라인 한류커뮤니티 회원 규모 및 K-pop 앨범판매량
(현대경제연구원, 2020에서 재인용, 한국국제교류재단, 가온차트, IFPI 데이터 활용)

하고, 함께 소통하는 전략이 팬덤을 형성하는 기초가 되었다.

아시아 지역 중심의 한류 팬덤은 최근 전 세계 1억 명을 돌파했고 매년 두 자릿수 이상의 증가율을 보인다. 디지털 플랫폼의 발전으로 글로벌 접근성이 향상되었고, 한류 팬들 간의 온라인 정보 공유가 활발해지면서 국제적인 팬덤 현상으로 이어지고 있다. 세계 실물 음반 판매량의 감소 추세를 역행해 급증하고 있는 K-pop 실물음반 판매량은 소장을 목적으로 하는 팬덤의 위력이 얼마나 높은지를 보여 준다([그림 7-4] 참조).

한류 IP 활용과 산업 융합

팬덤의 규모는 곧 한류 IP의 브랜드 가치로 치환된다. 이 때문에 한류 IP를 활용해 다양한 부가가치를 창출하려는 산업적인 시도가 활성화되어 왔다. 현대경제연구원(2020)의 분석에 따르면, 한국은행의 산업연관표에 근거한 문화 산업의 생산 유발 및 부가가치 유발 계수는 제조업보다 약 30%, 전체 산업 대비 약 10%가 높다. 소비가 한 단위 이루어질 때 산업 분야에서 직간접적으로 유발되는 생산액과 부가가치가액이 더 높다는 의미이다. 실제로 한류로 인한 문화콘텐츠 수출효과는 2020년 기준 66억 달러로 코로나19 상황에도 불구하고 약 11% 상승했으며, 이로 인한 생산 및 부가가치 유발효과는 연평균 20조 원을 상회한다(한국국제문화교류진흥원, 2021b).

아이돌 굿즈가 대표적이다. 과거 다른 스타의 팬들과 차별성을 부여하기 위한 응원 도구 중심으로 제작되었다가, 이제는 수입 다각화 방안의 일환으로 시장 규모가 매우 커져 가고 있다. K-pop 굿즈 시장은 2020년 기준 1,500억 원 규모로 추정되고, 그 범위는 패션, 뷰티, 생활용품, 식품까지 다양하다(김현영, 2021). 최근에는 아이돌 그룹의 세계관을 투영한 유니버스가 한류 IP 활용에 있어 중요한 개념이 되고 있다. 아이돌 그룹의 이

〈표 7-6〉 **문화콘텐츠 산업의 경제적 효과**

	숯산업	제조업	문화콘텐츠 산업
생산 유발 계수	1.79	1.89	1.97
부가가치 유발 계수	0.77	0.64	0.83

출처: 현대경제연구원(2020)에서 재인용.

미지를 일관되게 유지시키면서 부가가치를 창출하는 방식이다. BTS의 경우, 그룹의 세계관을 다룬 웹툰, 드라마, 모바일 게임, 다큐멘터리, 캐릭터 등 다양한 OSMU 콘텐츠를 출시한다.

음악한류의 파급효과

음악콘텐츠의 해외 진출이 발생시키는 효과는 다양하다. 직접적인 효과는 음악콘텐츠의 수출과 이로 인한 국민 경제적 파급효과다. 해외에서 흥행하는 음악이 많을수록 한국 음악에 대한 관심과 소비가 증가하게 되고 이는 다시 수출액 증가로 이어진다. 2020년을 기준으로 한류로 인해 발생한 문화콘텐츠 수출액은 약 66억 달러 규모이며, 코로나19 상황에도 불구하고 연평균 10.8% 수준의 지속 성장을 기록하였다. 사실 이는 전체 수출의 60% 이상을 차지하는 게임의 수출이 오히려 급증한 결과이기도 하다. 음악의 경우 코로나19로 인한 피해가 적지 않았다. 음악 수출액은 크게 공연과 음반 수출액으로 나누는데, 코로나19 시기에 예정되었던 대부분의 공연이 취소되거나 비대면으로 전환되면서 공연 수익은 급격히 감소하였다. 한류로 인한 수출효과 중 음악 분야의 수출액은 2020년 기준 약 5억 달러이며, 이는 2019년에 비해 약 14%가 감소한 수준이다. 코로나19로 인해 콘텐츠 소비 트렌드가 디지털로 바뀌었다는 점에서 음반이나 음원 수출은 유지 혹은 증가했다고 가정한다면, 공연 매출 감소로 인한 어려움이 얼마나 클지 예상할 수 있다. BTS가 빌보드에서 수상했던 2017년으로 거슬러 올라가면 2016년 4억 달러에서 2017년 4.7억 달러, 2018년 5.2억 달러, 2019년 5.9억 달러까지 4년간 연평균 약 13% 수준에서 수출이 증가해 왔다.

음악 한류로 인한 수출 증진 효과는 비단 음악 산업 자체에 국한하지는 않는다. 대중문화 콘텐츠 수출 전반에 영향을 주는 것은 물론이고, 뷰티, 패션, 한식, 관광 등 연관산업 분야의 수출에도 긍정적 영향을 준다. 한류로 인한 소비재 및 관광 수출액은 지속적으로 성장해 2019년 약 62억 달러 수준으로 정점을

〈표 7-7〉 **한류로 인한 문화콘텐츠 수출액(단위: 백만 달러, %)**

구분	한류영향계수(%)	2016년	2017년	2018년	2019년	2020년(추정)	연평균증가율
방송	83.6	366	323	413	444	414	3.1
음악	92.2	401	465	520	590	506	6.0
영화	71.9	31	29	30	27	18	−12.7
애니메이션	49.5	59	63	86	93	62	1.2
캐릭터	52.5	266	288	391	433	430	12.8
게임	60	1,917	3,465	3,847	4,189	4,980	27.0
출판	53.6	66	78	133	115	110	13.6
만화	53.6	11	12	21	25	34	32.6
합계	−	3,119	4,724	5,443	5,916	6,554	20.4

출처: 한국국제문화교류진흥원(2021b)

찍었으나, 코로나19로 인해 2020년에는 약 36% 감소한 40억 달러 수준을 기록하였다. 연관산업 중에서도 한류 스타에 대한 팬덤을 기반으로 하기 때문에 선호하는 스타의 외모, 패션에 대한 관심이 특히 높다. 한류로 인한 수출액 중 화장품 분야는 연평균 17.7%의 높은 증가율을 보일 정도이다.

한류로 인해 발생한 수출효과는 생산 유발, 부가가치 유발, 일자리 창출 등 국민 경제적 파급효과로도 이어진다. 2020년 기준 한류의 생산 유발 효과는 약 22조원 규모이며, 부가가치 유발 효과는 약 10조원 규모로 전년과 비교해서는 모두 감소했지만, 연평균 10~20% 수준에서 지속 증가하고 있다. 음악 분

〈표 7-8〉 **한류로 인한 소비재 및 관광 수출액(단위: 백만 달러, %)**

구분	한류영향계수(%)	2016년	2017년	2018년	2019년	2020년(추정)	연평균 증가율(%)
식료품	15.5	783	770	675	780	911	3.9
화장품	16.9	673	801	929	1,114	1,292	17.7
의류	17.6	312	310	318	338	333	1.6
액세서리	16.3	128	326	123	144	129	0.2
가전제품	5.7	374	389	390	397	399	1.6
휴대전화	3.5	400	404	263	166	144	−22.5
자동차	1.3	446	653	594	495	413	−1.9
관광	12.7	1,324	1,420	1,717	2,732	346	−28.5
합계	−	4,441	5,073	5,010	6,166	3,968	−2.8

출처: 한국국제문화교류진흥원(2021b)

<표 7-9> 한류 생산 유발 및 부가가치 유발 효과(단위: 억 원, %)

구분		2016년	2017년	2018년	2019년	2020년 (추정)	연평균 증가율
생산 유발	문화콘텐츠	58,279	82,503	93,485	107,536	118,575	19.4
	소비재 및 관광	106,640	119,689	114,367	146,784	99,891	−1.6
	합계	164,919	202,192	207,852	254,321	218,466	7.3
	음악	8,380	9,458	10,298	12,367	10,733	6.4
부가 가치 유발	문화콘텐츠	31,369	46,786	52,283	60,292	67,833	21.3
	소비재 및 관광	35,951	40,019	39,381	52,692	32,353	−2.6
	합계	67,320	86,805	91,664	112,984	100,186	10.5
	음악	3,983	4,495	4,894	5,314	5,101	6.4

출처: 한국국제문화교류진흥원(2021b)

야의 한류 생산 유발 효과는 2020년 약 1.1조원 규모로 전체의 약 5%의 비중을 차지하고 있고, 연평균 6% 수준으로 증가하고 있다.

한류 콘텐츠 확산이 부여하는 효과 중 가장 의미가 큰 것은 한국과 한국 문화에 대한 태도 변화이다. 콘텐츠에 대한 선호는 콘텐츠 구성 요소에 대한 선호와 밀접하게 연결된다. 이는 곧 콘텐츠 주변 정보에 대한 노출과 관심으로 이어진다. 이 과정에서 다양한 한국 문화 경험에 대한 수요가 발생하는 것이다. 정부는 해외 각국에 한국문화원을 개설해 이러한 문화 경험 수요를 충족시킨다. 1979년부터 2000년까지 8개 정도의 문화원을 운영했었는데, 현재는 전 세계 27개국 32개 문화원을 운영할 정도로 규모가 늘어났다. 그만큼 다양한 나라에서 한국 문화에 관한 관심이 높아졌다는 것이다.

한국어에 대한 교육 수요도 늘어나고 있는데, 여기에는 K-pop 팬덤의 영향이 크다. 과거 우리가 영미권 음악을 외우기 위해 영어를 공부했던 것처럼 해외 팬들은 한국어로 된 음악을 따라 부르기 위해 한국어를 배운다. 실제로 해외에서 한글을 교육하는 기관 중 하나인 세종학당은 2014년 54개국 130개소에서 2020년 기준 76개국 213개소를 운영할 정도로 규모가 커졌다. 연간 10개 이상의 한글학교가 늘어나고 있다. 한국어 능력시험(TOPIK) 응시자의 규모도 1997년 2천 명에서 2019년 34만 명으로 약 15배가 늘어났다.

한국 문화에 대한 소비 경험을 통해 그 주체에 대한 각기 다른 태도를 형성한다. 가장 대표적인 개념은 국가 이미지다. 한류와 국가 이미지 및 브랜드와의 관련성을 검증한 많은 연구자는 한류콘텐츠의 소비가 많아질수록 한국에 대한 긍정적 이미지를 형성한다고 주장한다. 과거 한국에 대한 이미지는 전쟁, 분단, 북핵 등 부정적 이슈들이 지배적이었다. '한류 2.0' 시기 이후 한국에 대한 이미지는 대중문화 중심으로 전환하였고, 그 중에서도 K-pop에 대한 연상과 선호가 지배적이었다. 해외문화홍보원에서 매년 실시하는 국가 이미지 조사 결과를 보면, 해외에서 한국 관련 정보에 접촉하는 콘텐츠는 K-pop, 영화,

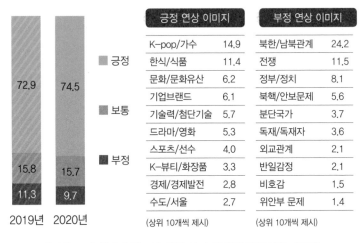

긍정 연상 이미지		부정 연상 이미지	
K-pop/가수	14.9	북한/남북관계	24.2
한식/식품	11.4	전쟁	11.5
문화/문화유산	6.2	정부/정치	8.1
기업브랜드	6.1	북핵/안보문제	5.6
기술력/첨단기술	5.7	분단국가	3.7
드라마/영화	5.3	독재/독재자	3.6
스포츠/선수	4.0	외교관계	2.1
K-뷰티/화장품	3.3	반일감정	2.1
경제/경제발전	2.8	비호감	1.5
수도/서울	2.7	위안부 문제	1.4
(상위 10개씩 제시)		(상위 10개씩 제시)	

[그림 7-5] 한국 호감도 및 연상 이미지(해외문화홍보원, 2020)

드라마 순이었다. 부정적인 이슈 중심의 뉴스 보도를 통해 한국의 정보를 접하던 과거와는 매우 다른 양상이다. 그렇다 보니 한국에 대한 연상 이미지 또한 대중문화 관련 이미지가 상위로 나타닌다.

한국 대중음악의 기회요인과 공공외교

공공외교는 소프트 파워의 강화를 통해 한국에 대한 매력을 높이고 전통적 외교와 결합해 장기적 문화외교의 실현을 목표로 한다. 여기서 매력은 상대의 마음을 사로잡아 끄는 힘을 의미하는 것으로 문화공공외교의 핵심이다. 이 매력을 통해서 상대방에게 메시지를 전달할 때 공감과 긍정적 태도를 끌어낼 수 있을 것이다. 매력은 지극히 주관적이고 정서적이기 때문에 상대가 누구인지, 어떤 관계에 있는지, 그리고 우리의 매력은 무엇인지를 찾아내는 것이 공공외교의 시작일 수 있다(손열, 2020).

현재 한국의 문화공공외교는 한류를 우리 문화의 매력으로 규정, 이를 홍보하는 방식으로 진행하고 있다. 정부는 2016년 「공공외교법」을 제정하고 2017년 공공외교 5개년 기본계획을

〈표 7-10〉 **정부의 공공외교 추진 전략**

구분	내용
1. 문화공공외교(풍부한 문화자산을 활용한 국격 제고 및 국가 이미지 강화)	• 선진 문화국가로서의 매력 확산 • 풍부한 문화자산을 활용한 호감도 증진 • 쌍방향 문화교류를 통한 소통 강화
2. 지식공공외교(한국에 대한 올바른 인식과 이해 확산)	• 한국의 역사, 전통, 발전상 등에 대한 이해 제고 • 한국학 진흥 및 한국어 보급 확대
3. 정책공공외교(우리 정책에 대한 우호적 전략 환경 조성)	• 주요국 대상 우리 정책에 대한 이해도 제고 • 정책공공외교 외연 확대 • 국내 외국인 대상 정책공공외교 활동 강화
4. 국민과 함께하는 공공외교	• 국민 참여형 공공외교 체계화 • 민관 협업을 통한 국민 공공외교 강화
5. 공공외교 인프라	• 중앙부처-지자체-민간 간 협업 및 조율 체계 확립 • 공공외교 국제 네트워크 강화 • 선순환적 공공외교 성과평가 체계 확립 • 정보공유와 소통을 위한 온라인 시스템 구축 • 공공외교 정책수립을 위한 기초조사 실시

출처: 외교부(2021)

수립하면서 가장 첫 번째 목표로 풍부한 문화자산을 활용한 국격 제고 및 국가 이미지 강화를 제시하였다. 어떻게 보면 이 목표의 달성이 공공외교의 다른 목표들인 '한국에 대한 올바른 인식과 이해 확산' '우리 정책에 대한 우호적 전략 환경 조성' 등의 전제 조건이 될 수 있다.

정부는 크게 문화, 지식, 정책 측면의 공공외교 전략을 추진한다. '문화공공외교' 전략은 음악을 포함한 다양한 문화자산을 활용해 긍정적 국가 이미지를 형성하는 것이다. 2021년 문화공공외교 전략에 포함된 사업은 약 1,750억 규모로 정부와 지자체의 175개 사업이 추진되었다. 코로나19 상황에 따라서 2019년에 비해 약 절반가량으로 예산 규모가 축소되었다.

〈표 7-11〉 **공공외교 전략별 사업규모(단위: 개, 백만 원)**

공공외교 전략부문	2019년		2020년		2021년	
	사업 수	예산	사업 수	예산	사업 수	예산
1. 문화공공외교	183	365,141	191	172,055	175	174,962
2. 지식공공외교	132	131,722	116	136,641	116	95,416
3. 정책공공외교	151	54,685	163	69,698	144	73,102
4. 국민과 함께하는 공공외교	58	46,355	76	8,964	67	9,621
5. 공공외교 인프라 강화	27	2,730	23	4,003	23	8,102
합계	551	600,633	569	391,361	525	361,203

출처: 외교부(2021)

정부가 추진하는 문화공공외교는 수교기념 및 주요 외교계기를 활용한 문화행사, 한류 및 한식 홍보, 국제스포츠 행사 활용, 쌍방향 문화교류 활성화, 전통·현대문화의 전파 등의 사업을 포함한다. 국가 간 계기성으로 추진하는 국제행사는 다양한 한국 문화를 소개하는 공식적 장이기 때문에 대중음악보다는 전통음악, 예술음악 등을 중심으로 프로그램이 구성되는 경향이 있다. 그 외에 한국주간행사(Korea Week)나 케이팝 월드 페스티벌(K-pop World Festival) 등이 한국 대중음악의 활용성이 높은 사업이다. 한국주간행사는 재외공관 주도로 예술공연, 한식홍보, K-pop 공연, 영화상영, 태권도 시연 등 다양한 문화 프로그램을 추진한다. 재외공관의 정무 및 경제행사를 포함한 각종 계기에 맞춰 행사를 연간 약 80억 원 규모로 개최한다. 케이팝 월드 페스티벌은 전체 예산의 0.3%에 해당하는 6억 원 수준의 소규모 예산으로 진행된다. 하지만 그 효과만큼은 작지 않다. K-pop을 좋아하는 외국인들을 대상으로 실시하는 이 사업은 단순히 K-pop을 보고 즐기는 것이 아니라 직접 참여할 기회를 제공해서 K-pop에 대한 관여도를 높인다. 해외 지역 예선을 거쳐 선발된 팀을 창원에서 개최하는 본선 무대에 초청하는 방식으로 진행하는데, 61개국의 69개 공관에서 참여하고, 해당국의 많은 청소년과 청년들이 참가하며 자발적인 한류 문화 확산이 이루어지고 있다. 특히 KBS 월드 방송을 통해서 100여 개 국가에 방영하면서 문화 선진국으로서의 이미지 향상에 중요한 역할을 해 왔다.

다만, 콘텐츠에 대한 자발적 소비와 향유 그리고 그 과정에서 발생하는 다양한 정보의 교환과 교감이 만들어 낸 한류가 한국 문화의 일방향적 홍보 수단이 되었을 때 종종 한류에 대한 부정적 인식을 만들어 내기도 한다. 이러한 점에서 한류콘텐츠에 대한 매력 요인들을 파악하고 이를 함께 교류 및 교감하는 방법을 찾아내는 것이 문화 공공외교의 방안을 모색하는 데 필요할 것이다.

한국 음악의 다양성 제고

한류 확산 과정에서 한국 음악은 아이돌 음악으로 정의되어 왔다. 중독적이면서도 트렌디한 멜로디, 화려한 군무, 잘생긴 외모는 아이돌 그룹에 대해 외국인들이 공감하는 매력 요인이다. 최근 아이돌 그룹들은 단지 음악의 전달이 아닌 각각의 세계관을 함께 공유한다. 온라인 기반의 실시간 소통과정에서 이들의 세계관은 팬들에 의해 진화한다. K-pop에 대해 팬들이 인지하고 이해하는 수준 또한 과거에 비해 월등히 높아졌다. 이들의 관심이 이어지는 곳은 그 주변부이다. 이러한 상황을 일부 학자는 한류의 '초국적화' 사례로 설명하기도 한다(이동연, 2021). 한류의 성취가 높아진 단계에서 한류라는 기표 자체가 소멸하고 한류의 외부를 보게 만드는 상황, 쉽게 말해서 동시대 세계인들이 즐기는 문화 중 하나라는 것이다.

한류의 '초국적화'는 음악적 측면에서 그 장르의 다양화가 가능한 시점임을 암시한다. 아이돌 음악이 한류의 핵심이고 BTS를 모르는 사람이 없지만, 한국에서 아이돌 음악이 가장 중심이 되는 분야라고 말하기는 어렵다. 한국 트로트는 최근 오디션 방송을 통해 다시 한번 유행을 타고 있으며, 힙합, 성악, 국악 등 다양한 전통 및 현대 음악 장르가 어우러져 인기를 얻고 있다. 여전히 외국인을 대상으로 조사를 하면 아이돌 그룹의 인기가 압도적이지만 2010년대 중반 이후부터는 다른 장르의 음악이 언급되기 시작하였다. 가만히 들여다보면 이들의 음악이 단순히 유튜브 등을 통해 자체적으로 인기를 얻었다기보다는 다른 방송콘텐츠나 한국을 홍보하는 영상콘텐츠 등을 통해 알려진 경우가 많다. 예를 들어, 혁오, 자이언티 등 인디뮤지션은 〈무한도전〉이라는 예능 프로그램을 통해서 해외 인지도가 급격히 올라갔다. 한국관광공사가 지역 홍보영상을 만들면서 사용한 이날치 밴드의 곡은 유튜브, 페이스북 등에서 조회 수가 6억 회를 넘어서는 신드롬을 만들기도 했다. 디지털 기술의 발전과 한국의 다양한 문화에 관심을 갖고 공감하는 국제적 환경에서 나타난 결과물들인 것이다.

사실 해외에서 한류라고 불릴 만한 성과들은 다양한 음악 장르에서도 발생하고 있다. 예를 들어, 서양고전음악인 클래식의 경우 2000년대부터 한국 음악가들이 역사를 새로 쓰고 있다. 2005년 손열음은 아르투르 루빈슈타인 국제 피아노 콩쿠르에서 3위에 입상하였고, 2006년 김선욱은 영국 리즈 콩쿠르 40년 역사상 최연소 우승자이자 첫 아시아 출신 우승자라는 기록을 남기기도 했다. 세계 3대 콩쿠르 중 하나인 벨기에 퀸 엘리자베스 콩쿠르에서는 2011년까지 1차 예선을 진출한 한국인이 단 한 명도 없었지만 2011년 한국 음악가가 22명이나 진출해 크게 회자되기도 했다. 2015년에는 퀸 엘리자베스 콩쿠르의 임지영, 부소니 콩쿠르의 문지영, 쇼팽 콩쿠르의 조성진 등한국 음악가들이 세계 주요 콩쿠르를 휩쓸었다. 한국이 클래식변방에서 새로운 중심국이 되었다고 해도 과언이 아니다(송현민, 2021). 국악을 원형으로 창의적인 리듬과 대중적 스타일을추구해 인기를 얻는 월드뮤직 밴드들도 해외에서 활발하게 활동 중이다. 이날치 밴드, 잠비나이, 블랙스트링, 악단광칠 등이대표적이다.

한국 음악의 장르 다양화는 그 매력을 높이는 요인이 될 수있다. 해외한류실태조사에 따르면 K-pop에 대한 부정적 인식을 형성하는 이유로 식상함, 선정성, 상업화 등을 대표적으로꼽는다(한국국제문화교류진흥원, 2021a). 해외에서는 아이돌 음악 외에도 개성 있는 다양한 한국 음악을 알고자 하는 수요가이미 발생하고 있는 것이다. 이미 글로벌 경쟁력을 갖춘 다양한 한국 음악을 어떤 방법과 도구를 가지고 전달해 줄지에 대한 정책적 고민이 필요한 지점이다.

디지털 미디어와 팬덤의 활용

수익의 상당 부분이 공연을 통해 발생하는 음악 시장은 코로나19 상황 가운데 큰 어려움을 겪고 있다. 이들의 자구책은 온라인이다. 공연과 팬미팅의 비대면 전환을 시도하고 있지만 기술적 환경을 조성하기 위한 비용적 문제가 발생하고, 현장의 느낌이 중요한 공연의 특성상 만족도 제공이 어렵다는 점은 비대면 공연에 수익을 기대하기 힘들게 한다. 이러한 환경에서 효과적인 방법은 소통의 강화다. 전통적인 방식의 공연보다는 일상을 공유하고, 정보를 공유하는 네트워크 형성 중심의 디지털 소통이 중요해지고 있다.

K-pop 기획사들은 이미 싸이의 〈강남스타일〉이 유튜브를 통해 빌보드에 진입했던 즈음부터 마케팅 전략을 SNS에 집중해 왔다. 글로벌 팬들의 취향과 수요를 파악하고 이에 맞는 맞춤형 기획 및 마케팅 전략을 수립하기 위해서다. 음원을 출시하기 전 테스트베드로 사이버 공간을 활용하기도 한다. 작품의 생산과 유통 과정에 팬덤이 함께 관여하는 것이다.

이와 마찬가지로 한국의 공공외교 전략 또한 공동체의 멤버십, 가치, 이념 등을 공동 설계하는 방식으로 국제적 네트워크를 만들어 가는 게 중요하다(손열, 2020). 그리고 그 도구로서 디지털 기술을 적극 활용하는 것이 효과적일 수 있다. 이는 최근 디지털 공공외교로 발전하고 있는 외교 트렌드와도 맞닿아 있다. 단순히 디지털 플랫폼을 통해 홍보를 하는 수준에서 내외국인과 정부가 함께 참여해 소통하는 P2P2G(People to People to Government) 방식으로 변화하고 있다(이진영, 2018). 문화외교에 국민이 직접 참여해 다른 참여자와 다차원적으로 상호작용을 하고, SNS는 이 소통의 과정을 하나의 네트워크화하여 주체 간의 관계를 발전시킨다. 국민이 수평적 관계하에서 문화외교의 대상이자 주체가 되는 것이다.

한류 팬덤과 소통하는 전략도 효과적일 수 있다. 온라인에서 활동하는 한류 팬덤의 규모는 이미 1억 명을 넘어설 정도로 커지면서 그 영향력도 높아지고 있다. 특히 SNS를 통한 팬들과의 소통이 긴밀해지면서 해외 팬들은 유달리 집단적인 한국의 팬덤 문화를 닮아가고 있다. 기업에게도 단순히 소비자가 아니라 작품개발과 활동 그리고 아티스트의 성장 전반에 지대한 영향을 주는 중요한 파트너로 인식된다. BTS 아미의 경우 BTS 멤버들이 생각하는 이념에 동참하면서 미국의 인종차별 반대(BLM) 시위, 홍콩, 태국, 칠레 등에서 그들의 목소리를 정권에 대한 항의 수단으로 승화시켰다. BTS의 유엔 총회 연설과 대통령의 특사 임명은 단지 이들의 산업적 성과가 아니라 이들이 연대하는 많은 공동체 네트워크의 영향력 때문일 것이다.

이들의 글로벌한 영향력은 정책 측면에서 활용 시 큰 효과를 기대하게 한다. 앞서 설명한 대로 기업은 이들을 활용하기보다는 수평적 관계의 연대를 통해 함께 협력하는 동반자로서 인식하고 있다. 정책적으로도 마찬가지이다. 민감한 정책사항과 관련하여 한류 팬덤을 홍보의 도구로 활용할 경우 자칫 오해와 더 큰 불만을 일으킬 수 있다. 그렇기에 활용이라는 측면보다는 이들과의 협력적 관계를 형성하고, 한국에 대한 자발적인 공감과 이해를 끌어내는 것이 중요하다. 한 예로 정부에서는 해외 한류 커뮤니티의 활동을 지원하는 사업을 추진해 왔는데, 전 세계 한류 커뮤니티들이 자체 활동 계획을 공모에 제출하고 이를 선정해 예산을 지원하는 방식이다. 이들은 자발적으로 활동을 기획하고, 매칭 예산을 구성하고, 직접 실행하며 한국 문화를 소개하는 많은 활동을 추진한다.

양방향 교류와 개방성 확대

한류 확산 이면에는 항상 반한류, 혐한류 등의 부정적 현상이 존재해 왔다. 이 현상은 간혹 국가 간의 관계와 사회적 분위기에 동조해 크게 부각되기도 한다. 한류콘텐츠 소비와 선호가 한국에 대한 긍정적 인식 제고에 영향을 주는 것처럼 한국에 대한 부정적 인식은 역으로 한류콘텐츠의 소비 감소와 연결된다. 한국에 대한 부정적 인식의 발생에는 다양한 요인이 있다. 과거에는 북한과 관련한 국제사회의 위협, 역사적 갈등, 정치적 관계가 주요했다면, 현재는 상업성, 한류 스타의 언행, 선정성, 자국산업의 보호 등 한류콘텐츠와 직접적으로 연결된 이슈가 주원인이 되고 있다. 그렇다 보니 아이러니하게 한류와 반한 감정은 비례적인 관계를 갖는다. 즉, 한류가 확산할수록 한류 및 한국에 대한 부정적 인식 또한 증가한다는 것이다. 예를 들어, 중국, 일본, 태국, 베트남 등 한류 확산 수준이 높은 국가에서는 한류콘텐츠 경험자의 30% 이상이 반한류 현상에 대해서 공감하는 것으로 나타난다(한국국제문화교류진흥원, 2021a).

한류가 글로벌 보편적 현상이 된 만큼 한류에 대한 부정적 인식을 낮추기 위한 노력이 전 세계적으로 이루어져야 할 필요성이 여기에 있다. 우리의 공공외교 및 한류 관련 정책은 여전

〈표 7-12〉 **국가별 반한류 공감도**

순위 (2020년)	국가	반한류 공감도(%)	
		2019년	2020년
1	중국	31	39
2	인도	34	37
3	베트남	34	35
4	일본	31	33
5	태국	37	30
6	UAE	28	29
7	인도네시아	27	27
8	호주	22	27
9	프랑스	28	25
10	미국	31	23

출처: 한국국제문화교류진흥원(2021a)

07 음악콘텐츠와 공공외교

히 일방향성이 강하다. 특히 한류 정책에서는 연관산업의 동반 성장을 위해 한류를 활용하는 방식이 집중되고 있다. 우리 산업의 이득을 위해 문화적 선호를 이용하는 경영적 마인드가 정책에 그대로 투영되고 있는 것이다. 물론 이러한 정책이 국가 발전을 위해 매우 필요하다. 그러나 중요한 것은 일방향적, 상업적 성격의 홍보와 산업 진흥 정책의 역효과를 상쇄하기 위한 대안 정책이 함께 모색되어야 한다.

이를 위해 상대 문화에 대한 개방성을 높이고 협업의 기회를 확대하는 것이 중요하다. 우리 문화의 해외 진출 또한 양방향성을 기반으로 한 교류 방식으로 확대해 나가야 한다. 사실 문화예술 장르에서는 이러한 공동 창작, 협업 등의 교류 정책이 매우 활성화되어 있다. 하지만 그 결과물에 대한 국제적 인지도가 미약한 경우가 많고, 그렇다 보니 국가 이미지에 미치는 효과도 상대적으로 낮다. 좋은 방법은 이러한 교류 정책을 인지도와 파급효과가 큰 대중문화 장르로 확장하는 것이다. 하나의 예로, 정부가 2021년 처음 추진한 '신한류 문화다리' 사업은 이러한 취지가 강하게 드러난 정책이다. 한류 인기가 높은 동남아시아 국가의 문화축제를 한국에서 한류 공연과 연계하여 개최하면서 한국인들이 상대국의 문화를 체험하고 이해할 수 있도록 하는 것이다. 상대 문화에 대한 개방성과 수용성을 높여 상호 공감의 폭을 넓히는 형태의 사업이다.

착한한류 정책의 확대

한국의 대중문화는 한류를 통해 글로벌 콘텐츠로서 인정받고 막대한 경제적 효과를 얻고 있다. 일반적으로 기업들은 이러한 경제적 이득에 대해 사회 환원의 의무를 가진다. 하지만 한류콘텐츠의 경우 확산 과도기에 있어 환원에 대한 인식은 상대적으로 낮다. 외국인들이 반한류에 공감하는 주요 이유 중 하나가 상업성으로 조사되는 것도 이 때문이다. 특히 한국은 최근 공적개발원조(ODA) 수혜국에서 벗어나 원조 공여국으로 전환되었다. 세계 10위권 수준의 경제력을 갖추고 있고 그에 맞는 국제적 역할을 요청받고 있다. 한류가 확산 궤도에 오른 만큼 한국이 얻은 수혜를 환원하고 공생의 가치를 만들어 내는 노력이 필요한 시점이다.

문화의 향유가 인간의 기본권으로 인식되면서 국제협력과 개발지원 측면에서도 문화의 중요성이 높아지고 있다. 문화 영역의 ODA는 개발도상국 주민의 문화와 정서를 존중하고 문화권을 향유하도록 지원하여 정신ㆍ정서ㆍ신체적 표현을 통한 최소한의 복지를 확보하게 하고, 문화자원을 활용해 사회경제적 발전을 지속 성취할 수 있도록 지원하는 문화교류 협력 사업으로 정의하고 있다(정정숙, 2013). 개발원조이지만 문화교류를 기반으로 하고 이를 통해 현지의 문화자원이 활성화될 수 있도록 지원하는 것이다.

정부가 추진하는 착한한류 정책이 이에 부합한다고 할 수 있다. 예를 들어, '민관협력 해외 사회공헌' 사업은 해외에 진출한 국내 기업과 정부가 협력해 현지에서 한류를 매개로 한 사회공헌 사업을 추진한다. K-pop 스타가 재능기부 형식으로 참여하거나, 한류콘텐츠를 제공하는 방식으로 사회공헌 프로그램에 한류의 요소를 활용한다. 또 다른 예로, 신한류 진흥 정책의 일환으로 시작한 '동반성장 디딤돌' 사업은 한류 문화가 확산되어 있는 국가의 신진 아티스트를 초청해 한국 대중음악 노하우를 공유한다. 2021년에는 베트남의 2개 팀(Super V, O2O Girl Band)이 한국에 와서 연수를 받고 있는데, 이들이 성장하는 과정은 영상콘텐츠로 제작되어 SNS를 통해 현지 팬들에게 공유된다. 양국이 함께 글로벌 아티스트를 육성하고 그 과정에서 현지 팬들의 지지와 공감을 기대하는 것이다. 이처럼 환원적 지원 사업이지만 수평적 관계로 협업하고 새로운 창작물을 만드는 정책은 상대국으로 하여금 우리 국가에 대한 그리고 한류에 대한 긍정적인 이미지를 형성하고 상호 연대의 지속성을 높이는 데 도움이 될 것이다.

지역적으로 차별화된 전략 수립

한국의 대중음악은 전 세계적으로 인기를 얻고 있지만 각 지역에서 보편적으로 수용되는 것은 아니다. 지역마다 각기 다른 문화적인 취향을 가지고 있기 때문에 한국 문화에 대한 할인율의 수준이 다르다. 심지어 동일 국가 내에서도 인구통계학적 특성에 따라 수용성의 수준은 다르다. K-pop의 경우 우리나라에서만 보더라도 전 연령층이 아니라 상대적으로 젊은 연령층에서 주로 소구한다. 상대국 문화의 취향과 수용의 수준을 이해하고, 지역별, 국가별 차별화된 맞춤형 한류 공공외교 전략을 수립하는 것이 필요하다. 이를 위해서 국가마다 한류 문화의 수용성 수준을 파악할 수 있는 기초조사가 확보되어야 한다. 그리고 전 세계에 자리한 공관을 통해 현지의 문화적 흐름을 상시적으로 관찰하는 노력이 선행되어야 한다.

이 장에서는 공연콘텐츠, 특히 최근 상업적인 성공을 통해 규모의 경제를 보이며 성장하고 있는 뮤지컬 분야의 속성 및 특성에 대해 고찰함으로써 공공외교의 한 분야로 공연콘텐츠의 활용 가능성에 대한 이해를 도모하고자 한다.

첨단의 디지털 시대에 아날로그 예술 장르인 공연콘텐츠, 특히 뮤지컬콘텐츠들이 큰 대중적 인기를 구가하고 있다. 얼핏 생각하면 전혀 어울리지 않는 별난 현상 같지만, 차근차근 따져 보면 나름 이유가 있다. '백문이 불여일견'이라는 우리 옛말처럼 무대의 현장성은 '날 것이 주는 생동감'을 만들기 때문이다. 기계적 재생과 반복을 근간으로 하는 여타 영상매체와는 태생적으로 그 성격이 차별된다. 아무리 스크린이 거대해지고 컴퓨터 그래픽이 발달한다 하더라도 기본적으로 2차원적인 평면으로 재연되는 영상은 입체적인 형태와 비주얼을 추구하는 무대와는 차이가 날 수밖에 없다. 디지털 음원들이 잡음 하나 없는 이상적인 음악을 재생시키는 기술력을 지니고 있더라도 라이브로 듣는 클래식 연주나 현장에서 연주되는 밴드 음악과는 다를 수밖에 없다. 물론 비싼 입장료를 지불해서라도 이를 구매하고자 하는 대중의 욕구도 바로 이런 배타적이고 독자적인 공연의 속성에서 기인한다. 심지어 복제하기도 쉽지 않고 매 공연 때마다 다시 재연되어야 하는 장르적 특성은 요즘 문화 산업계의 골칫거리인 저작권 문제나 불법복제 같은 어려움들로부터도 어느 정도 자유로워질 수 있는 여유까지 보장한다.

그렇다고 현대 사회에서 모든 공연 산업이 활황을 누린다는 의미는 아니다. 연극이나 오페라, 클래식 등 전통적 양식의 공연예술은 여전히 소수의 마니아나 애호가를 중심으로 전개되는 소비 패턴을 유지하고 있다. 무대를 근간으로 한다거나 아날로그적 기법을 활용하는 것은 마찬가지이지만, 매출의 속성이나 장르적 특성상 이들은 뮤지컬과 같은 상업적인 공연예술 장르와는 조금 결이 다른 문화 산업적 속성을 반영한다.

태생적인 배경을 살펴보면 보다 이해가 가능하다. 상업적인 공연콘텐츠의 등장은 19세기 산업혁명으로 인한 도시문화의 발달과 궤를 같이한다. 농업을 근간으로 했던 근대 이전 봉건주의 사회와 달리 도시 노동자 계급의 형성과 발달은 그들을 대상으로 한 대중적인 성격의 문화적 부산물들을 필요로 했다. 하루의 피로를 덜어 줄 여가거리로서의 오락물들이 필요했던 것이다. 결국 대중적인 성격으로 변화된 오페레타나 오페라 부파와 같은 근대음악극은 음악이 가미된 연극과 결합하게 되었고, 여기에 보드빌이나 민스트럴 쇼, 벌레스크 같은 대중극의 인기가 종합적으로 어우러져 완성된 것이 바로 오늘날 흔히 말하는 상업적 공연예술 장르인 뮤지컬콘텐츠가 되었다. 태생적으로 이미 대규모의 수요를 기반으로 하는 대중문화적 속성이 전제되었던 문화 산업의 한 장르였던 셈이다.

시장적 속성이나 산업적 특성도 다르다. 뮤지컬은 여타 공연예술 장르와 달리 장기 상연을 목적으로 한다. 경제적 부가가치를 극대화하고 관객이 찾아오는 한 무기한 공연을 지속하는 '오픈 런(Open Run)' 시스템을 활용하는 것도 이 장르가 지닌 일반적인 특징이다(물론 오픈 런은 '양날의 칼'과 같아서 관객이 줄어들거나 예매율이 일정 수준에 미치지 못하면 언제라도 막을 내릴 수 있다는 의미도 된다).

수십억을 넘나드는 제작비가 필요한 이유도 장기 흥행을 바탕으로 한 예산 수립의 필요성에서 출발한다. 그래서 일각에서는 연간 180여 편에 육박하는 많은 작품이 등장하는 우리나라의 뮤지컬 제작 구조가 오히려 기형적이라 비판하기도 한다. 규모의 경제를 살려야 하는 산업의 근본적 특성이 무시된 채 너무 짧은 기간만 공연되는 '구멍가게식' 작품만 양산하고 있다는 지적이다. 직설적으로 말하자면, 뮤지컬의 대중문화적 성장 가능성을 외면한 채 연극의 한 지류로만 판단하는 착오가 빚어낸 치명적인 오류라고도 볼 수 있다. 결국 '쉽게' 만들어진 창작 콘텐츠에게서는 완성도나 깊이를 기대하기 힘들고, 시장에 선보인다 해도 글로벌한 경쟁력을 검증받은 라이선스나 투어 등 수입 뮤지컬에 이리저리 치이는 형국을 만들어 내기 일쑤다. 창작 뮤지컬이 악순환의 고리를 쉽게 끊지 못하는 중요한 환경적 모순이기도 하다.

사실 특정 지역이나 문화권의 공연물이 지니는 생산과 소비의 구조를 한마디로 정의 내리는 것은 결코 쉬운 일이 아니다. 작품의 소재나 내용, 형식과 메시지의 전달 방식이 모두 다르듯 변화무쌍한 문화 산업의 체계 안에서 생산과 소비 구조를 획일화시켜 특징짓는 것은 자칫 지나치게 단순화된 시각으로 비춰질 수 있으며, 특히 다양성에 근간으로 두어야 하는 문화 산업 그리고 공연콘텐츠의 속성에 적합하지 않을 수 있기 때문이다.

하지만 이 같은 문제점에도 불구하고 이 장에서는 우리 공연 시장, 특히 뮤지컬콘텐츠의 생산과 소비 구조에 대한 고찰을 시도해 보고자 한다. 왜냐하면, 첫째, 아직까지 우리 공연계에서 상업적인 성격의 공연 장르가 지닌 특성이나 바람직한 시장 구조에 대한 본격적인 논의가 제기되거나 전개된 경험이 매우 일천하며, 둘째, 순수예술의 파생 장르로만 인식하는 시각으로는 공연 산업이나 뮤지컬콘텐츠에 적합한 분석 혹은 발전방향을 제시하기 힘들고, 셋째, 결국 이 같은 문제점들은 궁극적으로 우리나라 공연 산업이 규모의 경제가 실현 가능한 문화 산업으로 발전하는 것을 저해할 수 있다는 우려가 있기 때문이다. 뮤지컬 산업의 시장 규모는 해가 갈수록 그 외연을 확장하는 추세이지만, 근간이 되어야 하는 콘텐츠의 창작과 조달, 육성은 전근대적인 방식 혹은 순수예술의 그것과 유사하거나 그 과정과 틀을 복제하는 수준에서 벗어나지 못하고 있다는 점도 이러한 고찰의 필요성을 공감하게 만드는 환경적 요인이다.

따라서 이 장에서는 이러한 문제들에 대한 인식을 바탕에 두고 우리 뮤지컬 시장의 생산과 소비구조에 대해 개괄적인 고찰을 시도해 보고자 한다. 즉, 한국 공연 시장 특히 뮤지컬 시장의 현황은 어떠하며, 생산과 소비의 구조적 측면에서 어떤 특징을 보이고 있는지, 또 향후 시장의 지속적인 성장이나 성숙을 위해 어떤 구조적 문제점들을 고민하고 해결해야 하는지에 대한 논의의 '화두'를 찾아보고자 한다.

공연콘텐츠의 특성과 한국 뮤지컬 시장의 발전

공연콘텐츠란 문화 산업의 제 분야 중 무대를 통해 구현되는 특성을 지닌 일련의 장르를 말한다. 문화 산업은 문화를 상품으로 하여 문화의 생산 및 유통, 소비를 통괄하는 일련의 문화적, 경제적 과정을 말한다. 자본주의 경제 체제하에서는 문화 역시 어떠한 형태로든 경제적인 역할을 수행하는 시장적 기능 안에서 재화의 성격을 띠게 마련이고, 결국 이러한 과정에서 문화 상품도 다른 산업과 마찬가지로 수요와 공급의 법칙에 의한 관련 재화의 생산과 소비의 과정을 거치게 된다. 일반적인 제조업이나 상공업과 차이가 있다면 문화 산업은 그 행위를 통해 새로운 문화를 창출하고 계승하며 발전시키는 속성 또한 지니고 있다는 점이다. 그래서 문화 산업은 문화의 창조, 전달, 향수를 담당하는 경제 행위라는 특징을 지니게 된다(이대희, 2001; 허권, 1992).

문화체육관광부에서 발간하는 『문화산업백서』에 따르면, 문화 산업의 제 분야로는 출판, 신문, 잡지, 만화, 방송 영상, 광고, 영화, 비디오 및 DVD, 애니메이션, 음반, 게임, 모바일콘텐츠, 캐릭터, 공예, 디자인 그리고 공연 산업 분야 등으로 구분된다. 물론 뮤지컬콘텐츠는 이 중 공연 산업 분야의 한 장르로 구분된다. 그러나 현대 문화 산업에서 절대적인 분류방식이란 점차 존재하기 힘들어지고 있으며, 장르 간의 경계를 넘어선 복합적이고 융합적인 성격의 새로운 문화 산업 분야의 발달은 문화 산업의 세분화에 또 다른 촉매제 역할을 하고 있다(원종원, 2004, 2007).

공연콘텐츠, 특히 뮤지컬콘텐츠는 흔히 창작물과 수입물로 구분된다. 창작물이란 우리나라 예술가들에 의해 창작된 공연물들을 통칭하며, 수입물이란 외국에서 제작된 공연을 지칭한다. 수입물은 다시 라이선스 프로덕션과 투어 프로덕션으로 구분한다. 공연권을 확보해 국내 제작진과 출연자에 의해 다시 구현되는 번안 콘텐츠와 아예 외국에서 제작진과 출연진이 꾸려져 방한해 무대를 꾸미는 내한 콘텐츠로 나눌 수 있다.

뮤지컬의 이해

뮤지컬 발달사

뮤지컬은 근대 유럽에서 인기를 누리던 경가극(operetta) 및 발라드 오페라 등의 음악극 형식이 도버 해협을 건너 영국의 연극 문화계에 수용되고 여러 전사적(前史的) 성격의 초기 대중극들과 융화되면서 이른바 뮤지컬 파스(Musical Farce) 혹은 뮤지컬 코미디(Musical Comedy)를 형성한 것에 그 기원을 두고 있다.[1] 즉, 1800년대 말에 큰 인기를 누렸던 오페레타나 발라드

---

1) 최초의 본격적인 뮤지컬 작품으로는 런던에서 상연된 발라드 오페라인 존 게이의 〈거지 오페라(Beggar's Opera)〉(1728)를 들 수 있다. 이 작품은 후에 B. 브레히트와 쿠르트 바일에 의해 1928년 〈서푼짜리 오페라(Three-pennies Opera)〉로 발전되기도 했다. 하지만 시각에 따라 1892년 공연된 G. 에드워즈의 〈거리에서(On the Street)〉나 1927년 미국에서 선보인 〈쇼 보트(Show Boat)〉에 이르러서야 본격적인 의미에서의 현대적인 뮤지컬이 시작되었다고 주장하는 경우도 있다.

오페라가 이미 대중화가 시작된 음악극의 한 지류였다는 것을 감안한다면, 20세기 초 뮤지컬이 태동하기 시작하던 시기에 영국에서 인기를 누리던 대중적인 성격의 음악극이 오늘날 대중문화적 속성을 지닌 뮤지컬 산업의 초기 정체성 형성에 지대한 영향을 미쳤음은 충분히 미루어 짐작할 수 있다.

유럽에서 인기를 누리던 뮤지컬 코미디는 다시 신대륙을 찾아가는 유럽 이주민들의 이동과 함께 미국으로 전파되었고, 여기에 버라이어티 쇼나 벌레스크, 민스트럴 쇼 등이 합쳐져 오늘날 널리 통용되는 본격적인 형태로서의 뮤지컬로 완성되어졌다고 볼 수 있다. 이후 150여 년의 역사를 통해 뮤지컬은 상업적이고 대중적인 공연 산업 분야로 자리매김을 해 왔는데, 특히 틴 팬 앨리(Tin Pan Alley)²⁾를 통한 히트 작곡가의 등장이나 그들이 만들어 낸 〈쇼 튠(Show Tune)〉의 인기는 1950년대까지 뮤지컬을 대중문화의 모든 것이라 부를 만큼 높은 대중적 인기를 구가하게 만들었다. 텔레비전과 록 음악의 등장, 유스 컬처(youth culture)의 형성 등은 1960년대 말에서 1970년대까지 급작스러운 침체기를 경험하게 만들기도 했지만, 이 역시 뮤지컬계로서는 새로운 무대적 실험과 형식적 진보의 시간이

---

2) 1800년대 말 음악 출판 비즈니스를 말한다. 1899년 『뉴욕 헤럴드 트리뷴』의 기자였던 몬로 로젠펠드가 해리 폰 틸저의 음반 사무실 풍경을 보고 "양철 냄비(Tin Pan)에서 나는 짤랑짤랑한 소리가 계곡(Alley)에 울려 퍼진다"는 기사를 쓴 것이 유래되어 만들어진 용어이다.

되었다. 특히 1980년대 이후 일련의 영국산 대규모 블록버스터 작품들로 시작된 글로벌한 흥행작들의 등장은 뮤지컬 산업의 새로운 부흥으로 이어지며 본격적인 산업적 성장을 가져왔다고 볼 수 있다.

현대 사회에서 뮤지컬이 많은 국가와 언어권에서 인기를 끌며 문화 산업의 주요한 분야로 성장하고 있는 것은 사실이지만, 엄격한 의미에서 세계 뮤지컬 시장의 양대 산맥이라면 이는 크게 영국 런던의 웨스트엔드(West End)와 미국 뉴욕의 브로드웨이(Broadway)를 중심으로 한 영미권 중심의 공연 산업계를 일컫는다고 할 수 있다. 이는 이 지역이 단순히 제작 중심지로서의 역할뿐만 아니라 탁월한 '시장'으로서의 기능이 가능한 성숙된 문화적 제반 여건을 고루 갖추고 있기 때문이다.

원래 브로드웨이란 직접적으로 극장가를 일컫는 것이 아닌 남북을 가로지르는 뉴욕의 한 거리를 지칭하는 용어로, 보다 구체적으로는 맨해튼의 북서쪽에서 남쪽 끝을 관통하는 가장 긴 거리를 말한다. 특히 41번가에서 53번가 그리고 7th 애비뉴와 8th 애비뉴 사이의 직사각형 지역은 '극장 구역(Theatre District)'이라 불릴 정도로 대규모 극장이 밀집되어 있으며, 그래서 통상적으로 말하는 브로드웨이 극장가는 바로 이 지역을 일컫는다. 마찬가지로 웨스트엔드란 브로드웨이처럼 일정한 지역을 일컫는 용어로, 런던의 구시가의 도심인 시티지역 서부에서 서쪽 하이드 파크까지의 고급 주택 및 상업 지구를 말한다. 뉴욕의 극장 구역처럼 런던에서는 이곳을 흔히 '극장 세계(Theatreland)'라 부르는데, 물론 이 지역에 대형 극장들이 밀집되어 있다는 의미에서 비롯된 명칭이다.

뮤지컬은 작품이 공연되는 공연장의 크기에 따라 대형 혹은 (중)소형 뮤지컬로 구분된다. 물론 영미권의 상업적으로 발달된 대형 뮤지컬 시장에도 소규모 극장가 또한 존재하며, 이들은 실험적 성격의 공연에서부터 새로운 창작의 산실 혹은 공연계의 관련 인력 양성소 역할까지 다양한 기능을 수행한다. 브로드웨이 극장가의 오프 브로드웨이(off Broadway)와 오프 오프 브로드웨이(off off Broadway)가 대표적인 사례라 할 수 있다. 상업 극장가로 구분되는 브로드웨이와 실험적 성격의 소규모 극이 주를 이루는 오프 혹은 오프 오프 브로드웨이의 구분에 대한 엄격한 기준은 사실 따로 존재하지는 않는다. 다만, 통상적인 기준으로 구분하자면 500석 이상의 극장가는 브로드웨이로 통칭되는 반면, 100석 이상 499석 미만은 오프 브로드웨이로, 100석 미만은 오프 오프 브로드웨이 극장으로 구분한다. 이는 뉴욕시의 공연장 관리 법규가 객석 수를 기준으로 세금을 차별 징수하는 데에서 비롯된 구분이다(이수진, 조용신, 2004). 이와는 별개로 지역에 따라 구분하는 경우도 있는데, 예를 들어 '극장 구역'을 중심으로 브로드웨이와 이외 지역을 오프 브로드웨이로 구분하는 것이 그런 사례다. 모든 오프 혹은 오프 오프 브로드웨이 작품들이 브로드웨이로의 진출을 추구하는 것은 아니며 또 작은 규모에서 그 의의를 찾는 작품들도 많이 있지만, 이 같은 소규모 극장의 작품들은 브로드웨이 뮤지컬 산업의 단계별 시장으로서의 기능을 수행함으로써 창작의 기반을 다지는 역할을 맡고 있는 것이 큰 특징이라 할 수 있다. 웨스트엔드의 경우도 유사한데, 비주류의 소극장 형식 무대를 부르는 용어로는 오프 웨스트엔드 혹은 프린지(Fringe)라는 용어가 쓰인다. 원래 프린지란 '변두리 혹은 주변'이라는 의미로, 1947년 스코틀랜드의 에딘버러 축제가 시작되었을 당시 축제에 정식 초대를 받지 못했던 8개의 극단이 도시 외곽에서 공연을 감행한 것에서 비롯되었다.[3] 오늘날 웨스트엔드에서 프린지는 새로운 작품과 신인 배우들의 산실로 통하고 있으며, 대규모 뮤지컬 작품을 선보이기 위한 실험 무대로서의 역할도 담당하고 있다.

뮤지컬의 장르적 특성

뮤지컬은 그만의 독특한 형태적, 내용적, 장르적 특성을 지니고 있다. 첫째, 뮤지컬은 내용적 구분에서 사실주의 무대라기보다는 낭만주의 연극에 가까운 속성을 지니고 있다. 낭만주

---

3) 제1회 에딘버러 페스티벌이 열렸을 당시 한 신문기자는 "공식 축제 외곽지역에서 오히려 더 활발한 무대가 펼쳐졌다."라고 평가했는데, 이것에서 '프린지'라는 이름이 탄생하게 되었다.

의 연극에서는 이성보다 감성이, 정형보다는 정열이, 사실성보다는 환상성이 우위를 차지하는 경향이 있는데, 뮤지컬이 여타 공연예술 장르에 비해 화려하고 낙천적이며 환상성을 띠게 되는 것도 바로 이러한 낭만주의적 성향에 기인한다고 볼 수 있다(유희성, 1995). 둘째, 뮤지컬은 공연예술이면서도 종합적인 형태를 갖고 있다. 즉, 기존의 공연 형태인 연극의 스토리 라인은 그대로 유지하되 여기에 다시 음악과 춤이 가미됨으로써 종합극으로서의 성격을 지니게 된다. 여타 공연예술 장르에 비해 비교적 많은 스태프와 크루가 참여하는 것도 이 같은 종합극으로서의 뮤지컬의 정체성 때문이라 할 수 있다. 셋째, 뮤지컬은 대중극이라는 속성을 지니고 있는데 이는 앞서 설명한 뮤지컬의 기원과 연관이 있으며, 뮤지컬이 상업적 공연이라는 특성을 지니고 있는 데에도 어느 정도 관련되었다고 할 수 있다. 넷째, 뮤지컬은 그 형식상 특수한 관습(convention)이 필요한 극이라는 속성을 지니고 있다. 즉, 뮤지컬에서는 제작자나 연출가, 배우, 관객 등 그 무대를 재연하거나 바라보는 모든 참가자가 암묵적으로 따라야 하는 일련의 약속들에 존재하며, 이런 일련의 규칙들에 의해 다시 무대가 전개되는 특징이 있다(김기용, 1993; 유희성, 1995).

일반적으로 뮤지컬은 음악과 춤, 연기로 구성된다. 특히 극적 진행에 있어 음악의 역할이 두드러지기 때문에 뮤지컬의 구조상 특징은 음악적 특성과도 밀접한 관계가 있다. 뮤

08 공연콘텐츠와 공공외교

지컬에 등장하는 음악적 형태들로는 서곡(overture), 엔트런트(entrante, 2막의 서곡), 오프닝넘버(opening number), 제시(exposure), 프로덕션 넘버(production number), 반복 연주(reprise) 등이 있다. 대중적인 성격이 강한 탓에 언제나 연주 후에 박수갈채가 쏟아져 극을 잠시 멈추게 하는 노래들도 등장하게 마련인데, 이 같은 음악적 형태를 지니고 있는 노래를 쇼스토퍼(showstopper)라 부른다. 또한 극의 진행이 음악적 구성과 맥을 같이하는 경우가 많아 장면 전환에 음악이 쓰이는 경우가 많은데, 이 같은 음악을 막간음악(background music)이라 부르기도 한다. 노래의 형식에 따른 구분도 있는데, 구체적으로는 발라드 송(ballad song), 코미디 송(comedy song), 참 송(charm song), 아이 엠 송(I am song), 아이 원트 송(I want song), 스페셜 머터리얼(special material) 등이 있다. 반면, 무용의 극적 전개에 따른 구조적 구분도 가능한데, 시작을 알리는 오프닝넘버에서 독무(solo), 듀엣(duet), 앙상블(ensemble), 프로덕션 넘버, 발레 시퀀스(ballet sequence) 등으로 분류한다.

뮤지컬의 형태는 작품의 수만큼 다양하다는 말도 있지만 대표적인 유형을 구분해 보면, 한 권의 책처럼 기승전결의 구조와 클라이맥스를 명확히 구분짓는 북 쇼(book show), 화려한 장면의 볼거리를 중심으로 하는 스펙터클 쇼(spectacle show), 특출한 스타를 중심으로 이야기를 전개하는 스타 비이클(star vehicle), 10여 명 안팎의 인물들이 집단으로 극을 진행하는 앙상블 쇼

(ensemble show), 특별한 이야기 구조 없이 여러 가지 에피소드를 중심으로 진행되는 레뷰(revue) 등이 있다. 보다 진보적인 형태로는 이후에도 언급될 주크박스 뮤지컬(jukebox musical)이나 노래 없이 춤만으로 진행되는 댄스 뮤지컬(dance musical)도 있다. 그러나 뮤지컬의 형태에 대한 구분은 절대적인 것이 아니라 후세에 비평가나 관계자들에 의해 편의상 구분되어 명명되는 경우가 많아 실제로는 보다 다양한 형식적 틀이 존재하거나 끊임없이 새롭게 시도되고 있다고 볼 수 있다.

한국 뮤지컬의 발달사

한국의 뮤지컬 산업은 아시아의 다른 국가들과 견주어 비교적 오랜 역사를 지니고 있다. 이는 이미 서양 뮤지컬이 전래되기 이전부터 창극이나 가극, 악극, 판소리 혹은 탈춤과 같이 일종의 음악극 형태의 공연물이 대중적으로 큰 인기를 누렸던 문화적 배경이나 역사적 맥락과 관련이 있다. 이러한 전사(前史)적 형태의 음악을 매개로 한 순수 전통 공연물의 존재는 한국의 뮤지컬 문화가 비교적 이른 시기에 대중적인 관심을 성공적으로 이끌어 내며 발전하게 된 계기를 마련해 주었다고 판단할 수 있는 문화적 배경이 되기도 한다.

한국 뮤지컬 발달사에 대한 시대 구분은 연구자에 따라 여러 시도가 존재한다. 박경선은 한국 뮤지컬의 시대 구분을 발아기

(1920~1950년대), 형성기(1960~1970년대), 성장기(1980~현재)의 3단계로 구분한 바 있으며, 박병성은 태동기(1966~1977년), 본격적인 브로드웨이 뮤지컬의 등장기(1977~1987년), 서울예술단과 롯데월드예술극장의 등장기(1987~1994년), 뮤지컬의 대형화, 전문화, 다양화가 이루어진 시기(1994~현재)의 4단계로 나눈 바 있다. 그러나 이 같은 구분은 대부분 2000년대 초중반 한국의 뮤지컬 산업이 본격적인 성장을 시작한 시기에 시도된 것들이어서 지금의 한국 뮤지컬 산업에 대한 분석의 틀이나 객관적 시각을 반영하고 있다고는 보기 힘들다. 따라서 이 장에서는 2020년대의 한국 뮤지컬 시장이 본격적인 성숙기에 진입했다는 가정 아래 그 시대적 구분을 태동기, 유년기, 성장기, 청년기의 4단계로 구분해 살펴보았다.

먼저, 태동기는 1966년에서 1977년까지의 기간으로 볼 수 있다. 1966년 최초의 창작 뮤지컬인 예그린악단의 〈살짜기 옵소예〉가 발표된 것을 필두로 대한민국의 뮤지컬 산업은 예그린악단과 그 후신인 국립가무단에 의해 시장이 주도되는 경향을 보인다. 이는 여타 아시아 국가들과 비교해서도 비교적 이른 시기에 대중예술문화로서의 상업적 성격을 지닌 공연 시장의 태동이라는 계기를 마련했다고 볼 수 있다.

유년기에 해당되는 시기는 1978년에서 1987년까지로 볼 수 있다. 〈지저스 크라이스트 슈퍼스타〉의 현대극장이나 〈지붕 위의 바이올린〉으로 유명했던 시립가무단, 민중과 광장, 대중

등 3개 극단이 합쳐 공동으로 무대를 꾸미며 큰 대중적 인기를 구가했던 〈아가씨와 건달들〉 등 본격적으로 브로드웨이 뮤지컬이 번안되어 소개되기 시작한 시기라 할 수 있다. 산업이나 시장의 팽창은 주로 번안극들을 위주로 몸집을 불리거나 외형을 키워 나갔다고도 할 수 있는데, 이는 주로 연극인들과 극단 시스템으로 운영되던 당시의 공연 관련 산업의 구조가 고스란히 뮤지컬 분야로 접목이 이루어지면서 나타나게 된 특징이라 유추해 볼 수 있다.

1988년에서 1999년까지는 한국 뮤지컬의 성장기라고 볼 수 있다. 〈한강은 흐른다〉의 88서울예술단과 〈거울 속으로〉, 〈돈키호테〉 등을 발표하며 상업 뮤지컬을 이끌어 온 롯데월드예술극장 그리고 〈사랑은 비를 타고〉, 〈명성황후〉, 〈쇼 코미디〉, 〈난타〉 등의 창작 뮤지컬과 〈브로드웨이 42번가〉, 〈캣츠〉, 〈페임〉 등 일련의 수입 번안 작품이 대중적 인기를 끌며 시장의 규모를 키워 나갔던 시기다. 국제 저작권 협약인 「베른협약」에 가입되기 이전이어서 아직 본격적인 글로벌 체계와의 접목이 시도되었다고는 볼 수 없으나, 많은 외국 흥행 뮤지컬과 국내 창작 콘텐츠가 본격적으로 시장의 외연을 확장시키며 현대적인 의미에서의 뮤지컬 산업 발전을 위한 초석을 다져 나간 시기라 할 수 있다.

특히 창작 뮤지컬의 본격적인 태동과 성장은 이 시기의 두드러진 성과라 평가할 수 있다. 당시로서는 보기 드문 대극장 무대를 배경으로 제작된 대형 창작 뮤지컬로 〈명성황후〉[4]는 오늘날에 이르기까지도 대중적인 관심과 흥행을 이어 가는 좋은 선례를 남겼다. 또한 창작 뮤지컬의 해외 진출도 본격적으로 시도되는데, 이를 통해 한국 뮤지컬 산업의 글로벌한 외연을 확장하기 위한 노력이 경주하기 시작한 계기를 마련했다고도 볼 수 있다. 이 같은 창작 뮤지컬 제작 및 발전을 위한 노력은 오늘날까지도 이어지고 있는 한국 뮤지컬 산업의 독특한 성격을 형성하고 있다.

한국 뮤지컬 시장에서의 창작 뮤지컬에 대한 도전과 흥행의 전통은 번안 뮤지컬이 전체 시장의 상당 부분을 장악하며 몸집을 불려 온 극동 아시아의 또 다른 대형 뮤지컬 시장인 일본의 뮤지컬 산업과 극명하게 차별되는 한국 뮤지컬 산업만의 독특한 정체성을 낳았다. 이는 아시아 권역에서뿐 아니라 글로벌 뮤지컬 산업의 측면에서도 독자적인 성향과 성격의 창작 뮤지컬 작품을 만들어 내기 위한 노력이 이루어지는 흥미로운 시장 환경의 조성이라는 결과를 낳았다는 데 적지 않은 의미를 지니고 있다.

전술한 바와 같이 우리나라의 뮤지컬 시장은 이미 1960년대부터 형성되어 왔지만(김기용, 1993; 박경선, 1998; 유희성, 1995),

---

4) 1995년 명성황후 시해 사건 100주년을 기해 극단 에이콤에서 만든 이 뮤지컬은 거의 매해 앙코르 공연을 이어 가며 한국 창작 뮤지컬의 대표작으로 인기를 누려 왔다.

사실 본격적인 산업화의 단계로 접어들기 시작한 것은 2001년 서울 역삼동의 LG아트센터에서 공연되었던 뮤지컬 〈오페라의 유령〉이 대규모 흥행을 기록한 이후로 보는 것이 일반적이다. 앞서 언급한 한국 뮤지컬의 청년기에 해당되는 시기다. 당시 우리말로 번안되었던 〈오페라의 유령〉은 7개월이라는 장기 공연 기간 동안 전체 박스 규모의 94%에 가까운 약 24만 명의 관객을 동원함으로써 이전까지와는 달리 뮤지컬도 '규모의 경제'가 가능한 문화 산업 분야임을 실증적으로 입증하였다. 〈오페라의 유령〉의 총제작비는 약 150억 원인데 반해 전체 매출은 192억 원을 기록해 42억 원의 순이익을 남겼으며,[5] 이로써 그 당시 연간 200억 원대의 규모 정도로 평가되며 연극의 한 지류로 취급받던 뮤지컬 시장을 크게 성장시키기 시작한 것으로 평가된다. 〈오페라의 유령〉의 전례 없던 대규모 흥행은 이후 〈캣츠〉,[6] 〈맘마미아〉,[7] 〈미녀와 야수〉,[8] 〈지킬 앤 하이드〉[9] 등으

5) 이윤미, "극과 극, 뮤지컬 투자 누가 웃을까", 헤럴드경제(2005.1.21.).
6) 〈오페라의 유령〉이 흥행에 성공한 이후 대규모 뮤지컬로 국내에 소개된 〈캣츠〉는 두 차례에 걸쳐 제작되었는데, 첫 번째는 (주)제미로가 2002년 기획한 아시아 투어의 한국 공연으로 3주에 걸쳐 총 40회 공연, 유료 관객 72,364명(총관객 80,442명, 회당 1,809명)을 동원했다. 두 번째는 설도윤 프로듀서가 이끄는 설앤컴퍼니가 RUG, CJ엔터테인먼트 등과 함께 100억 원가량의 제작비를 투여하여 2003년에 기획한 빅탑시어터의 순회공연인데, 태풍 '매미'의 영향으로 빅탑시어터가 대파되는 어려움 속에서도 약 9개월간 공연을 이어가 서울, 수원, 대전, 대구, 부산, 광주 등 6개 도시에서 210회의 공연 동안 26만 명을 동원하는 대중적인 흥행을 기록했다. 2010년 이후에는 우리말 버전이 꾸며져 장기흥행을 기록하기도 했으며, 아시아 지역을 대상으로 하는 투어 공연이 꾸며져 큰 성공을 거뒀다. 2020년 코로나19 팬데믹 기간에 꾸며진 한국 투어 공연 버전에서는 마스크를 낀 출연진이 등장해 세계적

로 이어지며 한국 뮤지컬에 있어 본격적인 산업화가 전개되는 계기를 마련했다. 한편, 순수 창작극으로는 앞서 언급된 극단 에이콤의 〈명성황후〉와 PMC 프로덕션의 〈난타〉 등이 지속적인 흥행을 기록하며 한국 뮤지컬 시장 확장의 흐름에 그 역사적 맥을 같이하고 있다.

뮤지컬 산업의 청년기 산업 성장은 몇 차례의 경제 위기와 코로나19 팬데믹 등 예상치 못한 외적 요인으로 크고 작은 영향을 받기도 했으나, 대체로 오늘날까지도 계속 이어지며 성숙기로의 진입을 준비하는 배경이 되고 있다. 코로나19 팬데믹 직전까지 국내 공연 시장의 전체 규모는 약 5000억 원 수준으로 추산되며, 거의 대부분의 매출이 뮤지컬과 콘서트 분야에서 발생하는 것으로 나타났다. 특히 뮤지컬 시장은 전체 공연 시장의 약 55~60% 수준인 것으로 추정되며, 뮤지컬 산업의 매

으로도 큰 화제가 됐다.

7) 〈맘마미아〉 초연은 극단 신시와 에이콤 인터내셔널, 예술의 전당이 공동 기획해 2004년 1월 예술의 전당 오페라 하우스에서 4개월간 무대에 올려져 약 20만 명의 관객을 동원하는 흥행을 기록했다. 제작비는 90여억 원이 투여되었으며, 약 145억의 매출을 기록했다.

8) (주)제미로와 설앤컴퍼니가 기획한 뮤지컬 〈미녀와 야수〉는 약 120억 원의 제작비를 투여, 2004년 8월부터 약 6개월간 장기공연에 도전했으며, 5억여 원의 순이익을 기록했다.

9) 극단 오디뮤지컬컴퍼니가 기획한 뮤지컬 〈지킬 앤 하이드〉는 2004년 7월에 열린 초연에서 특히 주연을 맡은 배우 조승우의 인기와 함께 98%에 이르는 객석점유율(유료점유율 80%)의 흥행을 기록했다. 총제작비로 15억 원이 소요됐으며 39회 공연 동안 총 4만여 명의 관객을 동원, 초연에서 4억여 원의 순수익을 남겼으며, 2000년대 들어 여러 차례의 앙코르 공연을 통해 매출의 극대화를 이루어 냈다. 한국 제작진과 출연진으로 일본 투어 프로덕션이 운영되는 진기록도 남겼다.

출 규모는 청년기 내내 매년 15~18% 내외의 꾸준한 성장세를 나타내고 있어 앞으로 공연 시장에서 차지할 비중은 점점 커질 것이라는 관측을 가능하게 한다. 전체적인 산업의 규모는 아직 다른 장르의 문화 산업에 비해 비교적 규모가 작은 편이지만, 문화 산업 관련 분야 중에서는 가장 가파른 성장세를 보이고 있다는 것이 큰 특징이며, 특히 동질의 업종인 공연 산업 부문에서 뮤지컬 산업이 차지하는 부분이 빠르게 확장하고 있음을 알 수 있다.

그러나 급속히 늘어나는 시장 규모에 비해 아직 뮤지컬 산업에 대한 체계적 연구나 접근, 이해와 정책 수립은 여전히 제한적이고 미흡한 수준에 머무르고 있는 것이 현실이다. 물론 이는 뮤지컬에 대한 문화 산업적 측면에서의 접근과 연구가 본격화되지 못한 탓도 있거니와, 공연 산업에 대한 인식이 아직 산업적인 측면보다 예술적인 측면에서의 접근으로 국한되거나 강조되는 경향이 두드러지고 있기 때문이다. 장르의 특성에 대한 이해 부족, 명확한 인식이나 개념적 정의의 부재로 정책이나 방향성, 목표의식이나 전략적인 측면에서도 양면성을 띠거나 경우에 따라 모순적인 상황이 목격되기도 한다. 뮤지컬에서의 콘텐츠 제작이 예술 창작 영역으로 공공으로부터의 지원 대상인지, 산업 활성화를 위한 육성 대상인지도 명확하지 않은 경우가 비일비재하며, 상업 극장가의 형성, 뮤지컬 전용관 문제, 장기 공연이 가능한 시스템의 구축 등에 대해 논하기에는

08 공연콘텐츠와 공공외교

아직 관계자나 정책 입안자들이 지니는 개념의 공통분모나 공감대의 형성이 성숙되지 못한 실정이다.

글로벌 전략의 등장 그리고 현안과 향후 발전방향

시장의 왜곡 그리고 문제점

앞에서도 살펴보았듯이, 한국의 공연콘텐츠 특히 뮤지컬의 특성은 빠른 시간 가파른 팽창을 보이며 성장했다는 점에서 찾을 수 있다. 코로나19로 인한 팬데믹 직전인 2019년도까지도 공연 산업의 성장세는 줄어들지 않고 여전히 활황세를 보였다. 공연 예매 사이트인 인터파크에 따르면 2019년 뮤지컬은 3,075편이 막을 올렸는데, 이 중 초연되는 창작 뮤지컬은 전체의 16.6%인 509편으로 나타나 149편으로 4.8%를 기록한 라이선스 뮤지컬에 비해 약 3.4배 많은 작품이 제작된 것으로 조사되었다. 제작 편수만 보자면 세계 3대 시장으로 구분될 수 있을 정도로 K-뮤지컬 산업은 가파른 성장세를 보이고 있었던 셈이다. 브로드웨이가 하나의 문화 시장으로서의 기능을 확보하는 데 거의 150여 년의 역사가 소요되었다는 것을 감안하면,[10] 가

---

10) 앤드루 램 (2004). *150 Years of Popular Musical Theater*. 정영묵 역(2004). 150년 뮤지컬의 역사. 풀빛.

파른 한국 뮤지컬 산업의 외형적 팽창은 가히 놀랄 만한 성과라 할 수 있다. 그러나 마치 1900년대 중후반 한국 경제의 급속한 성장이 여러 사회문화적 모순과 경제적인 문제점을 동시에 잉태했던 것처럼 우리나라 뮤지컬 산업 역시 빠른 외형적 시장의 확대에 따른 여러 성장통을 겪고 있기도 하다. 최근까지도 이러한 문제점은 여전히 풀리지 않은 문제점으로 남아 우리 공연 산업의 고민을 깊게 만들고 있다.

가장 두드러진 문제로 왜곡된 시장의 심화 현상을 꼽을 수 있다. 우리나라 공연가에서 막을 올린 작품의 절대 다수는 창작 콘텐츠이지만 정작 돈을 벌고 수익을 창출하고 있는 작품은 대부분 수입 콘텐츠라는 문제점이다. 뮤지컬콘텐츠는 크게 수입 뮤지컬과 창작 뮤지컬로 구분된다. 그리고 다시 수입 뮤지컬은 국내 제작사가 한국에서의 공연권을 확보해 우리말 번안 무대를 올리는 라이선스 뮤지컬과 아예 배우와 스태프가 통째로 방한해 한시적으로 무대를 꾸미는 투어 뮤지컬로 구분된다.[11] 2019년 양적인 면에서 창작 뮤지컬은 전체 공급의 7할에 육박하는 등 시장의 주요한 지배자로 보이지만, 자세히 사정을 들여다보면 상황은 사실 반드시 유리하지 않은 것이 현실이다. 수익을 창출할 수 있는 1,000석 내외의 대형 극장에서는 대부

---

11) 국내에서는 투어 프로덕션을 두고 오리지널 뮤지컬이라는 표현을 쓰기도 하지만, 엄격한 의미에서는 홍보 마케팅을 위한 허울 좋은 수사에 불과하다. 공연에서 오리지널이라는 용어는 초연을 꾸민 배우들이 등장하는 무대를 지칭하기 때문이다.

08 공연콘텐츠와 공공외교

분 수입 뮤지컬이 상연되고 있으며, 창작 뮤지컬은 영세한 규모의 소극장 공연이 주를 이루고 있기 때문이다. 공연 산업의 매출 구조는 매일 밤 얼마나 많은 사람이 공연을 볼 수 있으며, 이를 얼마나 오래 지속할 수 있는가에 따라 달라진다. 국내 공연 시장의 문제는 소위 '규모의 경제'가 실현 가능한 공간에서는 라이선스나 투어 콘텐츠가 막을 올리고, 대중성보다 예술성을 지향하기에 알맞은 작은 규모의 소극장에서는 창작 뮤지컬이 고전을 거듭하고 있는 형국에서 기인되고 있다고 진단할 수 있다.

한국 뮤지컬 콘텐츠의 왜곡 현상의 이면에는, 첫째, 구조적인 문제가 있다. 창작 시장이 소규모 예술성을 반영하고, 수입 시장이 대규모 수익성을 달성하는 데 적합한 것으로 인식되는 시장 환경은 여러 문제점을 지니고 있다. 작은 시장에서 검증된 콘텐츠와 인력이 큰 시장에서 수익을 창출하는 선순환으로 이어지는 것이 아니라 일종의 시장의 단절을 가져옴으로써 유기적인 결합이나 상호보완적 관계의 형성이 어렵다는 구조적인 결함으로 자연스레 이어진다. 이는 소규모 오프 혹은 오프 오프 극장가와 브로드웨이 극장가의 관계에서 건강한 생태계를 형성하고 있는 영미권 시장의 구조적 특성과 비교해 봤을 때 더욱 큰 아쉬움을 자아내는 우리나라 공연계의 고질적인 문제점이라 할 수 있다(원종원, 2010).

게다가 라이선스 뮤지컬의 수익구조가 그리 건강하지 못하다는 데에도 고민이 있다. 우리나라 공연계의 상황은 외국 원작자와 인기 배우만 돈을 벌 수 있는 구조적 모순이 성장의 발목을 잡고 있기 때문이다. 제작자 입장에서는 짧은 공연 기간에 일정한 수준과 규모 이상의 매출을 올리려면 결국 해외의 대형 시장에서 이미 검증을 받은 유명 브랜드의 작품과 유명인이나 인기 연예인을 무대에서 직접 만날 수 있다는 스타 마케팅의 활용을 가장 우선적으로 고려할 수밖에 없다. 그러나 안타깝게도 상황은 기대를 엇나가고 있다. 가장 큰 이유는 수요가 공급을 따라가지 못한다는 점이다. 결국 인기 배우의 개런티와 외국 원작자의 라이선스 비용만 상승시킬 뿐이다. 천정부지로 치솟은 인기 배우들의 몸값과 매출 규모와 관련 없이 그저 높아지고 있는 라이선스 비용의 증가는 악순환을 반복시키는 악재들로 다시 시장에 악영향을 미치게 된다. 투명하지 못한 회계 관리나 수익성 관련 정보들은 허술한 제작환경으로 이어지는 악순환을 불러오기도 한다. 비정상적인 제작비 운영은 수익구조의 악화를 불러와 '자전거 페달을 밟지 않으면 쓰러질 수밖에 없는' 제작사들의 튼실하지 못한 재정 문제로 이어질 수밖에 없으며, 시장의 제한적 성장에도 공급이 이를 상회하는 구조적 모순을 불러일으킬 수 있다.

둘째, 시장 규모를 상회하는 개런티와 라이선스 뮤지컬 위주의 시장 구조가 있다. 뮤지컬계의 스타 마케팅이 일반화되면서 영악한 일부 매니지먼트 기획사들은 횡포마저 부리고 있다. 시장에서의 절대 권력을 악용하는 것에 다를 바 없다. 인지도만 높고 연습도 제대로 안 된 아이돌 스타들이 미완의 모습으로 무대에 등장해 작품이 아닌 개인의 인기만 활용하는 이설픈 무대를 보여 주는 경우가 늘어나는 문제점이 목격되고 있다. 현장예술이자 종합예술인 뮤지컬에서는 배우들과 스태프 간의 철저한 약속과 숙련된 조화, 꼼꼼한 리허설을 통한 협업이 무엇보다 중요하지만 아슬아슬한 수준의 완성도만 겨우 이루어 내는 무대마저 나타나고 있어 우려를 더하고 있다. 문제는 이런 완성도와 수준으로는 미래의 잠재 관객마저 공연장을 외면하게 만드는 걸림돌이 될 수 있다는 점이다. 또한 전체적인 개런티의 상승은 뮤지컬 제작비용의 비현실성이라는 문제를 야기하고 있으며, 설사 작품이 흥행이 되더라도 제작사나 기획사가 큰 이익을 챙기지 못하는 구조적이고 기형적인 모순으로까지 이어지고 있다. 공연콘텐츠는 프로듀서 중심의 예술 장르임에도 현재 우리나라 시장에서 이익을 얻는 것은 제작사나 기획사가 아닌 배우와 외국 원작자라는 점은 아쉬움이 적지 않은 대목이다.

셋째, 급변하는 시장 환경의 변화도 어려움을 낳고 있다. 대표적인 것이 이른바 전용 극장의 증가가 가져오는 어려움이다. 뮤지컬 전용관에 대한 체계적인 분석이나 시장수요에 대한 연구 없이 단순히 대규모 객석을 지닌 대극장만을 늘린 문제가 오히려 어려움을 가중시키고 있다. 1,500석을 상회하는 대형 극장은 단기 상연에 대규모 매출을 올리려는 유명 라이선스 콘텐츠에 유리한 조건일 뿐 대한민국 공연콘텐츠가 건강한 생태계를 지닐 수 있는 환경과는 다소 거리가 있다. 공연장의 물리적 환경이라는 측면에서도 바람직하지 못한 면이 있다. 시장환경의 변화는 인식의 전환, 발상의 전환을 필요로 한다는 면도 지적할 만하다. 보다 많은 관객이 공연장을 찾을 수 있게 유도해야 하지만, 고가의 입장권만으로 단기적인 수익구조 창출과 실현을 추구하는 구시대적 접근은 늘어난 전용 공연장 시대의 흥행 창출 공식으로는 적합하지 않다. 전체 매출의 증가가 개별 제작사의 수익 증대로 이어지지 못하는 근본적인 이유이기도 하다.

증가하는 해외 진출 사례

다양한 구조적인 결함과 모순이 대한민국 공연콘텐츠 시장의 성장에 제동을 걸고 있음에도 불구하고, 우리나라의 공연콘텐츠는 다양한 실험과 도전의 과정을 보이며 해외 진출에 도전하는 모습 또한 보이고 있다. 특히 최근 들어 주로 일본과 중국어권을 대상으로 하는 해외 진출 사례가 다양하게 시도되는 양상을 보이고 있는데, 단기간 상연을 목적으로 배우와 스태프가 직접 외국으로 나가 공연의 막을 올리는 K-뮤지컬콘텐츠의 투어 프로덕션 형태는 물론 판권을 수출해 현지 인력에 의해 현지 프로덕션으로 꾸며지는 사례나 합작을 통해 공동 제작을 시도하는 경우 등 다양한 시도가 등장하며 적극적인 해외 진출을 구현해 내고 있다. 이 같은 시도는 2020년대에도 지속적이고 적극적으로 추진될 것이 예상된다. 실례로 오디뮤지컬컴퍼니의 흥행 뮤지컬인 〈지킬 앤 하이드〉의 경우를 고려해 볼 수 있다. 중국 최대 전자상거래기업인 알리바바 그룹이 운영하는 다마이 마이라이브 그리고 상하이 어메이즈랜드 프로덕션과 함께 〈변신괴의(變身怪醫)〉라는 제목으로 막을 올릴 예정이다. 국경을 넘나드는 다양한 실험과 시도를 통해 다양한 형태로의 협력과 교류, 중계무역적 성격의 콘텐츠 제작과 실험들이 증가할 것으로 예상된다.

코로나19 팬데믹 이전인 2019년 K-뮤지컬의 해외 진출에 나타난 특징은 전반기와 후반기에 각각 정치적 이슈와 국제적 정세에 따라 민감한 영향을 받았다는 점에서 그 특징을 발견할 수 있다. 전반기에는 비교적 다양한 실험이 시도되었던 K-뮤지컬의 일본으로의 진출이 아베 정권의 수출규제 이후 '노 재팬, 노 아베'의 범사회적 트렌드가 등장하면서 경색되는 경향을 보였던 반면, 최근 수년간 사드 배치 문제로 경색되었던 중국으로의 진출은 반대로 한한령이 점차 완화되면서 다양한 실험이 모색되는 양상으로 이어졌다. 이는 역설적으로 단기적인 성과보다는 장기적인 안목에서 현지 관객들을 대상으로 하는 다양한 시도와 콘텐츠 수급이 더욱 절실한 양상을 보였다고도 분석할 수 있다.

기존 방식들과는 차별화된 해외 진출도 돋보인다. 예를 들어, 글로벌시장을 대상으로 하는 투자나 제작참여도 두드러졌는데, 특히 CJ ENM은 2019년 여름 브로드웨이에서 막을 올린 〈물랑루즈〉를 통해 프로듀서로서의 지위를 확보하며 브로드웨이 공연의 수익을 공유하는 자격을 얻기도 했다. 뮤지컬의 해외 진출이 단순히 한국 작품의 해외 현지에서의 공연만을 의미하는 것이 아니라 자본의 투자에 따른 수익 배분의 형태로도 진화될 수 있음을 증명한 흥미로운 사례다. CJ ENM은 이미 〈킹키부츠〉, 〈보디가드〉, 〈빅 피쉬〉 등을 통해 자본의 투자 형태로 시도되는 해외 진출을 시도한 바 있으며, 2021년에는 영화가 원작으로 무비컬로 제작될 예정인 〈백 투 더 퓨처〉에 역시 공동 프로듀서로 참여했다. 다양한 형태에 대한 실험과 도전은 대한민국 공연콘텐츠의 외연을 확장시켜 주는 흥미로운 사례가 될 것으로 예측된다.

K-콘텐츠 육성 전략

창작 콘텐츠 혹은 창작 뮤지컬이라는 용어에 대한 논란도 있다. 대표적인 논쟁 중에는 어떤 공연콘텐츠라도 '창작'되지 않는 무대는 없다는 지적이 있다. 세계적인 공연가인 미국의 브로드웨이나 영국의 웨스트엔드 등이 분명 상업적으로 발달된 시장임에는 이론의 여지가 없지만, 그들이라고 해서 콘텐츠를 발굴하고 육성하는 노력과 고통은 우리의 그것과 특별히 다를 바가 없다는 주장이다. 그래서 창작과 수입이라는 이분법적인 구분은 사실 토종 콘텐츠를 만들려는 한쪽 예술가들의 수익과 입장만을 반영한 마케팅적 수사에 불과하다는 비판도 있다.

그러나 이런 시각을 십분 감안하더라도 보다 완성도 있는 창작 콘텐츠의 등장에 목말라하는 것은 경우에 따라서는 오히려 너무도 당연한 귀결이다. 마치 서태지와 아이들 이후 우리 가요가 급성장하고 〈쉬리〉나 〈JSA〉가 킬러 콘텐츠로 한국 영화의 대중화와 산업화를 빠르게 정착시켰듯이, 좋은 완성도와 볼거리로 치장한 우리 공연콘텐츠의 등장은 해외 유명 뮤지컬이 남긴 여러 구조적 문제나 골칫거리를 해결하고, 보다 경쟁력을 갖춘 토종 콘텐츠의 발굴과 육성에도 큰 역할을 할 수 있을 것으로 기대할 수 있기 때문이다. 그래서 결국 논의는 다시 창작 뮤지컬로 돌아올 수밖에 없다. 앞서 언급했듯이 비록 '창작'의 굴레가 느슨하고 불완전한 형태가 된다고 하더라도, 지금의 시장 구조만으로는 지속적인 성장이나 시장의 성숙으로까지 이어질 것이라 낙관하기 힘든 탓이다. 창작 뮤지컬을 대신해서 K-pop이나 한국 영화처럼 공연콘텐츠에서도 K-콘텐츠라는 용어를 사용하자는 움직임도 있다.

특히 K-뮤지컬은 지금보다 앞날이 더욱 기대되는 시장이다. 현재가치보다 미래가치가 좋다는 의미다. 대학로 등 소극장 공연가에서 보이고 있는 일련의 시장 전개 상황을 보면 K-뮤지컬의 선전은 비교적 두드러진다. 대표적인 사례로는 첫사랑 찾기 프로젝트를 담은 〈김종욱 찾기〉, 마지막 반전의 눈물샘을 자극하는 〈당신이 잠든 사이〉, 다문화 사회의 뒷골목 보통 소시민들의 삶을 따뜻하게 담은 〈빨래〉, 안동이씨 집안의 장례를 둘러싸고 벌어지는 막장 형제의 코믹 스토리를 다룬 〈형제는 용감했다〉 등이다. 특히 〈김종욱 찾기〉와 〈형제는 용감했다〉는 영화로도 다시 제작돼 무대와 스크린 간의 원 소스 멀티 유스(OSMU)라는 흥미로운 부가가치 극대화 사례를 선보이기도 했다.

왜 창작 콘텐츠만을 육성하고 지원해야 하는가에 대한 지적도 있다. 원인은 시장의 불균형과 불완전성 때문이다. 그리 길지 않은 공연기간과 한정된 매출의 국내 공연 환경에서 이미 글로벌 공연 유통시장을 배경으로 수년에서 수십 년 동안 검증된 대형 수입 콘텐츠와 기껏해야 수개월에서 1년여 정도의 개발과정을 거친 창작 콘텐츠가 경쟁을 벌이는 것은 사실 지극히 불공정한 환경이다. 보다 성숙된 환경의 대규모 글로벌 공연시장에서는 투자와 수익창출 및 이익 배분이 자연스럽게 콘텐츠의 완성도 제고나 숙성을 가져오지만, 아직 국내에서는 이러한 제반 환경을 조성하기에 여러 어려움이 있다. 따라서 다양한 제도적 장치의 구상과 운영을 통해 공연 분야의 K-콘텐츠가 보다 글로벌 경쟁력을 갖추게 만들기 위한 직간접적인 정책을 수립하는 것은 너무도 당연한 절차이며 수순이라고도 볼 수 있다. K-뮤지컬의 발전이 수입 뮤지컬 시장의 단순한 팽창보다 부가가치의 극대화나 고용창출 효과 확산에도 도움이 될 수 있다는 점 역시 지원이나 육성제도의 필요성을 확인시켜 주는 주요한 부분이다.

창작 뮤지컬 콘텐츠의 인큐베이팅을 위한 대표적인 제도로는 창작 뮤지컬 육성 지원사업인 창작산실, 대구 국제 뮤지컬 페스티벌의 창작 뮤지컬 지원 프로그램 그리고 민간 차원에서 이루어지고 있는 CJ문화재단의 크리에이티브 마인즈나 우란문화재단의 지원 프로그램 등이 있다. 최근 국내 뮤지컬 시장에서 좋은 성과를 이룬 창작 뮤지컬의 상당수가 이 같은 콘텐츠 인큐베이팅 과정을 통해 발굴되고 지원된 대상이라는 점도 무척 고무적인 현상이라 볼 수 있다.

창작산실

창작산실은 K-콘텐츠의 초기 개발에서부터 최종 과정인 유통 단계까지 단계별 시장에 대한 지원을 도모하는 콘텐츠 인큐베이팅 사업이라는 점에서 가장 대표적인 공공주도형 창작 지원 프로그램이라 부를 만하다. 과거 창작 팩토리 사업으로도 불렸던 이 사업에서는 뮤지컬 분야의 경우 대본 공모, 시범공연, 우수공연, 우수재공연의 4단계에 따른 지원을 통해 보다 경쟁력 있는 뮤지컬콘텐츠의 육성을 유도하고 있다.

창작산실은 예술가에 대한 직접적인 지원보다는 작품에 대한 지원이라는 면에서 도드라진 특징이 있다. 즉, 창작 프로덕션에서 제작과정에 다양한 직간접적 지원을 통해 예술가들에게 과도하게 집중되는 재정적 부담을 덜어 주고, 양질의 콘텐츠를 선별해 경쟁력을 지닐 수 있도록 유도하고 독려하는 프로그램이라는 면에서 그 특징을 찾을 수 있다.

단계별 지원에 대한 가장 흔한 논란으로는 같은 콘텐츠에 대한 중복 지원에 관한 부분이 있다. 그러나 이는 공연 산업의 속성에 대한 그릇된 인식과 오해에 기인되는 바가 적지 않다. 하나의 콘텐츠를 완성하기 위해 공연은 영상물과 달리 여러 단계별 과정을 통한 숙성이 필요하다. 해외 공연계의 흥행 콘텐츠의 경우 다양한 과정에서의 담금질을 통해 완성도를 갖춘 결과물을 찾아내고, 이를 장기간 시장에서 다양한 방식으로 유통시킴으로써 부가가치의 극대화를 모색하는 경우가 흔하다. 다만, 우리나라 공연 산업과의 차이가 있다면 이러한 과정이 민간 차원에서의 이익집단에 의한 자발적인 경제 체계와 시스템을 통해 선순환의 구조가 정착되어 있다는 점이다. 상대적으로 글로벌 공연 산업의 후발 주자인 우리나라의 경우는 왜곡된 수입 뮤지컬 위주의 시장 환경을 개선하고 창작 콘텐츠를 진흥하며 육성하는 측면에서 공공적 성격의 콘텐츠 인큐베이팅 사업 운영의 필요성이 크다고 볼 수 있다.

대구 국제 뮤지컬 페스티벌의 창작 지원 프로그램

글로벌시장에서도 뮤지컬만으로 축제를 진행하는 사례는 드물다. 2006년 시작된 대구 국제 뮤지컬 페스티벌(Daegu International Musical Festival: DIMF)은 우리나라의 뮤지컬 산업의 빠른 성장을 반영하는 정체성을 지닌 국제 규모의 페스티벌이다. DIMF는 초청작 프로그램, 대학생 뮤지컬 경연대회, 창작 뮤지컬 지원 프로그램 그리고 다양한 부대행사 등 경쟁부문 프로그램과 비경쟁부문 프로그램의 이원적 구성으로 행사가 꾸며진다.

이 중 경쟁부문의 주요한 프로그램인 창작 뮤지컬 지원 프로그램은 K-콘텐츠의 발굴과 육성을 지원하는 것으로 초연 무대를 꾸미는 작품들에 대한 직간접적인 지원을 중심으로 진행된다. 즉, 대본과 악보를 통해 우수 프로덕션을 선발하고 페스티벌 기간에 초연 무대를 꾸밀 수 있도록 지원하며, 다양한 국내외 교류를 통해 해당 콘텐츠의 성공적인 해외 진출을 모색하는 내용으로 이루어져 있다. 이 프로그램 참여에 대한 전제조건은 유료로 티켓 판매가 이루어진 적이 없는 초연작이어야 한다는 것으로, 정식 개막을 앞두고 실험적으로 꾸며지는 간이 무대를 통해 작품의 가능성이나 완성도를 가늠하는 일종의 창작 뮤지컬을 위한 트라이 아웃(try out) 성격의 프로그램이라고 볼 수 있다.

해마다 전국에서 50여 편의 지원작이 참여하고 있으며, 이

중 4~5편이 선발되어 축제기간에 초연 무대를 꾸민다. 공연의 규모에 따라 지원금은 차별적으로 지원되지만, 우수 프로그램 선정과정에 프로덕션의 크기는 고려 대상이 되지 않는다. 지금까지 DIMF의 창작 지원 프로그램을 통해 발굴된 창작 뮤지컬들로는 남자들의 군 생활 이야기를 다룬 〈스페셜 레터〉, 영화 〈달콤 살벌한 연인〉을 무대화한 〈마이 스케어리 걸〉, 동명 타이틀의 영화를 뮤지컬로 각색한 〈번지 점프를 하다〉, 종군 위안부의 사연을 그린 〈꽃신〉, TV 드라마로 인기를 누렸던 만화를 무대화한 〈풀 하우스〉, 카라마조프의 형제들을 모티브로 한 〈블루레인〉 등이 있다.[12]

크리에이티브 마인즈

민간 차원에서 이루어지는 대표적인 인큐베이팅 프로그램으로는 CJ문화재단이 운영하는 크리에이티브 마인즈(Creative Minds)가 있다. 공연 제작자들의 작품 개발을 지원하기 위해 2010년에 시작된 이 프로그램은 신인 뮤지컬 창작자들을 대상으로 간소한 독회(Reading) 무대를 꾸밀 수 있는 장소와 재정적 지원을 운영하는 내용으로 이루어져 있다.

크리에이티브 마인즈 프로그램은 신예 작가나 작곡가 등 공연계의 K-콘텐츠 창작자들이 머릿속에만 그려 두었던 참신

---

12) http://www.dimf.or.kr/main.do 참조

08 공연콘텐츠와 공공외교

한 아이템을 작품으로 완성할 수 있도록 초기 개발과정을 지원하고, 제작과정을 관계자나 대중으로부터 검증받을 수 있도록 유도하고자 하는 목적을 반영한다. 독회는 세트나 소품 등 작품의 구성적이거나 구조적인 부분을 배제한 채 대본과 음악을 '읽고 노래하는 무대'만을 꾸며보는 가장 초기 단계의 제작과정으로, 크리에이티브 마인즈의 독회 프로그램은 사전 신청을 하는 마니아 관객이나 공연 관계자 등을 대상으로 CJ문화재단이 운영하는 공연 공간인 서울 대학로의 CJ아지트(Azit)에서 무료 공연으로 진행되는 형식을 취하고 있다.

완성된 공연이 아닌 실험적 성격의 간이 무대에서의 작품에 대한 초기 개발 단계에서의 검증이라는 특성을 감안해 관객과 공연관계자들의 피드백을 받거나 공연 후 제작진과의 대화 등을 통해 개선점을 파악하는 등 일련의 과정이나 프로그램을 추가로 운영하는 특성을 지니고 있기도 하다. 신라시대의 남자 기생 이야기를 다룬 〈풍월주〉, 한국전쟁을 배경으로 하는 〈여신님이 보고 계셔〉, 젊은 연인들의 이야기를 그린 〈아보카토〉 등이 크리에이티브 마인즈를 거쳐 간 창작 뮤지컬 콘텐츠들로 손꼽을 수 있다.

크리에이티브 마인즈의 선정작들에게는 작품 창작개발비, 대본이나 음악 등 각 부문별 전문가 그룹의 모니터링 서비스, 연습실 제공, 배우 캐스팅, 음원 및 영상 제작 지원, 리딩 무대 지원 등의 프로그램이 제공된다.

공공외교로서의 공연콘텐츠 그리고 한류의 확장

주요 진출국의 변화

한국 공연콘텐츠, 특히 뮤지컬 산업의 오랜 숙원은 해외 진출을 통한 시장의 확대다. 우리나라의 뮤지컬 산업은 빠른 성장과 시장의 팽창을 가져오고 있으나 질적인 면에서 산업적 성숙까지 이어지지 못하는 문제를 보이고 있다. 따라서 제한적인 내수 시장의 성장 한계에 대한 해결방안으로 적극적인 해외시장 진출 모색을 통한 매출 확대 및 부가가치의 극대화에 기대를 하는 것은 뮤지컬 제작자들의 오랜 희망사항이다. 공공외교적 측면에서 공연콘텐츠가 단순히 소재로서뿐만 아니라 산업적 가치를 지닐 수 있는 주요한 배경이기도 하다.

초창기 우리나라 창작 뮤지컬의 해외 진출은 주로 영미권 시장을 대상으로 하는 모색이 주를 이루었다. 태동기와 유년기에는 아직 국제 저작권 협약인 「베른협약」에 가입되어 있지 않았던 국내시장 상황으로, 창작 콘텐츠의 개발이나 한국 창작 뮤지컬의 해외 진출은 본격적으로 시도되지 못했다고 보는 것이 일반적이다. 따라서 공연콘텐츠 분야에서의 해외 진출에 대한 관심이 본격적으로 대두되기 시작한 것은 뮤지컬 산업의 청년기가 시작된 2000년을 전후로 보는 것이 합리적이다. 아이러니하게도 우리나라 공연 시장에서 수입 뮤지컬의 본격적인 산업으로서의 성장이 시작된 시기와 맞물려 있는데, 이는 라이선스 뮤지컬을 통해 확장된 산업적 기능이 오히려 규모의 경제를 반영하는 시장 환경의 조성을 불러옴으로써 역으로 해외 진출을 통한 콘텐츠의 부가가치 재생산 혹은 극대화에 대한 필요성을 직간접적으로 체험한 것에서 비롯됐다고 판단할 수 있다.

초창기 K-콘텐츠의 해외진출은 브로드웨이나 웨스트엔드, 그리고 아비뇽과 에딘버러로 상징되는 공연 페스티벌을 대상으로 왕성한 도전과 실험이 적극적으로 모색되었다. 이러한 시기를 반영하는 대표적인 사례는 뮤지컬 〈명성황후〉와 넌버벌 퍼포먼스 뮤지컬 〈난타〉이다. 1995년 극단 에이콤이 제작한 〈명성황후〉는 국내에서의 흥행을 바탕으로 1997년 뉴욕 링컨센터 내 주립극장에서 막을 올리는 개가를 이루어 냈다. 이후, 2002년 영국 런던 외곽의 해머스미스 극장에서 영어로 극을 전개하는 실험을 선보이기도 했다. 불모지에 가까웠던 당시 시대적 상황에서 한국 창작 뮤지컬이 영미권의 대도시에서 막을 올렸다는 것은 큰 의의를 지닌 일대 사건이었지만, 〈명성황후〉의 사례가 창작 뮤지컬의 해외 진출에 있어서 모범사례로까지 인정하기는 쉽지 않다. 이는 단기적인 방문공연으로 장기적인 안목에서의 현지화가 아닌 일회성의 이벤트 같은 투어 프로덕션에 불과했다는 점, 브로드웨이나 웨스트엔드의 상업적인 기획에 의한 것이 아닌 국제교류기금 등 공공성이

담긴 국내 지원금을 활용한 공연이었다는 점, 수익보다 손실이 컸다는 문제점 그리고 현지에서의 평가가 그리 긍정적이지 못했다는 점 등이 지적되기도 했다.[13]

영미권으로의 진출이 원활하지 못했던 2000년대 초창기와 달리, 2010년을 전후로 국내 뮤지컬 산업에서는 아시아 시장 및 한류가 검증된 세계시장으로 시선을 돌리는 변화가 점차 두드러지기 시작했다. 특히 2010년대 초중반기에는 일본과 중국으로 시장의 외연을 확장하려는 움직임이 본격적으로 시작되었는데, 예를 들어 일본 시장의 경우 2012년부터 3년간 40편의 한국 뮤지컬을 공연함으로써 한국 뮤지컬 콘텐츠의 주요한 해외 진출 시장으로 급부상하는 변화를 보이기 시작한 것은 주목할 만한 사건이다. 2013년 일본 도쿄의 한국 뮤지컬 전용관인 아뮤즈뮤지컬시어터의 개관으로 기획공연이 증가한 것도 적지 않은 영향을 미친 것으로 보인다.

또 다른 창작 뮤지컬의 주요한 해외 진출 창구로는 중국어권 공연 시장을 꼽을 수 있다. 일본의 경우와 마찬가지로, 2010년대 초중반에서 사드로 인한 한한령이 위력을 발휘하기 시작한 2016년까지 한국 창작 뮤지컬 작품은 약 50여 편이 중국 현지

---

13) 김명환, "예술도 적당주의인가", 조선일보(2002.2.9.); 원종원, "아쉬운 명성황후 런던공연… 첫날 절반 채워", 조선일보(2002.2.3.); 전원경, "'명성황후' 런던행차 '명성' 구겼네", 주간동아(2004.10.29.); 정재왈, "정재왈의 난장자키-뮤지컬 '명성황후' 영 언론의 쓴소리", 중앙일보(2002.2.19.)

08 공연콘텐츠와 공공외교

에서 막을 올리며 가장 중요한 한국 창작 뮤지컬 콘텐츠의 해외 진출 시장으로 급부상한 바 있다.

한국 공연콘텐츠의 해외 진출 유형은 크게 창작 뮤지컬의 투어 공연, 해외 라이선스 뮤지컬의 투어 공연 그리고 창작 뮤지컬의 공연권 수출이나 현지 인력과 자본이 결합된 공동제작의 세 가지 유형으로 구분된다. 첫째, 창작 뮤지컬의 투어 공연은 제작진과 배우, 스태프 등이 일정 기간 해외 무대에 직접 찾아가 공연을 꾸미며 주로 자막을 활용해 내용을 전달하는 특성을 보여 주는 형태로, 대표적인 사례로는 일본을 대상으로 진행된 〈빨래〉, 〈런투유〉, 〈광화문연가〉, 〈쌍화별곡〉 등이 있다. 둘째, 해외 라이선스 뮤지컬의 투어 공연은 우리말로 번안되고 재해석된 버전을 다시 또 다른 해외로 수출하는 일종의 중계무역 형태로, 특히 스타 마케팅과 결합하거나 한류의 새로운 시도와 결합된 사례가 많다. 2000년대 초반에 자주 시도되었던 〈잭 더 리퍼〉, 〈삼총사〉, 〈쓰릴 미〉, 〈지킬 앤 하이드〉 등의 일본 투어 프로덕션이나 〈노트르담 드 파리〉, 〈엘리자벳〉의 중국 투어 프로덕션 등이 대표적인 사례다. 셋째, 창작 뮤지컬의 공연권 수출 및 현지와의 공동제작은 해외 뮤지컬이 라이선스 형태로 국내에 유입되어 공연권 혹은 라이선스가 확보된 공연의 막을 올려 부가가치를 창출하는 것처럼 창작 뮤지컬의 공연권 수출 혹은 합작이나 공동제작을 통해 수익을 나누어 갖는 부류로 〈김종욱 찾기〉의 중국어 공연이었던 〈첫사랑 찾기〉나

CJ ENM이 중국 문화부와 공동 설립한 아주연창이 제작한 〈공주의 만찬〉 등이 대표적인 사례다.

공연한류 주요 진출경로

한국 뮤지컬콘텐츠의 중국 투어 공연은 2001년 〈지하철 1호선〉을 시작으로 2013년에는 〈쌍화별곡〉 등 연간 4개 작품으로 늘어나는 변화를 보였으며, 특히 중국에서 라이선스로 공연하는 경우는 해마다 크게 늘어나 2013년 〈김종욱 찾기〉를 시작으로 〈총각네 야채가게〉, 〈마이 버킷 리스트〉, 〈난쟁이들〉 〈빈센트 반 고흐〉, 〈랭보〉, 〈심야식당〉 등 11개 작품이 진출하는 양상을 보이기도 했다. 2017년 사드로 인한 한한령이 K-콘텐츠의 중국 진출 0개라는 극적인 변화를 낳기도 했지만, 한국 뮤지컬의 중국 진출은 다시 조금씩 변화를 보이며 2019년 창작 뮤지컬 〈리틀 뮤지션〉이 공연되는 변화의 신호탄을 올렸다. 〈총각네 야채가게〉와 〈마이 버킷 리스트〉를 일본과 중국에 진출시킨 ㈜라이브는 뮤지컬 〈랭보〉를 한중 합작으로 중국에서 투어 공연할 예정이며, 〈오! 당신이 잠든 사이〉를 제작한 연우무대의 유인수 대표는 중국과 합작 회사인 연우무대 & AC오렌지를 세우고 동명 영화를 바탕으로 한 뮤지컬 〈첨밀밀〉의 쇼케이스를 가질 예정이다. 〈엽기적인 그녀〉로 중화권에서 큰 인기를 누린 곽재용 감독의 영화 〈클래식〉도 뮤지컬화할 계획이

08 공연콘텐츠와 공공외교

며, 뮤지컬 〈여신님이 보고 계셔〉도 중국 공연이 이루어질 예정이다.[14]

아직 한한령이 완전히 해결되지 않은 가운데에서도 유독 공연 분야의 중국 진출이 활발한 이유는 현지 정부의 뮤지컬 활성화 정책과 한국 뮤지컬 관계자의 다양한 노력 그리고 2016년부터 중국, 홍콩 등 중국어권에서 우리 뮤지컬의 해외 진출 플랫폼 역을 해 온 예술경영지원센터 'K-뮤지컬 로드쇼'가 긍정적인 영향을 미치고 있다고 볼 수 있다. 특히 일종의 아트 마켓의 기능을 하는 'K-뮤지컬 로드쇼'는 다양한 성과를 보이며 뮤지컬 한류의 주요한 진출경로로서의 역할을 성공적으로 수행하고 있다. 'K-뮤지컬 로드쇼'의 왕성하고 지속적인 창구 역할 수행은 2019년 대만을 한국 뮤지컬의 주요 시장으로 급부상시키는 개가를 낳기도 했다. 2017년 ㈜라이브의 〈팬레터〉가 창작 뮤지컬로는 최초로 현지에 진출한 뒤 쇼노트의 〈헤드윅〉 등이 공연된 바 있다. 서울예술단의 창작가무극 〈신과 함께〉 시리즈 1편인 〈신과 함께 저승편〉과 2편인 〈신과 함께 이승편〉 역시 막을 올리게 된다.[15]

코로나19 팬데믹 직전인 2019년 'K-뮤지컬 로드쇼'에는 6개의 뮤지컬 작품이 선정되어 쇼케이스 형식으로 참여하였

---

14) 예술경영지원센터(2019), '중국 공연시장 진출 A to Z'
15) 이재훈, "여전한 한한령에도… 중 진출 활발한 한국 뮤지컬, 이유는", 뉴시스 (2019.12.17.)

다. ㈜크레이티브와이의 〈땡큐 베리 스트로베리〉, 과수원뮤지컬컴퍼니의 〈루드윅〉, 서울예술단의 〈나빌레라〉, 브러쉬시어터의 〈리틀 뮤지션〉, ㈜라이브의 〈마리 퀴리〉 그리고 EMK인터내셔널의 〈엑스칼리버〉다. 상하이한국문화원에서 개최된 비즈니스 미팅에서는 알리바바 산하 공연브랜드인 다마이 마이라이브, 60여 개의 극장을 직영으로 관리하는 북경보리극원관리유한공사 등 중국 관계자들이 참여해 총 55건의 비즈니스 미팅이 성사되기도 했다.[16] 공연콘텐츠를 활용한 공공외교의 노력은 앞으로도 지속적으로 팽창할 것으로 보인다.

---

16) 신진아, "한국뮤지컬 중국서 호응…2019 K-뮤지컬 로드쇼 성료", 파이낸셜뉴스 (2019.9.30.)

08 공연콘텐츠와 공공외교

09
**관광콘텐츠와
공공외교**

남윤재(경희대학교 문화관광콘텐츠학과 교수)

"여행은 평화와 우리 시대를 이해하기 위한 위대한 동력 중 하나가 되었다. 서로를 알고, 서로의 관습을 이해하고, 각국의 개인을 존중하는 법을 배우기 위해 사람들이 세계 곳곳을 돌아다님으로써 세계 평화를 위한 분위기를 획기적으로 개선할 수 있는 국제적 이해의 수준이 구축되고 있다."

존 F. 케네디(John F. Kennedy, 1963)

"즐거움을 위한 국가 간의 여행 증진은 경제 성장뿐만 아니라 양국 이해와 협력을 이루는 시민들 간의 교류에 이바지한다."

로널드 레이건(Ronald Reagan, 1985)

관광콘텐츠의 특징

　관광은 오늘날 세계에서 국가 간의 연결을 기반으로 하고 있으며, 각국의 경제 이익을 창출하는 중요한 산업 중 하나가 되었다. 2020년부터 시작된 코로나19 팬데믹으로 큰 타격을 받은 관광 산업이지만 유엔 관광 전문 기구인 세계관광기구(UNWTO)에 따르면, 2012년 국제 관광객이 처음으로 연간 10억 명을 넘어섰으며, 향후 팬데믹 이후 다시 관광 산업은 회복되고 활성화될 것으로 예측된다. 관광 산업의 중요성과 각국 경제에 주는 비중은 오히려 팬데믹 상황에서 더욱 두드러졌는데, 특히 서구 선진국, 일본 등의 국가들도 관광 산업 및 서비스업에 대한 의존도가 높아 자국의 방역과 관광 서비스업 유지 간의 충돌로 인한 고민을 하게 되는 것을 알 수 있었다.

　세계관광기구(World Tourism Organization)에 의하면 관광을 '즐거움, 오락, 휴가 등의 목적으로 자신들이 사는 지역을 떠나 1년 이내 체류하는 것'으로 정의 내린다. 최근 관광 산업은 소득수준의 향상, 여가생활에 관한 관심 증대, 국제 간 교류 확산, 교통·통신의 발전 등과 같은 환경의 변화에 따라 폭발적인 성장을 나타내고 있다. 이에 호텔숙박업, 여가 레저 산업, 컨벤션 산업, 카지노 산업, 테마파크, 축제, 이벤트 등 외형적 부분의 개발이 가속화되고 있으며, 이에 발맞추어 관광객들의 편의와 효율성을 극대화하고 최적화되며 개인화된 서비스를 제공하기 위한 스마트관광 인프라의 구축도 활발히 진행되고 있다.

관광 산업의 특성을 먼저 살펴보면, 관광을 비롯한 서비스는 제조업과 다르게 무형적인 성격을 가진다. 서비스는 소비가 되고 나서야, 즉 경험하고 나서야 그 속성을 전체적으로 파악할 수 있다. 관광은 경험재이며 무형적인 속성이 있어서 하나의 단일 상품이 아니라 예약단계에서부터 목적지까지 가는 과정, 실질적인 관광상품 경험, 숙박, 식사 등 여행의 시작부터 끝까지 연결되는 과정에서 이해되어야 한다. 이러한 관광상품 소비의 과정을 거쳐 소비자에게 남는 것은 경험에 대한 기억이며, 지속적이고 긍정적인 기억의 창출이 관광상품의 핵심 목적이라고 할 수 있다. 또한 이러한 무형성은 객관적인 지표를 설정하여 평가하기 어려운 속성이므로 소비자들 간의 입소문(word-of mouth)에 상당히 큰 영향을 받게 되어 있어 소비자들 간 커뮤니케이션의 중요성이 마케팅에서 고려되어야 할 사항이다. 이에 공공외교적 측면에서도 관광은 방문 국가에 대한 좋은 이미지를 형성하게 하여 그 이미지를 주변에 확산하게 하는 역할로서 가장 효과적인 수단이 될 수 있는 것이다.

다음으로 관광 산업의 특성으로 비분리성을 들 수 있는데, 비분리성이란 서비스의 소비와 서비스 상품의 생산이 분리될 수 없음을 의미한다. 즉, 생산과 소비가 동시에 이루어진다는 것을 의미하며, 관광상품 소비자는 단순한 관광상품의 속성뿐만 아니라 직접 대면하는 종사자들과의 경험, 상품을 소비하는 다른 소비자들과 함께하면서 얻는 경험 등이 상품에 대한 만족을 얻는 데 상당한 영향을 주게 된다고 할 수 있다. 즉, 아무리 훌륭한 자연경관을 관람하는 관광상품이라도 가이드가 불친절하다든가 패키지상품을 통하여 함께 간 다른 소비자들의 무질서나 시간 엄수 불이행 등은 소비자의 긍정적인 경험을 저해하고 제대로 상품을 소비하지 못하게 하는 것이다.

그뿐만 아니라 관광 서비스의 질은 항상 일정하지 않으며 변화하는 가변성을 갖고 있어서 의외의 상황에서 관광객의 불만이 생길 수 있으며, 이러한 상황을 통제하고 대응하는 것이 매우 어려운 일일 수 있다. 이러한 속성 때문에 관광 산업에서의 상품질의 일관성을 유지하는 것은 매우 중요하며 상당한 노력이 필요한데, 일관된 서비스를 제공하기 위한 직원 교육 및 훈련을 위한 노력과 투자를 하며, 서비스 수행에 따른 매뉴얼을 정하고 이를 철저히 준수하게 감시 감독 및 지원하고, 고객들의 평가를 지속해서 관찰하며 제기된 문제를 해결하고 고객의 기대치를 점검해야 한다(Kotler, Bowen, & Makens, 2014). 최근 SNS, 온라인시스템 등의 활용이나 빅데이터 분석도 상품질의 가변성을 최소화하려는 노력이라고 할 수 있다.

관광상품을 비롯한 서비스 상품은 저장되지 않고 소멸한다. 오늘 예약이 취소된 공연 좌석이나 호텔 객실은 내일 판매를 위하여 저장해 둘 수 없으며 손실로 돌아온다. 이러한 소멸성은 관광 산업에서 수급분석이 절실한 이유이며, 수요예측의 실패는 다른 산업에 비하여 치명적으로 될 수 있다. 또한 관광 산업은 계절의 영향을 많이 받고 성수기와 비수기가 확연히 구분되기 때문에 비수기 기간에 각종 시설 활용 및 수익 창출에 대한 방안이 모색되어야 하며, 고정비용은 많이 들고, 수용 능력은 한정적일 경우가 많아 더욱 이러한 문제점들이 발생할 수 있다.

관광 산업은 공급 주체가 불명확하고 다양하며 경계가 불명확하기도 하여 제공되는 서비스의 원천적인 소유권이 누구인가를 말하기는 어려운 상황이 될 수 있다. 예를 들어, 관광 패키지상품을 어떤 여행사를 통하여 구매한다고 가정했을 때 항공사, 호텔, 렌터카 회사, 식당 등 하나의 상품에 대한 경험을 제공하는 업체는 매우 다양하고 특정 상품 생산자의 개념은 매우 확장적이면서도 불명확하게 된다. 그러기에 특정 관광상품의 소비 시 발생하는 문제 또한 모든 비용을 함께 지불한 여행사보다 이들 개별 서비스를 제공하는 각각의 업체의 책임 소재일 수 있다. 게다가 관광 산업은 운송업, 숙박업, 외식업, 공공시설, 미디어 등 여러 분야의 협력이 필요한데, 인프라가 제대로 갖추어져 있지 않다면 관광 경험을 제대로 제공하기 어렵기 때문이다. 아무리 좋은 관광지 자원이 있다고 해도 항공사에서 적절한 노선을 제공하지 않는다든가, 충분한 숙박시설이 제공되지 않는다면 해당 관광상품의 성공은 가능하지 않게 된다.

그리고 무엇보다 2001년 9·11 뉴욕 테러 사건이나 2003년 SARS의 아시아 확산, 2007년 글로벌 금융위기, 2011년 후쿠시마 대지진 및 방사능 유출 사고, 2015년 한국의 메르스 확산, 2020년 이후 코로나19 팬데믹 등의 지역 또는 세계 위기 상황은 즉각적으로 해당 지역의 관광 산업에 악영향을 주며 위기에 매우 민감하게 반응하는 취약한 구조로 되어 있다. 이러한 급작스러운 위기에 매우 커다란 타격을 받고 커다란 손실을 보게 되는 것이 관광 산업임이 분명하지만, 위기가 지나면 빠른 회복을 보이는 것도 사실이다. 예를 들면, 2003년 SARS로 인하여 홍콩 방문객은 6.2%의 감소세를 보였지만 SARS 문제가 해결되고 개인 방문 프로그램(Individual Visit Scheme)을 신설하여 중국인 관광객들이 단체 관광에 등록하지 않고도 개인적으로 출입 허가증만 받으면 홍콩과 마카오를 여행할 수 있도록 규제를 푸는 등의 관광 활성화 정책을 통해 관광 방문객 수가 2004년에는 40%의 증가세를 보였으며(Hus et al., 2008), 코로나19 팬데믹이 어느 정도 해결된다면 가장 큰 회복세를 보일 산업도 관광 분야이다.

이렇듯 관광 산업은 외교적 측면에서 국민 간의 상호교류를 통하여 서로의 문화를 직접 경험하고 이해하게 하는 가장 효과적인 수단인 것은 틀림없으나, 여러 가지 가변적인 요소가 많고 예측이 쉽지 않은 등의 위험한 측면도 많으므로 외교 측면에서도 신중하게 활용해야 할 필요가 있다.

09 관광콘텐츠와 공공외교

한국 관광 산업 현황

한국도 관광 산업이 지속해서 발전되어 왔으며, 외래관광객 유치를 위하여 관광업계는 물론 국가적인 차원의 노력이 진행되었다. 외래관광객의 현황을 보면, 2016년에는 방한 외래관광객이 1,700만 명을 돌파하였으며, 2015년부터 평균 성장률 5.99%를 보이며 성장하였다. 그러나 코로나19 팬데믹으로 외래관광객의 수는 급감하여 2020년은 방한 외래관광객으로 입국한 입국자는 2,519,118명이었고, 2019년 대비 85.6% 감소하였다.

〈표 9-1〉 **주요 국가별 외래관광객 입국 현황(단위: 천 명)**

구분	중국 관광객 수	일본 관광객 수	미국 관광객 수
2015년	5,984.2	1,837.8	767.6
성장률(%)	−2.33%	−19.41%	−0.35%
2016년	8,067.7	2,297.9	866.2
성장률(%)	34.82%	25.04%	12.85%
2017년	4,169.4	2,311.4	868.9
성장률(%)	−48.32%	0.59%	0.31%
2018년	4,789.5	2,948.5	968.0
성장률(%)	14.87%	27.56%	11.41%
2019년	6,023.0	3,271.7	1,044.0
성장률(%)	25.75%	10.96%	7.85%

출처: 관광지식정보시스템, 입국관광통계

외래관광객의 주요 국적별 입국 현황은 WTTC에 따르면 2019년의 방한 외래관광객 국적 상위 5순위는 중국(37%), 일본(16%), 대만(6%), 미국(6%), 홍콩(4%) 순으로 나타났다. 2017년 사드 등 정치·외교적인 문제로 인해 중국 관광객 수가 급격하게 감소하였으나, 이후 회복하여 2019년에는 25.75%의 성장률을 보였다.

외래관광객의 방문은 일회성으로 그치게 하는 것이 아니라 궁극적으로 방문 만족을 높여 재방문을 유도해야 한다. 방한 외래관광객의 재방문율은 2016년에 잠시 주춤했지만, 2017년도에는 꾸준히 증가해서 2019년에는 58.3%에 도달하였다. 방한 외래관광객의 만족도는 모든 연도에서 100점 만점 중 90점을 넘으며 높은 점수를 기록하였다. 방한 외래관광객이 와서 머무는 기간은 연도에 따라 차이는 발생했지만 1일 미만의 차이가 났으며, 방한 외래관광객은 주로 6~7일 정도 체재하고 있는 것으로 나타났다. 이들 방한 외래관광객이 여행에 와서 지출하는 1인당 경비는 2015년에는 약 1,712달러(한화 약 191만 원) 정도였으나, 이후 계속적으로 감소세를 보여 2019년에는 약 1,239달러(한화 약 138만 원) 수준으로 감소하는 추세를 보였다.

2019년 외래관광객 조사에 따르면 한국 방문 여행 형태는 개별여행이 77.1%로 가장 높고, 다음으로 단체여행이 15.1%이었으며, 한국 여행 시 고려 요인은 대체로 쇼핑, 음식, 자연풍경 감상 순이었다.

<표 9-2> **방한 외래관광객 재방문율 및 만족도**

구분	2015년	2016년	2017년	2018년	2019년
외래관광객 재방문율(%)	46.1	38.6	53.3	57.8	58.3
성장률(%)	32.09%	−16.27%	38.08%	8.44%	0.87%
외래관광객 만족도	93.5	95.0	94.8	93.1	93.4
성장률(%)	−0.53%	1.60%	−0.21%	−1.79%	0.32%

출처: 관광지식정보시스템, 외래관광객조사

<표 9-3> **방한 외래관광객 평균 체재 기간**

구분	2015년	2016년	2017년	2018년	2019년
외래관광객 평균 체재 기간(일)	6.6	6.4	7	7.2	6.7
성장률(%)	8.20%	−3.03%	9.37%	2.86%	−6.94%

출처: 관광지식정보시스템, 외래관광객조사

<표 9-4> **방한 외래관광객 지출 경비**

구분	2015년	2016년	2017년	2018년	2019년
외래관광객 1인 지출 경비(USD)	1,712.5	1,625.3	1,481.6	1,342.4	1,239.2
성장률(%)	6.66%	−5.09%	−8.84%	−9.40%	−7.69%
외래관광객 1일 지출 경비(USD)	328.1	318.4	270.4	254.8	245.4
성장률(%)	3.89%	−2.96%	−15.08%	−5.77%	−3.69%

출처: 관광지식정보시스템, 외래관광객 조사

소득이 증대하고, 여가에 관한 관심이 높아지면서 한국인의 해외여행은 지속해서 증가하고 있다. 2019년 조사에 따르면 우리 국민의 해외여행 경험률은 23.2%이며, 1회 평균 해외여행 일수는 4.79일이었다. 해외여행 시 방문지 선택 이유는 볼거리 제공(23.1%), 여행지 지명도(21.4%), 여행할 수 있는 시간(10.7%), 여행 동반자 유형(10.6%)의 순이었다. 여행지에서의 주요활동은 중복응답 기준으로 자연 및 풍경감상(81.2%)이 가장 높았고, 휴식 및 휴양, 음식관광, 쇼핑 등의 순이었다.

　　1회 해외여행 시 평균지출액은 117만 원 정도로 나타났다. 이렇듯 해외여행이 활성화되면서 한국의 관광수지는 대체로 적자를 보이는데, 관광수지란 방한 외래관광객이 우리나라에서 지출한 금액(관광 수입)과 국민 해외여행객이 해외에서 지출한 금액(관광 지출)의 차이다. 국내 관광수지는 2015년에는 메르스로 인해 관광수지가 약 −68억 달러로 전년도 대비 큰 폭으로 적자 증가했으며, 그 이후로도 사드, 북핵 등 정치·외교적인 이슈로 주 방문 국적인 중국 방한 외래관광객 감소에 따라 2017년 관광수지 적자가 약 −147억 달러로 대폭 증가하였다. 전반적으로 방한 외래관광객은 증가세를 보이나, 국민 해외관광이 지속해서 증가하면서 관광수지 적자가 계속 지속되고 있음을 보여 준다.

　　　　　　　　　　　09 관광콘텐츠와 공공외교

구분	2014년	2015년	2016년	2017년	2018년	2019년
관광수지	−21.34	−68.52	−69.35	−146.96	−130.66	−85.16
관광수입	173.4	146.8	167.5	132.6	184.6	207.5
관광수입 성장률(%)	21.3	−15.3	14.2	−20.8	39.2	12.4
관광지출	194.7	215.3	236.9	279.6	315.3	292.6
관광지출 성장률(%)	12.3	10.6	10.0	18.0	12.8	−7.2

출처: 한국은행, 관광수지 동향

국제관광 동향

국제 간 민간교류의 가장 적극적인 형태인 국제관광의 발전은 교통, 통신, 기술의 발전과 함께 지속해서 이루어지고 있다. OECD의 보고서에 따르면 지난 60여 년 동안 국제관광 산업은 계속 성장해 왔으며, 코로나19 팬데믹 이후 다시 활성화될 것으로 예측된다(OECD, 2020). 특히 OECD 국가들의 관광 산업 비중은 점점 높아지고 있으며, 평균적으로 GDP의 4.4%, 전체 고용의 6.9%를 차지하고 있다. 또한 UNWTO에 따르면 2019년에는 국제 관광객이 15억에 다다르며, 이는 전년 대비 3.8%의 성장률을 나타내는 것이다. 그리고 OECD의 관광통계에 의하면 국제관광 소비도 2008년부터 2018년까지 지속해서 증가하는 것으로 나타났다. 국제관광으로 인한 국가 경제에 기여도는 국가의 경제 수준의 차이와 관계없이 어느 국가나 그 비중이 증가하고 있으며, 관광 산업을 비롯한 서비스 산업을 진흥하고 해외 관광객을 유치하는 데 힘을 쓰고 있다. 이러한 관광 산업은 코로나19 팬데믹으로 2020년부터 국제적인 위기를 맞이하고 있고, 국제 여행관광업의 GDP 기여율은 2019년 10.4%에서 2020년에 5.5%로 하락하였다. WTTC (2021)의 보고서에 따르면 코로나19로 인해 2020년 9월 기준 1억 2,100만 개의 일자리가 줄어들었고, 여행이나 관광 생업 종사자들이 국제적으로 큰 타격을 받은 것으로 나타나고 있다. 그러나 국제적으로 백신접종이 가속화되고 코로나바이러스에 대한 집단면역이 형성된다면, 국제관광의 수요는 예전 수준을 회복할 뿐 아니라 오히려 한동안 억눌린 수요가 폭발할 가능성도 있다.

〈표 9-6〉 **2019년 세계 주요국가 관광지표**

구분	여행객 수 (백만 명)	관광수입 (US$ 십 억)	관광지출 (US$ 십 억)
	2019년	2019년	2019년
세계(World)	1,459.00	1,487.00	1,487.00
유럽(Europe)	744.20	578.20	
북유럽(NorthernEurope)	82.60	95.70	
덴마크(Denmark)	13.30	9.00	10.10

09 관광콘텐츠와 공공외교

핀란드(Finland)	3.30	3.70	5.70
아이슬란드(Iceland)	2.00	2.70	
아일랜드(Ireland)		6.40	8.20
노르웨이(Norway)	5.90	5.90	16.50
스웨덴(Sweden)		15.20	17.40
영국(UnitedKingdom)	39.40	52.70	71.90
서유럽(WesternEurope)	205.20	179.40	
오스트리아(Austria)	31.90	22.90	11.60
벨기에(Belgium)	9.30	8.90	18.70
프랑스(France)		63.80	51.70
독일(Germany)	39.60	41.60	93.20
룩셈부르크(Luxembourg)	1.00	5.70	
네덜란드(Netherlands)	20.10	18.50	20.60
스위스(Switzerland)	11.80	17.90	18.80
중앙/동유럽(Central/EasternEurope)	152.50	68.70	
체코(CzechRepublic)		7.30	5.90
헝가리(Hungary)	16.90	7.30	
폴란드(Poland)	21.20	13.70	9.20
러시아(Russian Federation)	24.40	11.00	36.20
슬로바키아(Slovakia)		3.20	
우크라이나(Ukraine)		1.60	8.50
남부/지중해Eu(South/MediterraneanEu)	303.90	234.40	
크로아티아(Croatia)	17.40	11.80	
그리스(Greece)	31.30	20.40	
이탈리아(Italy)	64.50	49.60	30.30
포르투갈(Portugal)	24.60	20.60	5.90

스페인(Spain)	83.50	79.70	27.90
터키(Turkey)	51.20	29.80	4.10
아시아 & 태평양(Asia and the Pacific)	360.70	444.60	
동북아시아(North-EastAsia)	170.60	188.10	
중국(China)	65.70	35.80	254.60
홍콩(HongKong)	23.80	29.00	26.90
일본(Japan)	32.20	46.10	21.30
한국(Korea)	17.50	21.60	32.30
마카오(Macao)	18.60	40.10	
대만(Taiwan)	11.90	14.40	20.50
동남아시아(South-EastAsia)	138.50	147.70	
인도네시아(Indoneisa)	15.50	16.90	11.30
말레이시아(Malaysia)	26.10	19.80	12.40
필리핀(Philippines)	8.30	9.80	12.00
싱가포르(Singapore)	15.10	20.10	26.60
태국(Thailand)	39.80	60.50	14.20
베트남(Vietnam)	18.00	11.80	6.20
오세아니아(Oceania)	17.50	61.60	
호주(Australia)	9.50	45.70	36.00
뉴질랜드(NewZealand)		10.50	4.40
남아시아(SouthAsia)	34.00	47.10	
인도(India)	17.90	30.70	22.90
미주(Americas)	219.10	343.70	
북아메리카(NorthAmerica)	146.40	226.70	
캐나다(Canada)	22.10	28.00	35.80
멕시코(Mexico)	45.00	24.60	9.90

미국(UnitedStates)	79.30	214.10	152.30
카리브(Caribbean)	26.30	35.30	
중앙아메리카(CentralAmerica)	10.90	12.60	
남아메리카(SouthAmerica)	35.50	29.00	
브라질(Brazil)	6.40	6.00	17.60
아르헨티나(Argentina)	7.40	5.20	7.90
아프리카(Africa)	69.90	39.00	
북아프리카(NorthAfrica)	25.60	11.20	
모로코(Morocco)	12.90	8.20	
사하라 이남 아프리카 (SubsaharanAfrica)	44.20	27.80	
중동(MiddleEast)	65.10	81.50	
이집트(Egypt)	13.00	13.00	
사우디아라비아(Saudi Arabia)	17.50	16.40	15.10
아랍에미리트(Utd Arab Emirates)	16.70	21.80	18.40

출처: 관광지식정보시스템

〈읽을거리 1〉

한국관광공사가 하는 일 – 관광산업육성 지원 사업

한국관광공사는 관광진흥, 관광자원 개발, 관광산업의 연구·개발 및 관광 관련 전문인력의 양성·훈련에 관한 사업을 수행하게 함으로써 국가 경제 발전과 국민복지 증진에 이바지함을 목적으로 하는 문화체육관광부 산하 준정부 기관으로 한국 관광 산업에 대한 전반적인 지원과 대외 한국 관광 홍보를 담당하고 있다. 그러므로 다양한 관광기업을 지원하고 해외 관광 마케팅을 직접 진행하거나 지원하고 있다. 특히 외국 관광객들의 한국 체험을 극대화하고 편의와 안전을 제공하는 데 노력하고 있으며, 그에 대한 주요 지원 사업 내용은 다음과 같다.

지원 사업	주요 내용
관광벤처사업 육성	• 3,000~9,000만 원의 사업화 자금 및 홍보 판로 개척지원 • 전문가와 관광 멘토를 통해 맞춤형 컨설팅 진행 • 투자유치 역량교육, 투자유치 대회 개최, 투자 네트워크 제공 등 투자유치 지원 • 관광마케팅, 관광상품 및 서비스 개발 실무, 스타트업 교육 등 관광벤처 아카데미 운영 • 입주기업을 대상으로 네트워킹 프로그램을 운영하고, 전문가 상담 서비스 등을 제공하는 관광기업 지원센터 운영
공공데이터 Tour API 3.0 운영	• 실시간 다국어 관광 정보를 Open API로 제공하여 다양한 관광 서비스 개발에 도움 • 일반인도 원하는 정보를 골라 활용할 수 있도록 맞춤형 관광 정보 제공 • 데이터 간 연결이 가능한 웹 표준 데이터(Linked Open Data: LOD) 제공 • 실제 Tour API를 활용하여 다양한 관광 애플리케이션 개발 여건 마련
한국관광통계 제공	https://datalab.visitkorea.or.kr/datalab/portal/main/getMainForm.do
관광기업 지원센터 설립	• 관광사업체를 운영하면서 문제가 있을 때 유선, 온라인, 내방 상담을 할 수 있도록 관광기업 상시 지원 • 투자, 법률, 세무, 홍보 등 분야별 전문자문단이 심화 컨설팅 지원 • 관광기업 네트워킹, 관광 분야의 각종 지원 정보를 제공 • 관광기업을 위한 입주공간을 지원하며, 50~100%까지 임차료 차등 지원

09 관광콘텐츠와 공공외교

관광 in 사이트 운영	• 관광 분야의 전문적인 구인 · 구직 정보를 업데이트 • 관광 전문인력 취업을 위한 관광 일자리 센터, 관광산업 일자리 박람회 등을 개최 • 관광 인재 양성 교육을 위해 관광 특성화고 학생 등을 대상으로 교육
FOOD TRIP IN KOREA를 운영	• 영어, 일본어, 중간, 중번으로 된 외국어 메뉴판 번역 지원 • 사업체가 메뉴판을 쉽게 만들 수 있도록 메뉴판에 대한 기존에 준비된 디자인을 제공
한국 관광 품질인증마크 제도	• 여러 개별 인증제의 중복 인증으로 혼란 가중을 막기 위해 국가 단일 품질 인증제 운영 • 숙박업, 한옥체험업, 외국인관광 도시민박업, 외국인 관광객 면세 판매장에서 신청 가능 • 시설, 서비스 60%, 인력 전문성 20%, 안전관리 20%의 비중을 두고 평가
국내 호텔의 서비스 품질기준	• 공공기관의 신뢰성 있는 제도 운영을 통하여 객관성 및 공정성 확보 • 국제적 기준에 부합하는 호텔 서비스 표준화 목적 • 관광호텔업, 소형호텔업, 한국전통호텔업, 수상관광호텔업, 의료관광호텔업, 가족호텔업에 대하여 등급 결정
세이프 스테이 캠페인	• 세이프 스테이 사이트를 통해 허가받은 안전한 숙소인지 확인 가능 • 민박업을 시작하고 싶은 사업자들에게 민박업 신청 절차 정보 제공 • 민박업 사업자를 대상으로 민박업 교육 제공
호텔 체인 운영	• 국내외 여행객들을 위해 편안하고 믿을 수 있는 호텔 체인 운영 • 호텔 사업자는 가입 신청 후 심사를 통해 베니키아 호텔 협동조합에 가입 가능
대한민국 관광 공모전	• 관광 분야에 도움이 될 수 있는 여러 아이디어를 대한민국 국민 전체를 대상으로 공모전 개최 • 2020년에는 국내외 관광객들이 구매할 수 있는 관광기념품을 공모하는 로컬브랜드와 디자인어워드를 개최

관광과 외교

매년 10억 명 이상의 관광객이 세계를 돌아다니고 여행을 하는 상황은 어떤 특정 국가에 대한 이미지나 태도 형성에 관광의 역할이 얼마나 중요한지를 이미 실증적으로 증명하고 있다. 이에 관광은 공공외교 차원을 사실상 뛰어넘는 민간 국제 교류이며, 어쩌면 가장 영향력이 높은 공공외교의 수단이 될 수도 있다.

본디 외교 영역은 고대로부터 인접 국가 간의 안보, 군사적인 문제를 중심으로 이루어져 왔다. 그러나 최근 국제화 시대에 들어서서 국가 간의 상호의존도가 높아짐에 따라 외교의 패러다임은 경제, 문화, 인권 등의 영역으로 확대되었다. 즉, 각 국가 정부 간의 관계를 넘은 초국가적인 관계가 형성되고 사상과 가치체계, 생활양식, 문화 등을 기반으로 하는 소위 소프트 파워(soft power)를 기반으로 하는 국가 간의 관계가 형성되고 이에 따른 문화외교(cultural diplomacy)의 영역이 등장하기 시작한 것이다. 문화외교의 정의는 군사적 수단이 아닌 문화, 가치, 사상을 통한 설득의 기술을 의미하며, 정보, 예술, 기타 다양한 문화의 교류를 의미한다(Cummings, 2003; Nye, 2002).

문화외교가 이루어지기 위해서는 기본적인 구성 요소들이 필요한데, 그 구성 요소는 대리기관(agent), 의제(agenda), 매개

수단(vehicle) 그리고 대상(target audience)이라고 할 수 있다. 대리기관은 실제 외교 활동을 수행하는 기관이라고 할 수 있는데, 한국에서는 한국국제교류재단, 한국국제문화교류신흥원, 한국관광공사 등이 대표적인 문화외교 대리기관으로서 역할을 하고 있다고 할 수 있다. 의제는 이러한 대리기관이 수행하는 문화외교의 구체적인 주제나 목표 임무라고 할 수 있으며, 예를 들어 한국국제교류재단에서는 대한민국의 대표 공공외교기관으로서 외국과의 교류사업을 통해 한국에 대한 이해를 제고하고 국제적 우호친선 증진을 목표로 하고 있으며, 한국국제문화교류진흥원은 문화교류 지원과 관련 전문 인력 양성 그리고 국제문화교류 관계기관, 지자체, 주한외교단 간 일원화된 협의체를 구성해 긴밀한 협력 네트워크를 구축하는 것을 미션으로 문화외교 또는 공공외교에 참여하고 있다. 매개수단은 문화외교를 수행하는 도구라고 할 수 있는데, 최근 다양한 한류콘텐츠, 축제, 이벤트 그리고 한식, 교육사업, 정부개발원조(Official Development Assistance: ODA), 스포츠, 관광 등이 그에 해당한다고 할 수 있다. 대상은 외교 활동의 의제에 따라 달라지며 학계, 특정 분야 전문인, 산업계 등이 될 수도 있으며, 한류나 관광을 활용한 문화외교에서는 특정 분야 및 계층을 떠나 전반적인 대중을 의미할 수도 있다.

그렇다면 관광은 공공외교의 영역에 포함될 수 있는지에 대한 논의가 필요한데, 관광은 앞서 언급하였듯이 공공외교 이전에 민간, 문화외교의 수단으로서 인식되는 경우가 많았다. 또한 관광이 국가 간 외교에서 반드시 긍정적인 부분만 있는지에 대하여 비판적인 시각이 있을 수도 있다.

물론 관광을 통하여 다른 지역을 방문하고 그 지역의 박물관, 미술관, 또는 축제를 방문하여 그 지역의 문화를 직접 체험하는 것은 다른 지역을 이해하는 데 가장 좋은 방법(vehicle)인 것은 틀림없다. 특히 관광은 그 대상이 넓고 문화교류라는 목적을 달성하는 데 즉각적이고 효과적인 수단이다. 또한 단순히 외교적 목적뿐만 아니라 자국 내 경제를 활성화하고 고용을 창출하는 등 세계 경제에 이바지하는 정도가 매우 높은 분야이다. 그리고 최근 스마트관광의 활성화와 정보통신기술, 매체 기술의 발전은 이미 방문한 방문객의 여행 경험이 잠재 관광객에게도 전달될 수 있게 한다. 즉, 관광 경험의 확산은 그 한계점이 시간과 공간을 초월하는 무한성을 갖게 되었다고 할 수 있다. 이러한 상황에서 관광이 외교 측면에서 양국 국민의 상호 이해도를 높이고 그에 따라 양국의 평화를 증진한다는 낙관론이 등장하기도 한다.

그러나 관광 산업의 발전은 여러 가지 사회적 이슈를 만들어 내는데, 이러한 문제점은 외교적 측면에서도 관광이 긍정적인 역할만을 수행하는 것이 아님을 보여 주기도 한다. 몇 가지 문제를 소개하면, 먼저 세계 주요 유명 관광지들이 겪고 있는 오버투어리즘(over-tourism) 문제이다. 오버투어리즘이란 수용 가능한 관광객보다 과도한 관광객의 유입으로 발생하는 문제인데, 대체로 생태계 및 자연환경 파괴, 문화재 훼손, 지역주민과의 갈등 등의 형태로 나타난다. 이러한 오버투어리즘 문제로 한때는 지상낙원이라고 불리던 필리핀 보라카이섬이 넘치는 쓰레기, 하수처리 부족 및 해양 수질오염으로 인하여 2018년도에 섬을 전면 폐쇄했던 경우가 있고, 아이슬란드나 인도네시아 발리섬도 자연환경 파괴로 인한 문제를 해결하기 위하여 관광세를 부과하고 있으며, 한국 제주도도 관광세 도입을 검토 중이다. 또한 바르셀로나, 베네치아와 같은 유럽의 유명 관광도시에서는 문화재 훼손이나 사회적 일탈 행동을 하는 외국인들로 인하여 사건이 끊이지 않고 있다. 이러한 관광객들과 지역주민과의 갈등 심화는 특정 지역이나 국가에 대한 혐오 감정으로도 이어지게 되어 오히려 국가 간의 상호교류를 통한 평화 증진이라는 외교의 가치에 반하는 결과를 낳기도 하며, 이에 각국은 이러한 문제들에 대한 해결점을 모색하고 있다. 또한 경제 선진국 국민이 저개발국가로 여행을 가게 되는 경우가 많은데, 이는 여행경비가 선진국보다 상대적으로 저렴하고, 저개발국가의 기후가 대체로 열대 또는 아열대 지방인 경우가 많아 사시사철 여행이 가능한 지역이기도 하기 때문이다. 저개발국가 입장에서도 제조 산업기반이 미약하고, 무역수지를 개선하기 위하여 외래관광객을 적극적으로 유치하기 위한 큰 노력을 하고 있지만, 공급 역량을 초과하는 관광수요를 처리할 능력이 없으므로 생태계 및 문화재 훼손의 정도는 더욱 커질 수밖에 없다. 이에 WTTC는 2020년 국제 경제 효과 트렌드 보고서(global economic impact Trends 2020)에서 지속가능관광(sustainable tourism)을 국제관광의 핵심 주제로 선정하였으며, OECD는 Tourism Trends and Policies 2020에서 과중 관광객으로 인한 환경오염 등의 관광으로 발생하는 부정적인 효과에 대해서 지적하고 지속가능한 관광의 중요성을 강조한다. 주요 내용을 보면, 관광 산업의 성과는 단순히 관광객의 숫자로만 평가하면 실제 지역에 주는 경제기여도와 괴리가 생기고 너무 많은 관광객이 오는 오버투어리즘의 경우는 자연적, 역사적 관광지를 훼손할 가능성이 있다고 지적한다. 이에 정부는 관광적 성공의 기준에 대해서 제고하고 사회문화적, 환경적 측면을 고려해야 하며, 정부는 관광 개발 시 지역사회 전체적인 맥락에서 지역과 협업하며 관광 발전을 도모해야 한다고 제언한다. 또한 관광지가 감당 가능한 관광객 수용 능력이 어느 정도인지 데이터를 비교하며 측정하고 이에 맞는 대책을 수립해야 한다고 조언한다. 이렇게 정부의 노력뿐만 아니라 개별 관광객들도 공정관광이나 생태관광 등에 관심을 가지며 지속가능한 관광의 수요는 증가하고 있다.

09 관광콘텐츠와 공공외교

〈읽을거리 2〉

공정여행

공정여행(Fair Travel)은 공정무역(fair trade)에서 파생된 개념으로, 책임여행(Responsible Travel)이라고도 하며, 지속가능관광과도 연결된다. 즉, 여행으로 인한 환경오염, 문화재 훼손 및 파괴 등을 반성하고 어려운 나라의 주민들에게 조금이라도 도움을 주자는 취지이다. 공정여행 또는 지속가능여행은 관광을 통한 공공외교 실현에 필수적인 요소이다. 공정여행을 실행하기 위한 사회적 기업인 ㈜트래블러스맵에서는 공정여행의 7가지 요소를 지역의 참여, 교육적 요소, 문화적 지속가능성, 경제적 지속가능성, 생태주의적 지속가능성, 사회적 지속가능성, 그리고 보존적 요소로 보고 공정여행의 개발원칙을 다음과 같이 소개하고 있다.

공정여행의 개발원칙(출처:https://travelersmap.co.kr/site/fairtravel)

Economic Criteria 방문한 지역의 사람들이 직접적인 이익을 얻게 한다.

- 여행자의 돈이 어디로 유입되는지 알려 준다.
- 공정무역, 지역산물을 구매할 수 있는 판매점을 개발한다.
- 여행의 경제적 결과를 투명하게 할 수 있어야 한다.
- 숙박, 음식점 선정에 있어 현지인 운영 여부, 환경영향 자원 사용을 최소화하려는 노력을 우선시한다.
- 현지 가이드를 고용하고 적절한 임금을 보장한다.
- 지역문제 해결을 위해서 활동하는 단체를 방문하고 여행자들이 기부할 수 있도록 권유한다.
- 지역 체험 프로그램을 적극 권유한다.
- 차량 렌트 시 현지사 섭외, 현지의 전통적인 교통수단을 적극적으로 이용한다.
- 지역공동체에 대한 지속적인 기부, 지원이 가능할 수 있는 수단을 마련한다.

Environmental Criteria 탄소배출을 최소화한다.

- 불가피하게 탄소배출이 발생한 경우 이를 상쇄할 수 있는 프로그램을 제시한다.
- 환경영향과 자원 사용 최소화를 위한 정책을 가진 숙소, 음식점을 우선적으로 이용한다.
- 여행자의 활동이 환경에 미치는 영향에 대하여 구체적으로 설명하고 이를 최소화하기 위한 지침을 제시한다.
- 여행 중 일회용품 사용을 최소화한다.
- 환경단체 방문 여행 일정에 포함시키고 여행자의 기부를 권유한다.
- 야생동식물을 보호하기 위한 지역의 원칙을 준수한다.
- 함께하는 여행자의 규모를 최대 15~20인 이내로 제한한다.

Social and Culture Criteria 여행지의 문화/역사/사회/경제에 대한 충분한 정보를 제공한다.

- 전통 음식과 지역 문화를 체험할 수 있는 프로그램을 기획/제공한다.
- 문화유산 보존을 위한 지역 프로그램을 발굴/지원한다.
- 인권과 동물권을 존중하는 여행이 되도록 한다.
- 거리의 아이들을 지원할 수 있는 방법을 여행자들에게 제시한다.
- 각각의 여행에서 벌어질 수 있는 인권 및 동물권 보호를 위한 구체적인 지침을 제시한다.

양국 외교의 지렛대로서의 관광

관광은 양국의 교류를 확인하고 평화를 증진하는 목적의 수단으로 사용되기도 하지만, 국가 간의 분쟁이 일어났을 때 압박의 지렛대로 활용되는 경우도 많다. 예를 들면, 한국의 고고도미사일방어체계(THAAD, 사드) 배치 이후 발생한 중국의 경제 보복 차원으로 시작된 중국인들의 한국 관광 제한 조치는 한국 관광 산업에 큰 타격을 주게 되었다. 이렇듯 관광은 양국이 외교 압박 및 협상 또는 보복의 수단으로 국가적 차원에서 이용되기도 하며, 민간 차원에서 자발적으로 특정 국가에 대한 반감이나 항의를 드러내는 수단으로 이용되기도 한다. 지난 2019년 일본의 한국에 대한 경제 보복 조치에 대한 반일 감정이 고조되어 한국인들의 인기 해외 여행지인 일본 여행에 대한 기피 현상이 확산되고 이미 예약되었던 일본 관광 일정이 대거 취소되는 사태가 벌어졌다.

이렇듯 관광은 두 국가 간의 현 관계와 밀접하게 연결되어 있으며, 오래전부터 형성된 역사, 인종, 문화, 종교에 대한 인식의 차이가 반영되기도 한다. 일본 관광지에서 한국인 관광객들에 대한 차별적이고 공격적인 행위가 발생하고, 이러한 상황이 혐한(嫌韓)이란 용어로 언론이나 온라인 매체를 통해 전달되어

〈표 9-7〉 **사드로 인한 한중 관광 관련 언론사 뉴스 예시**

제목	언론사
'사드' 이후 중국인 관광객 뚝!!! 대중 무역흑자도 36% 이상 감소	한국일보(2019. 11. 11.)
'한-중 사드' 갈등 3년… 유커 327만 줄었고 중국인 직접 투자는 8000억 늘었다	중앙일보(2019. 11. 11.)
사드사태 이후 對중국 무역흑자규모 36.1%, 관광객 40.6% 감소	아시아경제(2019. 11. 11.)
한중 '사드 갈등' 뛰어넘어 새로운 교류협력 기대한다	연합뉴스(2019. 12. 5.)
'사드' 풀려도 예전 같지 않은 중국 관광객, 왜?	프레시안(2018. 9. 28.)

양국 간의 관계를 좋지 않게 만드는 일도 있었으며, 코로나19 이후 중국인에 대한 집단적 차별 또는 혐오 현상이 발생하여 세계 곳곳에서 중국인 입국 금지나 개인에 대한 테러에 가까운 혐오 범죄가 나타나기도 하였다. 유럽에서도 극우 백인 우월주의자들의 외국 관광객들에 대한 폭력이 빈번히 일어나기도 한다. 이러한 일들은 국가 간의 외교적 마찰로 확장되기도 한다.

〈읽을거리 3〉
조선 시대 외교와 관광

외교와 관광의 연관은 현재만의 일이 아니다. 구도영(2019)은 「조선 전기 대명 사신의 북경 관광 탄생과 외교적 의미」라는 논문에서 이미 조선 시대에도 관광이 양국의 친교 수단 또는 친밀도를 나타내는 수단으로 활용된 것을 보여 준다. 논문의 주요 내용은 다음과 같다.

조선 시대는 사대 외교로서 수시로 명나라 북경에 사신을 파견하였다. 그런데 명나라는 문금[1]이라 하여 외국 사행단이 공식 일정 외에는 숙소 밖으로 외출하는 것을 엄격히 제한하였다. 그 이유는 외국인과 중국인이 접촉하여 국가 기밀이 유출되는 것을 방지하고, 외국인들의 사적인 무역행위를 통제하기 위함이었다고 한다. 그러나 조선은 상대적으로 이러한 문금 정책에서 관대한 대우를 받았고, 조선의 사신은 명나라 국자감이나 북경 관광에 참여할

---

1) 문금(門禁), 도성(都城)의 문으로 드나들지 못하게 하던 일.

수 있었다. 그런데 1522년 중종 17년 조선 통사가 명나라가 수출을 금지한 서적을 구입한 것이 적발되었고, 이 사건으로 인하여 조선에 대해서도 엄격한 문금 정책이 적용되었다. 그로 인해 조선 사신이 가져온 무역품들은 숙소 내 상인들과 거래되었고, 이 상인들은 큰 이익을 얻게 되자 조선을 상대로 문금을 유지하고자 명예부 관리를 매수하기도 하였다. 이렇게 문금이 장기화하자 1534년 중종 29년 조선 조정은 명나라에 문금 해제를 요청하고 예의지국으로서 조선에 대해 예우해야 한다는 명의 기존의 정책 방향을 무시할 수 없는 예부로서는 절충안으로 정사, 서장관 등 일부 사신만 명의 관리와 동행하는 조건으로 북경 관광을 허락하게 되었다. 그러나 이러한 조건은 과거와 비교해 상당히 제한적인 조치이어서 조선의 반발을 사고, 명나라 내부에서도 비판이 일게 되었다. 이에 명은 조선 사신의 관광 제한을 완화하게 되어, 후에는 오히려 조선 사신의 북경 관광을 공식화하여 명나라 법전인 『대명회전』에도 명문화되었다. 또한 관광이 명문화되면서 조선 사행 관광은 공식적인 행사가 되었으며, 그에 따른 관광해설사로서 관원이 동원되는 등 조선 사신의 북경 관광 여건이 좋아지게 되었다. 이렇듯 관광은 두 나라의 교류와 친밀관계를 확인하는 수단으로서 이미 역사적으로도 확인된다.

결론

관광은 양국의 관계를 시작하게 하는 수단이기도 하고, 양국 관계의 결과이기도 하다. 여행을 통하여 다른 나라의 문화를 접하고 소통함으로써 그 나라를 이해할 수 있게 되며, 이는 양국 교류의 물꼬를 트는 시발점으로 그리고 양국의 친밀도를 확인하는 임무를 수행한다. 그러나 양국의 관계가 안 좋아지면, 관광은 서로를 견제하고 압박을 주기 위한 수단으로 활용되기도 한다. 반대로 여행객들이 타국에서 겪는 사건이 양국 외교 문제로 확장되는 예도 있다.

이렇듯 관광은 양국의 교류로 경제적 이득을 주기도 하지만, 최근에는 관광으로 인한 폐해도 발생하고 있어 이에 대한 보완도 필요하다. 정치적, 사회적 상황은 물론 최근 코로나19 팬데믹이나 자연재해와 같은 상황은 관광 산업의 가변성을 높이고 언제 어떤 위기가 올지 모르는 예측이 어려운 상황을 만들기도 한다. 그러나 소득이 증대되고 여가 활용에 대한 욕구가 증가함에 따라 여행에 대한 수요는 앞으로도 계속 확산할 것이며, 교통과 정보통신기술의 발달은 그 확산을 가속할 것이다. 또한 관광은 다른 콘텐츠 분야와는 다르게 누구나 주체가 될 수 있으며, 누구나 1인 외교관의 소임을 수행일 수 있는 분야이다. 이에 관광을 공공외교의 수단으로 활용하기 위해서는 공정관광이나 지속가능관광과 같은 패러다임을 통해 관광으로 발생하는 부작용을 최소한으로 하고, 국가 간에 이익 추구는 물론 상호 국가와 문화에 대한 존중 그리고 전 지구적인 환경보전에 대한 인식을 기반으로 관광이 이루어지도록 시민 교육이 필요하다. 또한 정부는 한국관광공사와 같은 공공 부분이나 민간 관광기업을 공공외교 주도기관으로 적극적으로 육성하고 지원해야 할 필요가 있으며, 일반 외교 영역에서 다루기 쉽지 않은 의제를 설정하여 이를 해결할 수 있는 수단으로 활용되어야 하며, 스마트관광 시스템 등 외래관광객들의 관광 만족과 효용성을 증대시킬 수 있는 인프라 구축에도 많은 투자가 필요하다.

10
스포츠콘텐츠와
공공외교

박진우(한양대학교 미디어커뮤니케이션학과 조교수)

공공외교 차원에서 스포츠콘텐츠는 그 도구적 효용성이 널리 인정되고 있고, 스포츠 공공외교 역시 공공연한 외교의 한 분야로 인정받고 있다. 그럼에도 불구하고 학문적으로는 아직까지 스포츠콘텐츠가 외교적 도구로서 사용될 수 있다는 주장만이 존재할 뿐, 그 이상의 논의와 이론화 작업에는 소홀한 상황이다. 이런 이유로 스포츠 공공외교의 학문적 위상은 근대 공공외교 학문 분과 내에서 확고한 위치를 선점하지 못하고 있다.

이 장에서는 스포츠 공공외교에 대한 다양한 정의를 고찰함을 통해 스포츠 공공외교의 개념적 정의를 제시하고 소프트 파워, 국가 이미지 관점에서 스포츠콘텐츠가 공공외교의 한 영역으로 자리매김할 수 있는 이론적, 실무적 근거를 제시한다. 또한 현장에서 일어나고 있는 스포츠 공공외교의 사례를 살펴봄으로써 지금까지의 현상을 진단하고, 향후 스포츠콘텐츠를 활용한 공공외교를 성공적으로 수행하기 위해 고민해야 할 부분에 대해 논의한다.

스포츠 공공외교란

공공외교의 통상적 의미는 '교섭에 의한 국제 관계의 관리를 의미하며, 외교관의 과업'이라고 정의한다. 이런 영역에서 스포츠콘텐츠를 통한 스포츠 공공외교의 위상은 매우 미묘한 특성을 가진다. 오늘날 미디어를 필두로 굉장히 많은 분야에서 스포츠 공공외교라는 개념이 자주 사용되고 있지만, 외교의 큰 범주 내에서, 특히 학문적인 영역에서 이에 대한 명확한 개념 정의가 이루어지고 있지 않기 때문이다.

하지만 공공외교라는 측면이 국가 간의 관계를 통해 국익을 추구하는 데 주된 목적이 있다는 사실은 누구도 부인하기 어렵다. 이런 국제 관계를 이끌어 나가는 두 개의 축은 크게 군사적 위협 혹은 경제적인 측면에서의 이득을 수단으로 활용해 다른 나라와의 관계를 구축해 나가는 하드 파워(hard power)와 이념 혹은 가치, 문화적 접근을 통해 자발적인 행동 변화를 유도할 수 있는 소프트 파워(soft power)로 나눌 수 있다(Nye, 2008).

10 스포츠콘텐츠와 공공외교

과거 냉전 시대 때에는 국가 간 이데올로기적 대립과 민족 우월주의적 대립이 전 세계적으로 크게 나타났기 때문에 하드 파워에 기반한 외교가 많이 이루어졌다. 하지만 세계화의 흐름이 가속화되는 오늘날은 문화를 무기로 국가 간의 관계를 개선하고, 서로 상호 호혜적인 이득을 취하는 소프트 파워가 외교의 대세라고 할 수 있다(최병구, 2004).

흔히 방탄소년단(BTS)을 위시한 한류 문화의 확산은 전 세계 각국의 젊은이들이 한국의 가수와 배우에 열광하며, 한국에 대한 선호 감정을 형성하는 데 일조하고 있다. 이러한 예는 스포츠 영역에서도 쉽게 만날 수 있다. 우리나라 사람들은 영국 프로축구리그인 프리미어리그에서 뛰고 있는 손흥민의 활약에 힘입어 토트넘 홋스퍼(Tottenham Hotspur)의 유니폼을 구매하고, 메이저리그에 진출한 류현진과 김광현, 그리고 김하성이 출전한 경기를 시청하기 위해 새벽부터 밤잠을 설치기도 한다. 이런 과정을 통해 한국 국민에게 '영국'과 '미국'의 호감도는 상승할 가능성이 높다.

이런 논의의 연장선에서 스포츠 공공외교가 무엇인지 정의를 내려보면, '국익의 달성을 위한, 스포츠를 앞세운 대외정책 혹은 스포츠를 통한 대외관계의 처리'라고 정리할 수 있다(정기웅, 2011). 이호영과 동료들(2009)은 스포츠 공공외교란 "스포츠 외교관의 전문적, 그리고 기술적인 능력을 이용한 구체적인 공공외교 활동"이라고 정의하기도 했다. 머레이(Murray, 2013)

는 스포츠 공공외교의 위상에 대해 "전통적 외교가 국가의 외교 정책적인 목표를 위한 수단으로 사용된다면, 스포츠 공공외교는 이런 목표를 달성하기 위한 수단 중 하나"라고 규정하였다. 이런 관계 설정과 개념 정의를 종합해 스포츠 공공외교를 정의한다면 '일국의 국가이익을 위해 스포츠를 전면에 내세운 대외정책, 스포츠를 통한 대외관계의 처리, 더 나아가 스포츠적 목적 달성을 위한 외교적 행위까지를 포함한다'고 할 수 있다.

종합해 보면, 이런 개념 정의는 스포츠 공공외교가 외교 주체의 필요성에 따라 세 가지 다른 의미, 즉 '스포츠 세계 내에서의 공공외교' '스포츠 목적 달성을 위한 공공외교' '스포츠를 통한 공공외교'로 정리할 수 있다. 여기서 언급한 '스포츠 세계 내에서의 공공외교'는 스포츠 그 자체의 발전과 그를 통해 국가의 국제적 위상을 제고하기 위한 것이라면, '스포츠 목적 달성을 위한 공공외교'와 '스포츠를 통한 공공외교'는 스포츠를 도구로 하여 이루어지는 국가의 공공외교 활동이라 할 수 있다. 전자는 한국의 월드컵축구대회 4강과 올림픽에서의 선전을 통해 한국의 국가적 위상이 상승된 사례를 들 수 있으며, 후자는 중국과 미국이 외교 관계를 시작한 '핑퐁외교'의 사례처럼 만국 공통의 키워드인 스포츠를 통해 국가 간 관계의 긍정적인 영향을 미치는 공공외교 활동을 들 수 있다. 또한 올림픽 때 남북 간 대화채널을 가동하여 북한과의 개막식 공동 입장, 한반도기 사용과 같은 하나가 된 코리아의 모습을 보여 주는 모습도 이

10 스포츠콘텐츠와 공공외교

런 예시가 될 수 있다. 오래전 일이지만, 1988년 서울 올림픽은 공산국가가 최초로 참가한 올림픽으로 기억되며, 올림픽 개최 후 그들과 수교를 하게 되는 밑거름이 되기도 했다(이호영 외, 2009).

이렇듯 '스포츠 공공외교'라는 용어는 스포츠를 도구로 하여 이루어지는 국가의 공공외교 활동인 두 번째나 세 번째 정의를 의미하는 경우가 많다. 즉, 스포츠와 공공외교를 결합하였을 때 어디에 강조점을 두느냐에 따라 달라질 수는 있지만, 스포츠의 도구적 유용성을 강조하는 측면에서 바라볼 때는 스포츠 그 자체보다 공공외교적 측면이 더 주된 개념으로 부각될 수밖에 없는 것이다. 따라서 스포츠 공공외교는 '스포츠 세계 내에서의 공공외교'보다는 '스포츠 목적 달성을 위한 공공외교'나 '스포츠를 통한 공공외교', 즉 '스포츠를 이용한 공공외교'로 일컬어지는 경우가 더 많다고 볼 수 있다(정기웅, 2018).

정리하자면 스포츠 공공외교는 "일국의 국가이익을 위해 스포츠를 전면에 내세운 대외정책, 스포츠를 통한 대외관계의 처리, 더 나아가 스포츠적 목적 달성을 위한 외교적 행위 모두를 포함한다."고 규정할 수 있다.

소프트 파워 관점에서의 스포츠 공공외교

오늘날 세계화와 정보화는 세계정치 무대에서 흔히 통용되어 왔던 전통적인 권력 개념에도 많은 변화를 가져왔다. 특히 두드러지는 것은 공공외교 측면에서의 소프트 파워라는 개념의 부상을 들 수 있다. 스포츠 공공외교 차원에서의 소프트 파워란 개념은 반드시 고려해야 할 중요한 요인이라 할 수 있다.

소프트 파워는 나이(Nye, 2008)라는 학자에 의해 본격적으로 학계에서 논의되고 있다. 이런 소프트 파워가 세간의 집중적인 주목을 받게 된 것은 어제오늘의 일은 아니며, 국가들이 자국의 이미지에 관심을 가지고 해당 전략을 논의하는 것 역시 전혀 새로운 일은 아니다. 일찍이 역사학의 선구자인 카(E. H. Carr, 1983)는 '의견을 장악하는 힘'은 "정치적 목적을 달성하는 데 있어 군사력이나 경제력 못지않게 중요하며, 군사력 및 경제력과 항상 밀접하게 연관되어 있다."고 언급하였다. 이런 관점에서 공공외교 영역에서의 하드 파워와 소프트 파워는 서로 밀접한 연관관계를 가지고 있다고 할 수 있다. 모건소(Morgenthau, 1960)도 "우리가 힘이란 개념을 언급할 때, 이는 다른 사람의 의식과 행동에 대한 통제를 뜻한다."로 주장한 바 있다.

이렇듯 데탕트의 시대의 도래와 함께 찾아온 평평한 세계의 확장은 "탈근대 국제 관계에서 매력적인 국가는 국제적으로 쟁점을 설정할 수 있고, 지배적인 국제규범과 가까운 문화와 가치를 소유했으며, 이들 국가의 가치와 정책을 통해 자국의 대한 국제적 신뢰감을 높일 수 있는 국가들"이란 주장에 힘을 실어 주고 있다(Nye, 2004). 또한 이런 논의는 세계 정치의 여러 행위자에게도 대단히 매력적인 개념으로 받아들였으며, 나아가 소프트 파워의 확산 및 향상을 위한 여러 국가의 노력으로 연결되기도 했다. 특히 각 국가의 공공외교 담당자들은 소프트 파워의 증진을 위한 여러 방안을 굉장히 적극적으로 강구하였고, 공공외교에 있어 여론의 영향력을 통제하기보다는 적극적으로 이용하려는 움직임을 보이기 시작했다. 각국의 공공외교의 방향이 자국은 물론 주변국들의 시민에게 영향을 미침으로써 자국의 국가이익을 달성하고자 하는 보다 적극적인 모습을 취하기 시작했으며(Leonard, 2002), 공공외교의 중요성 역시 점점 강조되고 있다(Snow, 2009). 이런 차원에서 오늘날 소프트 파워는 외교의 핵심적인 수단으로 자리매김하고 있으며, 스포츠를 통한 공공외교는 소프트 파워를 다른 나라에 전파하는 데 있어 매우 유용한 도구로 활용될 수 있다. 이런 이유로 스포츠 공공외교는 공공외교의 한 분야로 적극적으로 활용되고 있는 것이다.

공공외교에 대한 정의는 그 주체와 시기, 초점의 대상을 어디로 설정하느냐에 따라 매우 다양하다. 하지만 공공외교는 일반적으로 다른 나라의 국민들을 목표로 한다는 공통점을 가지고 있다. '공공외교'란 용어는 1965년 터프츠 대학교 플레처 단과대학(Fletcher School of Law of Diplomacy, Tufts University)의 학장을 역임했던 에드먼드 걸리언(Edmund Gullion)이 에드워드 머로 공공외교센터(The Edward R. Murrow Center of Public Diplomacy)를 세우면서 처음 사용하였다(정기웅, 2010). 투흐(Tuch, 1990)는 공공외교의 개념을 "자국의 국가적 목표와 정책뿐만 아니라 사상 혹은 이상, 제도와 문화에 대한 이해를 돕기 위해 해당 정부가 다른 국가의 대중들과 의사소통하는 일련의 과정"이라고 정의하였으며, 포터(Potter, 2008)는 "공공외교란 국민의 이익을 증진하고 가치를 향상시키기 위해 다른 국가의 국민과 직접적인 관계를 형성해 나가는 과정"으로 정의하였다.

이런 공공외교는 전통적인 관점에서의 외교와 한 가지 차이점이 존재한다. 전통외교는 국가나 그밖에 국제행위자의 대표자들 사이에서 일어나는 커뮤니케이션과 관계 형성이라고 본다면, 공공외교는 다른 국가의 일반 국민 혹은 비공식적인 특정 집단, 기구, 개인을 대상으로 한다는 점이다(정기웅, 2010).

이렇듯 공공외교는 지금까지 존재하지 않는 새로운 개념이라기보다는 전통적 관점의 외교 개념에서 파생되었다고 볼 수 있다. 전통적으로 선전(propaganda)은 각국의 외교에서 굉장히 중요한 위치를 점해 왔다. 이는 미국과 소련으로 대별되는 동서 간 이념적 갈등에서 비롯된 결과이다. 미국과 소련을 중심으로 한 양대 진영이 본국의 상황에 대한 정확한 정보를 제공하기보다는 이념적인 정보를 전달하고, 시민들의 의식을 지배하고 동원하는 데 훨씬 많은 노력을 기울였기 때문이다(정기웅, 2018). 하지만 냉전의 종식과 민주주의의 발전, 정보화 혁명과 세계화로 인한 상호의존성의 증가 등은 국경을 초월하여 존재하는 공중의 태도가 국가의 이익 실현에 결정적인 영향을 끼치는 상황으로 변화되고 있음을 보여 준다. 특히 9·11 테러 사건 발생과 이를 통한 세계 외교 지형의 변화는 이런 시대의 변화를 가장 극적으로 나타내는 사례이다. 이제는 전 세계의 여론 동향이 각 국가의 이익 실현에도 굉장히 큰 영향을 주는 요인으로 자리매김하고 있는 것이다. 이런 측면에서 공공외교는 타국 정부와의 교섭과 협상이란 의미가 아닌, 전 세계 국민들에게 우리 국가의 정책과 이념을 알리고 전파하는 공공정보 전파 활동이라고 볼 수 있다(전재성, 2006).

이상의 논의에서 알 수 있듯이 스포츠의 도구성을 강조하고, 소프트 파워를 강조하는 나이의 관점(김상배, 2009)을 차용한다면, 스포츠가 소프트 파워 증진의 효과적 도구로서 일컬어지는 것은 일면 타당하다고 볼 수 있다. 이런 차원에서 공공외교의 한 분야로서 혹은 소프트 파워의 전파 수단으로서 스포츠 공공외교가 널리 이용되는 것은 자연스러운 현상이다.

스포츠콘텐츠와 국가 이미지

국가 이미지란 기존에 논의되고 있는 이미지란 개념을 국가를 대상으로 적용한 것이며, 스포츠 현상과 밀접한 상관관계를 맺고 있다. 즉, 국가 이미지는 특정 국가에 대해 일반적으로 갖고 있는 대중적 인식의 총체라 할 수 있다. 스포츠는 대중의 인지적 에너지를 시간적 동시성을 가지고 광역화된 공간에 분출시키는 중요한 기제로 작용한다(유호근, 2015). 1976년 유네스코에서도 "모든 형태의 스포츠는 매우 광범위하고도 강력한 하나의 사회현상으로 작용할 수 있으며, 특히 그 영향력은 매우 크다."고 스포츠의 성격을 정의하였다. 이후 현재에 이르기까지 스포츠는 더욱 강력하고 영향력 있는 정치사회의 하나의 기제로 자리매김했다. 또한 스포츠는 오늘날 가장 대중적으로 인기를 구가하는 대중문화의 한 형태이지만 문화 영역 밖으로, 특히 정치 영역에서도 주요한 주제로 다루어지고 있다. 이렇듯 스포츠는 그 독특한 상징성을 가지고 있다(양순창, 2007).

긍정적인 국가 이미지는 국가의 소프트 파워 형성에도 기여하는 바가 크며, 이런 현상이 동반하는 장점은 여러 가지가 있다. 구체적으로 좋은 국가 이미지에 기초한 소프트 파워의 확산은 본국의 신용도 상승과 투자자들에 대한 신뢰 회복, 정치적인 위상의 증대, 제품 수출 증가, 국가적 자신감의 회복, 국제 협력 체체의 강화, 세계시장 접근의 용이성 등 여러 긍정적인 효과로 이어질 수 있다. 따라서 국가 이미지 향상을 통해 정치, 문화, 경제 등 부수적인 효과를 누릴 수 있다는 것이나 (Pantzalis & Rodrigues, 1999).

스포츠가 국가 이미지 형성에 중요한 요인으로 작용하는 이유는 세계화와 정보화 흐름 속에서 불특정 다수의 전 세계 사람들을 대상으로 시간적 일체성과 공간적 광역성을 가지고 영향을 미칠 수 있기 때문이다. 이는 올림픽의 예를 보면 잘 알 수 있다. 올림픽만큼 국가 내부의 모든 국민이 집단의식을 발현하고, 감정을 분출하며, 시선이 한곳으로 집중되는 국제무대 행사는 쉽게 찾아보기 어렵다. 이런 이유 때문에 많은 국가는 종종 스포츠 경기의 결과를 자국의 대외 인식을 변화시키기 위한 수단으로 활용해 왔다(유호근, 2015).

특히 스포츠가 국가 이미지에 미치는 영향은 국제 관계에서 비교적 주변국에 머물러 있는 약소국의 공공외교에 더 큰 효과를 가져올 수 있다고 알려져 왔다. 이 국가들은 국제사회의 중심에 설 기회가 많지 않고, 오히려 과거의 식민 지배, 전쟁, 경제적인 궁핍함 등과 같은 부정적인 이미지로 기억되고 있는 경우가 많았다. 따라서 정치경제학적으로 주변부에 머물러 있는 국가에서 개최되는 메가 스포츠 이벤트는 전 세계 사람들에게 새로운 국가 이미지를 심어 줄 수 있게 되었다.

역사적으로 오래 거슬러 올라가 멕시코의 사례를 살펴볼 수 있다. 1968년 제19회 올림픽은 역사상 처음으로 개발도상국인 멕시코의 수도인 멕시코시티에서 개최했다. 하지만 멕시코시티에서의 올림픽 개최는 그 과정에 있어 많은 고비가 존재했다. 올림픽 개최를 둘러싸고 이를 반대하는 국내 집단이 폭동을 일으켜 유혈사태가 일어나기도 했고, 올림픽 진행을 위한 사회 경제적 인프라 등도 거의 갖추지 못했다. 하지만 이런 여러 어려움에도 불구하고 멕시코 정부는 올림픽을 개최하려 했다. 개발도상국에서의 최초의 올림픽 개최 사실을 전 세계에 널리 알리고 각인시킬 목적이라 할 수 있다. 그 결과, 올림픽을 국가 이미지, 나아가 국가 브랜드 가치를 높이는 중요한 수단으로 활용함으로써 국제적으로 멕시코의 지위 향상과 인정을 도모할 수 있었다(유호근, 2008).

2008년 중국의 경우도 올림픽의 성공적 개최를 통해 중국의 문화적 매력을 표출하였다. 이는 책임 있는 대국의 평화적인 이미지를 각인시키려는 노력의 일환이라고도 볼 수 있다. 특히 베이징 올림픽에서는 기존 올림픽과는 한 가지 다른 점을 보였는데, 개막식에 선수단 입장 순서를 그동안의 관계와는 달리 중국어 간자체 획순으로 입장을 진행했다는 점이다. 베이징 올림픽 직전까지는 국제 공통어인 영어의 알파벳 순서대로 개막식 선수단 입장을 진행해 왔다. 이는 차이나 스탠더드로 대별되는 중국이 세계의 표준이란 사실을 전 세계에 내세움으로써 중국의 문화역량을 확고히 세우겠다는 의지를 드러낸 것이라 평가받았다. 또한 올림픽 개막식 공연에서는 종이, 인쇄술, 나침판, 화약 등 중국의 4대 발명품을 영상과 공연을 통해 보여 주면서 세계 문화를 견인하는 중국 문화의 찬란함과 유구함을 강조하였다. 또한 전통악기, 태극권 공연, 경극을 보여 줌으로써 올림픽이라는 메가 이벤트를 통해 중국의 문화적 매력을 표출하고 새로운 국가 이미지를 심어 주기 위해 노력하였다(채하연, 2009).

스포츠 메가 이벤트 개최뿐만 아니라, 스포츠 메가 이벤트에서 활약하는 선수들도 국가 이미지 홍보에 큰 효과를 미친다. 특히 밴쿠버 동계 올림픽의 김연아와 같이 전 세계적으로 주목을 받는 선수들의 좋은 올림픽 성적은 한국의 국가 이미지 및 국가 브랜드 제고 효과를 가져왔다. 실제로 김연아의 금메달을 통해 한국의 국가 이미지가 1% 포인트 이상 상승한 것으로 추정된다(이찬영, 2010).

스포츠콘텐츠를 통해 형성되는 국가 이미지는 한 대회에서의 일시적인 성과나 흥행을 통해서가 아닌 지속가능한 노력과 성취, 결과물이 동반되어야 한다. 긍정적인 국가 이미지, 그리고 경제성을 동반한 좋은 국가 브랜드의 형성은 꾸준한 관리와 전략이 필수적으로 요구된다. 또한 이를 위해 지속적인 투자가 요구되기도 한다. 실례로 미국, 러시아, 중국, 독일, 브라질, 프랑스, 영국 등과 같이 스포츠 분야에서 강한 국가 이미지를 구축하고 있는 국가들은 단순히 일시적으로 뛰어난 성적을 거두었기 때문이 아니라, 수많은 스포츠 메가 이벤트에서 꾸준히 상위권 성적을 유지하고 있기 때문이다(설규상, 2010).

이처럼 소프트 파워의 하나의 구성 요소라 할 수 있는 국가 이미지는 중요한 의미를 가질 수 있다. "보이는 것보다 보이지 않는 부분이 더 큰 힘을 가질 수 있다."고 언급한 나이(Nye, 2008)의 지적처럼 국가 이미지는 소프트 파워의 주요 구성 요소 중 하나로 국가의 공공외교 전개에 중요한 영향을 미칠 수 있다.

공공외교의 도구 혹은 목표로서의 스포츠콘텐츠

앞서 언급한 바와 같이 스포츠는 공공외교적 도구이지만, 동시에 공공외교의 목표로 작동하기도 한다. 즉, 스포츠는 공공외교를 통한 국익달성 도구로서 사용될 수도 있지만, 동시에 국익을 위한 목표 자체로도 존재할 수 있다(정기웅, 2018).

먼저 스포츠의 공공외교적 도구성의 유래에 대해 살펴볼 필요가 있다. 스포츠는 다양한 공공외교적 상징성을 내포하고 있다. 현대 사회와 스포츠는 스포츠맨십, 페어플레이, 평화, 우애 등과 같은 가치의 추구를 표방하지만, 실질적으로 스포츠 대회가 구현하고 있는 상징은 국기, 국가, 성화, 시상식 등과 같은 국가적 요소들을 포함하여 나타날 수 있다(이강우, 김석기, 2006). 앞서 살펴본 2008년 중국 베이징 올림픽의 선수단 입장

순서를 국가명의 알파벳 순서가 아닌 간자체 순서로 입장시킨 것이 대표적인 예이다. 세계의 중심에 중국이 있다는 간접적이면서도 힘이 있는 메시지라고 볼 수 있다. 이런 경우를 미루어 보아 생각해 볼 때, 스포츠 이벤트는 그 자체로 공공외교적인 특성을 갖는다. 임번장(2008)은 국제 정치에 있어서 스포츠의 이용을 '공공외교적 도구, 이데올로기 및 체제 선전의 수단, 국위 선양, 국제이해 및 평화증진, 외교적 항의, 갈등 및 전쟁의 촉매' 등으로 분류하였다. 스트렝(Strenk, 1977)은 스포츠가 국제정치에서 활용되는 유형으로 '외교적 승인 또는 승인거부의 수단, 정치이념의 전파수단, 국가 위상의 제고 수단, 국제적 이해와 평화증진의 수단, 저항수단, 그리고 무기없는 전쟁수단'의 여섯 가지를 제시하였다.

이런 논의들을 종합해, 국가들은 공공외교의 도구로서 스포츠콘텐츠를 크게 세 가지 방식으로 활용해 왔다(정기웅, 2009).

- 국가들이 스포츠 활동을 통해 스스로를 마케팅하여 자국의 이미지를 향상시키는 '이미지 확장'의 측면을 들 수 있다.
- 국제적으로 자국이 불리한 입장에 처했을 때 특정 경기에 불참 의사를 밝힘으로써 외교적 의사를 표명하는 방식이 있다.
- 다른 국가와의 스포츠 경기를 활용함으로써 국가 정체성을 확립하거나 타국과의 관계개선을 위한 도구로 사용하

는 방식이다.

'이미지 확장'의 효과는 성공의 문제와 수용의 문제로 나누어 볼 수 있다. 성공의 문제는 직접적으로 경기에서의 성공과 맞닿아 있다. 즉, 어떤 경기에서든 우수한 성적을 달성하는 것이 국가의 우월성과 동일시되는 것이다. 전통적 축구 강국인 남미의 브라질, 유럽의 영국, 독일, 스페인 등과 같은 나라는 월드컵의 높은 순위를 통해 국가의 우월성을 전 세계에 알리고 있다. 또 다른 문제 중 하나인 수용의 문제는 국가 간에 더욱 빈번하게 나타나고 있다. 많은 국가가 스포츠 이벤트 참가를 통해 세계 공동체의 일원으로 받아들여지고 있음을 보여 주는 것은 주지의 사실이다. 국제 스포츠 대회의 참석은 그 국가가 국제공동체의 일원으로 받아들여지고 있음을 증빙하는 효과적인 방식 중 하나이기 때문이다(Allison, 2005). 최근 미국과 영국, 호주, 캐나다, 뉴질랜드, 일본 등의 국가가 2022년 베이징 동계 올림픽에 외교사절단을 보내지 않기로 의결한 것도 이런 맥락에서 해석할 수 있다.

다른 한편으로는 스포츠 그 자체가 국가 공공외교의 목표가 될 수도 있다. 이 경우 스포츠 공공외교는 대개 국제 스포츠 경기 혹은 메가 스포츠 이벤트의 유치, 국제 스포츠 기구나 경기연맹에서의 자국의 세력을 확장시키기 위한 적극적 외교 활동, 스포츠 민간 기구를 통한 교류 등을 의미한다.

10 스포츠콘텐츠와 공공외교

스포츠콘텐츠 공공외교의 사례

2018년 평창 동계올림픽 여자 아이스하키 남북 단일 팀과 그 이후

2007년 장춘에서 열린 동계 아시안게임이 끝난 후, 10년 동안은 남북한 체육 교류는 거의 공백기를 가졌다. 북한의 핵개발과 우리 정부가 보수 정부로 바뀐 것도 큰 변수로 작동했다(김영란, 김홍태, 2013). 하지만 2008년 베이징 올림픽에서의 남북 사이의 공동응원단 파견은 이런 분위기 속에서 굉장히 파격적인 움직임이었다. 2008년 베이징 올림픽 공동응원단은 경의선 열차 이용 관련 실무접촉 과정에서 도출된 결과였으며, "베이징 올림픽에 지원 인력을 포함해 총 600명의 공동응원단을 구성해 파견하기로 합의"했다(김영란, 김홍태, 2013).

실제로 2008년 8월 12일 남북공동응원단은 북한 여자축구 선수단의 16강전 경기에 모여 흰색 바탕에 푸른색 한반도 지도가 새겨진 단체복을 입고, 한반도기를 흔들며 응원을 하였다. 이를 시작으로 한국과 북한 사이에는 스포츠를 활용하여 두 국가 사이의 긴장상태를 완화하고 관계를 증진시키고자 하는 여러 움직임이 있었다. 이런 남북 협력은 정치적 지지와 이벤트를 필요로 하는 정치인들에게는 매우 활용 가능성이 높은 의제였다. 남한과 북한의 스포츠 교류와 관련해 매번 등장하는 이벤트는 남북 단일팀 구성, 올림픽 개막식에 공동 입장, 올림픽 공동 개최의 문제가 있었다.

하지만 2008년 이후부터는 앞서 서술한 바와 같이 한국과 북한의 스포츠 교류는 경색 국면을 보였다. 2014년 9월에 개최한 인천 아시안게임에서는 외교사절단을 제외한 북한 선수단 참가에만 그쳤고, 2015년 광주 하계 유니버시아드와 문경 세계 군인 체육대회에는 선수단을 보내지 않았다. 하지만 이런 경색 국면이 풀리게 된 계기는 2018년 평창 동계올림픽이었다. 2018년 북한의 김정은 국무위원장의 신년사에서 평창 동계올림픽에 참가 의사를 밝히면서 변화의 바람이 불기 시작한 것이다. 평창 동계올림픽을 한 달 정도 앞둔 시점이었다.

2018년 1월 20일 로잔의 국제올림픽위원회 본부에서 북한의 올림픽 참가 승인을 논의하는 회의가 열렸다. 이 회의에서는 2018년 평창 동계올림픽 참가 신청 일정이 이미 지났기 때문에 북한 선수의 참가와 관련한 예외 상황을 다루었다. 국제올림픽위원회는 "국가, 세리머니, 유니폼 등 공식 문제와 관련한 문제를 포함한 참가의 형태에 대한 광범위한 중요 결정"을 내렸는데, 이는 한반도기를 사용해 남북한의 공동 입장을 추진하고 여자 아이스하키 남북 단일팀을 구성하는 것이었다.

2018년 평창 동계올림픽에서 여자 아이스하키 남북 단일팀 구성은 어렵고 험난한 과정을 거쳤고, 결국 5전 전패로 올림픽

10 스포츠콘텐츠와 공공외교

에서 탈락했다. 하지만 평창 동계올림픽의 여자 아이스하키 남북 단일팀은 경색되어 있던 남북관계를 완화하고 당면한 문제인 북한의 핵 프로그램을 해결하고자 하는 기회로 사용되었다. 뒤이어 이런 물꼬를 토대로 2018년 세계탁구선수권대회의 남녀 탁구 단일팀 구성은 속전속결로 이루어졌다. 예정에 없던 단일팀 구성은 2018년 5월 2일 남북 단일팀 이벤트 경기를 벌이다가, 남녀 단체전 준결승전에 단일팀을 각각 출전시키기로 전격적으로 합의하면서 이루어졌다. 이렇듯 탁구 단일팀은 전격적으로 이루어졌기 때문에 세계탁구선수권대회에서는 각자 국가의 유니폼을 입었고, 국가 명칭은 KOREA로 정했으며, 시상대에서는 남북한 국기를 각각 매달았다(한겨레신문, 2018).

이런 움직임에 탄력을 받아 2018년 개최된 인도네시아 자카르타-팔렘방 아시안게임에서는 사전에 남북 단일팀을 희망하는 종목을 각 경기협회의에 신청하는 방식으로 진행했고, 남북한 공동 훈련도 이루어졌다. 올림픽을 준비한 우리나라 선수들의 불만과 국민 여론의 반발을 줄이려는 시도였고 결국 여자농구, 카누 드래곤보트, 조정 3개 종목에 남북 단일팀이 출전했다. 또한 한국에서 원정을 간 사람들과 현지에서 거주하고 있는 남북한 교민들로 구성된 소규모의 남북한 공동 응원단도 결성되었다(한겨레신문, 2018). 이렇듯 2018년 평창 동계올림픽 남북 단일팀을 계기로 한 남북한의 꾸준한 스포츠 교류의 움직임은 남북의 체육교류와 협력을 통해 한민족임을 확인하고, 서로 간의 갈등을 해소할 수 있는 계기가 되었다는 평가를 받는다. 또한 남북정상회담이 개최되고, 나아가 북미정상회담까지 성사되었다는 견해도 존재한다. 앞으로 통일이 되기 전까지 남북 단일팀 구성이 더욱 빈번해지고 규모도 더 확대되어 남북한의 동질성이 더욱 넓혀질 가능성도 높아 보인다(이준한, 2018).

축구 유니폼을 통해 형성시키는 국가 이미지

스포츠 유니폼을 중심으로 국가 이미지를 널리 알려 공공외교의 목적을 수행하는 경우도 있다. 스포츠에서의 유니폼은 원래 팀을 구분하기 위해 만들어지지만, 역사 속에서 변화해 오면서 수많은 은유적인 의미를 갖고 있다. 단순히 상대편과 우리 편만 구분하는 목적이라고 한다면 지금과 같은 다양한 유니폼이 존재하지 않았을 것이다. 전 세계에서 유명한 축구 클럽과 야구단이 자신만의 유니폼을 고수하는 것도 바로 이런 이유와 같다.

특히 월드컵에 출전하는 축구 선수들의 유니폼은 각 국가의 국기를 모티브로 한 것이고, 그 나라의 역사 혹은 문화적 특성과도 깊은 연관성이 있다는 재미있는 사실이 존재한다. 일례로 '라 알비셀레스테(White and Sky)'란 애칭을 가진 아르헨티나 축구 국가대표팀 유니폼은 전통적으로 흰색과 하늘색 줄무늬로 유명하다. 이는 가운데 흰색이 있고 위아래에 하늘색이 있는 아르헨티나 국기의 패턴을 그대로 가져온 것이라 할 수 있다. 아르헨티나 국기 가운데 있는 태양의 심볼은 유니폼의 뒷목 부분을 보면 확인할 수 있다.

녹색 선이 들어간 노란색 셔츠와 파란색 팬츠로 상징되는 브라질 축구 국가대표팀 유니폼 역시 국기 색깔을 모티브로 제작된 것이다. 하지만 처음부터 브라질 축구 국가대표팀이 노란색 셔츠와 파란색 팬츠를 입은 것은 아니다. 1950년 브라질에서 열린 4회 월드컵 결승전까지는 흰색 바탕의 셔츠와 팬츠를 입었지만, 이 경기에서 충격적인 패배를 당한 후 이 디자인으로 유니폼을 변경한 것이다. 대회 내내 다른 나라를 압도하는 전력을 보유한 브라질 축구 국가대표팀은 한 수 아래라고 평가받았던 우루과이 축구 국가대표팀에 2대 1로 충격의 역전패를 당했고, 당시 입었던 유니폼의 색깔을 증오하며 현재의 유니폼 색깔을 고수하게 되었다.

유럽 국가들(프랑스, 독일 등)의 월드컵 참가국 대부분의 유니폼에는 어떤 식으로든 국기가 반영되어 있다. 하지만 일본의 경우 흰색 바탕에 빨간색 원이 있는 일장기를 유니폼에 직접 반영하지는 않았다. 파란색인 주 유니폼과 형광 연두색을 띤 원정 경기 유니폼을 자세히 보면 일본축구협회의 마크에서 사방으로 뻗어가는 빛줄기 모양이 그려져 있는데, 이는 군국주의의 상징이었던 욱일승천기의 문양을 채택한 것이다. 한국과 중국 이외의 유럽 여러 국가에서 욱일승천기 문양의 유니폼의 부당함을 주장했지만 일본은 이 유니폼을 입고 월드컵에 출전했다. 독일 나치 정권의 표상인 하켄크로이츠(철십자가)기가 제2차 세계대전 종전과 함께 「국제법」으로 금지되었지만, 욱일승천기는 금지되지 않았기 때문일 수도 있다. 일본은 지금도 국제 스포츠 대회 유니폼에 욱일승천기 문양을 많이 채택하고 있다.

이탈리아와 네덜란드는 국기 문양을 채택하기보다 각 국가의 역사가 녹아 있는 국가대표팀 유니폼을 착용하고 경기에 나서고 있다. 이탈리아는 푸른색의 유니폼, 네덜란드는 오렌지색의 유니폼을 대대로 채택하여 '아주리(Azzurri, 푸른색) 군단'과 '오렌지 군단'으로 일컬어지기도 한다. 녹색과 흰색 그리고 빨간색이 세로 형태로 배열된 이탈리아 국기와 빨간색과 흰색과 그리고 파란색이 가로 형태로 배열된 네덜란드 국기와 축구 국가대표팀 유니폼은 직접적인 관련은 없다. 이탈리아의 경우에는 19세기 분열되어 있던 나라를 통합시킨 사보이 왕가를 상징하는 색이 파란색이었기 때문에 이를 기념하기 위해 축구 국가대표팀 유니폼을 대대로 파란색으로 제작하고 있다. 네덜란드 역시 17세기 스페인으로부터 독립을 위한 전쟁을 주도한 오라니에(Orange) 왕가를 상징하는 색이 오렌지색이었기 때문에 이를 기리기 위해 대대로 오렌지색 유니폼을 채택하고 있다. 오라니에의 영어 발음이 오렌지이다(국민일보, 2014).

10 스포츠콘텐츠와 공공외교

한국은 국기 색을 기초로 한 '한류'와 '백호'의 이미지를 담은 새로운 유니폼을 2020년에 제작하여 각급 축구 대표팀에 배포하였다. 홈 전용 유니폼은 분홍색부터 아래로 내려갈수록 점차 색이 강조되며 빨간색으로 이어지는데, 태극기의 4괘에서 차용한 물결무늬의 패턴이 상의를 흐르는 것과 같은 효과를 주어 강렬하고 생기 있는 한류를 표현하였다. 태극기의 4괘를 표현한 패턴은 선수 이름과 등 번호에도 적용시켰다. 원정 경기 유니폼은 한국을 상징하는 백호의 위풍당당한 모습을 모티브로 하여 상의와 양말에 선명한 백호무늬를 넣어 한국의 호랑이를 상징하는 유니폼을 통해 국가 이미지 제고 효과를 노렸다([그림 10-1] 참조; 노컷뉴스, 2020).

독특한 사례로 이란 축구 국가대표팀 유니폼을 들 수 있다. 이란 축구 국가대표팀 유니폼에는 한국의 호랑이와 마찬가지로 치타가 들어가 있다. 빠른 역습에 능한 날랜 치타가 이란 축구 국가대표팀 유니폼에 들어간 이유는 전술한 사례들과는 다소 다른 이유가 존재한다.

이란 땅에 서식하는 이란 치타(Iranian cheetah)는 멸종 위기종으로 지정되어 있다. 이란 정부는 치타를 보호하기 위해 많은 노력을 경주하고 있는데, 이런 노력의 일환으로 이란에서 서식하는 치타를 지키는 것에 대한 국제적 관심을 촉구하기 위해 축구 국가대표팀 유니폼에 치타를 그려 넣은 것이다([그림 10-2] 참조). 과거에는 아시아 치타(Asiatic cheetah)가 중동, 중앙아시아, 인도 등에 서식했는데 서식지 파괴가 지속적으로 이루어지고 무분별한 포획으로 인해 이란을 제외한 지역에서 치타는 멸종된 상황이다. 이렇듯 이란 정부는 전 세계 사람들에게 치타를 포함한 동물 보호 메시지를 전달하고, 이를 위해 노력한다는 국가의 정체성을 확립하기 위해 축구 국가대표팀 유니폼에 치타를 포함하는 노력을 보였다. 이렇듯 전 세계 많은 나라는 축구 국가대표팀 유니폼을 통해 자국의 국가 이미지를 홍보하려는 다양한 움직임을 보이고 있다(신동아, 2019).

[그림 10-1] 국가 이미지 PR을 위한 한국의 축구 국가대표 유니폼(구글 이미지)

10 스포츠콘텐츠와 공공외교

[그림 10-2] 치타 보호 PR을 위한 이란의 축구 국가대표 유니폼(신동아, 2019)

스포츠 공공외교의 성공과 실패

스포츠 공공외교는 전 세계 모든 국가에서 관심을 가지고 있다. 성공과 실패의 잣대에는 여러 기준이 적용될 수 있는 것처럼 스포츠 공공외교 역시 정치, 경제, 사회적 성공의 기준에 따라 다르게 판단할 수 있다. 예를 들어, 스포츠 공공외교의 성공 여부를 국제정치 이론의 현실주의적 시각을 잣대로 평가하고자 한다면, 스포츠 공공외교의 목표는 국가의 국력 증강과 패권이 될 것이다. 이런 목표를 달성하기 위해서는 대표적으로 메가 스포츠 이벤트를 성공적으로 개최해 국가적 명성을 드높이고, 소프트 파워를 강화할 수 있는 방법이 있다. 하지만 이런 국가적 명성의 상승 혹은 소프트 파워의 강화와 같은 부분은 측정하기 어려울 뿐만 아니라 매우 가변적이고 유동적인 변수이다. 그렇기 때문에 대개의 경우 메가 스포츠 이벤트 개최의 성공 여부는 수익성, 경제적 이득의 획득 정도로 판단한다. 이런 차원에서 흑자를 얻었으면 성공한 이벤트, 적자를 거두었으면 실패한 이벤트로 판단할 수 있다. 하지만 이득의 규모와는 상관없이 메가 스포츠 이벤트를 통해 국가의 내부적 결속을 강화할 수 있었거나, 세계시장에서 자국의 국가 이미지가 상승한 경우, 이를 공공외교의 실패라고 판단할 수는 없고 오히려 성공한 사례로 보아야 적합할 것이다. 즉, 스포츠 공공외교의 성공과 실패에 대한 평가는 매우 가변적이면서도 자의적이라고 할 수 있다.

그렇기 때문에 스포츠 공공외교 활동과 그에 대한 평가는 해당 활동의 맥락을 면밀히 파악해야 한다. 즉, 각 국가가 스포츠 공공외교 활동을 수행할 때 그 목표가 무엇인지 분명히 세우고, 그 목표를 효과적으로 달성하였다면 성공으로 간주할 수 있다는 것이다. 여기서 스포츠 공공외교에 성공했다는 의미는 경제적인 차원에서의 성공을 의미할 수도 있고, 국가적 위상의 확보일 수도 있으며, 국가 내부의 결속 강화로 볼 수도 있다. 아니면, 이 모든 것의 복합적인 요인일 수도, 또는 이와는 전혀 상관없는 다른 요인일 수도 있다. 따라서 스포츠 공공외교를 성공적으로 이끌 수 있는 기준은 '스포츠 외교의 결과가 그것

10 스포츠콘텐츠와 공공외교

을 동원한 개인 혹은 집단의 의도와 기대에 얼마만큼 부합하였는가'를 면밀히 고려해야 한다(정기웅, 2018).

01 문화공공외교

강성우(2016). "일본의 문화외교와 국가브랜드 전략으로서의 쿨재팬".
　　동아시아문화연구, 65, 215-241.

김화정(2020). "똑똑, 공공외교". 김화정 외. 처음 만나는 공공외교(pp.
　　7-50). 제주: 한국국제교류재단.

마영삼(2020). "미국의 공공외교". 김병호 외. 공공외교의 이해(pp.
　　101-129). 서울: 명인문화사.

문효진, 박성현(2012). "한류 인기 요인과 호감도 및 국가 이미지와의
　　관계 연구: 일본, 미국, 프랑스를 중심으로". 홍보학연구, 16(4),
　　247-280.

송기돈(2020). "공공외교의 역사, 유형・특성 및 이론적 조망". 송기돈
　　외. 공공외교 이론과 사례(pp. 81-173). 서울: 오름.

송태은(2019). "공공외교의 역사적 이해". 김상배 외. 지구화 시대의 공
　　공외교(pp. 63-102). 서울: 사회평론아카데미.

외교부(2021). 공공외교 소개. https://www.mofa.go.kr/www/wpge/

m_22713/contents.do

외교통상부(2010). 문화외교 매뉴얼. https://www.korea.kr/archive/
　　expDocView.do?docId=24724

윤석준(2020). 공공외교의 이해. 경기: 한울엠플러스.

이진영(2018). 문화외교와 소셜미디어 활용: 디지털 문화공공외교의
　　대두와 개념화를 중심으로. 문화와 정치, 5(4), 69-94.

장규수(2011). "한류의 어원과 사용에 관한 연구". 한국콘텐츠학회논문
　　지, 11(9), 166-173.

전동진(2012). "프랑스 공공문화외교의 구조와 독일통일 과정에서 나타
　　난 프랑스 공공문화외교의 방향". 사회과학연구, 28(4), 459-482.

조동준(2019). "세계정치의 장과 공공외교". 김상배 외. 지구화 시대의
　　공공외교(pp. 327-362). 서울: 사회평론아카데미.

조화림(2020). "프랑스 공공외교 정책과 문화외교 집행기관의 역할 및
　　특성". 송기돈 외. 공공외교 이론과 사례(pp. 277-316). 서울: 오름.

최광진(2018). 4차 산업혁명 시대의 국민·공공외교. 서울: 광진문화사.

한의석(2020). "공공외교의 역사와 이론". 김병호 외. 공공외교의 이해
　　(pp. 3-30). 서울: 명인문화사.

한충희(2020). "문화예술과 공공외교". 김병호 외. 공공외교의 이해(pp.
　　31-66). 서울: 명인문화사.

한팡밍(2014). 공공외교개론. 서울: 동국대학교출판부.

홍석인(2019). "우리나라는 공공외교를 어떻게 하고 있을까?". 김상배
　　외. 그래서 공공외교가 뭔가요?(pp. 37-64). 제주: 한국국제교류재단.

홍종필, 여선하(2012). "공공기관의 해외 문화예술사업 특성에 따른 국
　　가 이미지 제고효과에 관한 연구: 한국국제교류재단의 독일 및 프
　　랑스 사업을 중심으로". 한국언론학보, 56(6), 334-365.

AP연합뉴스(2016. 8. 23.). '2020 도쿄올림픽 때도 총리' 욕심…리우 폐막식 '슈퍼마리오' 아베. https://news.never.com/main/read.naver?oid=001&aid=0008635099

Cull, N. J. (2008). Public diplomacy: Taxonomies and histories. *The Annals of the American Academy of Political and Social Science*, *616*(1), 31-54.

Cull, N. J. (2009). *Public Diplomacy: Lessons from the Past*. Los Angeles, CA: Figueroa Press.

Cummings, M. C. (2003). *Cultural Diplomacy and the United States Government: A Survey*. Washington, DC: Center for Arts and Culture.

Elex Media Komputindo.

Gilboa, E. (2000). Mass communication and diplomacy: A theoretical framework. *Communication Theory*, *10*(3), 275-309.

Institut Francais (2021). https://www.institutfrancais.com

Mark, S. (2009). A greater role for cultural diplomacy. Discussion Papers in Diplomacy. Retrieved from https://www.clingendael.nl/sites/default/files/20090616_cdsp_discussion_paper_114_mark.pdf

Mead, M. (2003). *Cooperation and Competition among Primitive Peoples*. New Brunswick, NJ: Transaction Publishers.

Melissen, J. (2005). *The New Public Diplomacy: Soft Power in International Relations*. New York, NY: Palgrave Macmillan.

Nicolson, H. (1988). *Diplomacy*. Georgetown, DC: Georgetown University Press.

Nisbett, M. (2013). New perspectives on instrumentalism: An empirical study of cultural diplomacy. *International Journal of Cultural Policy*, *19*(5), 557-575.

U.S. Embassy & Consulates in China (2021). https://china usembassy-china.org.cn/

Voice of America (2021). https://www.voanews.com

02 엔터테인먼트 콘텐츠와 소프트 파워

김명희, 강인호(2007). "한류가 한국관광지 이미지, 관광객 만족과 행동의도에 미치는 영향: 일본인 관광객을 대상으로". 관광연구, 22(3), 359-380.

김상배(2019). "공공외교의 이론적 이해". 김상배 외. 지구화 시대의 공공외교(pp. 13-62). 서울: 사회평론아카데미.

박노일, 정지연(2016). "중국인의 한류 이용과 국가브랜드 및 한반도 통일 인식". 아태연구, 23(2), 147-176.

신동민(2020). "공공외교 목표와 추진방향의 개념적 재모색: 국제관계학 고전적 현실주의 시각에서". 사회융합연구, 4(2), 21-33.

윤석준(2020). 공공외교의 이해. 경기: 한울엠플러스.

이상미(2015). "한류문화가 중국인 관광객의 한식 인지도 및 구매의도에 미치는 영향". 한국콘텐츠학회논문지, 15(5), 515-522.

이운영(2006). "중국에서의 한류가 한국 국가이미지와 제품구매의사에 미친 영향". 국제경영리뷰, 10(2), 107-136.

중앙일보(2011. 6. 11.). 파리 한류팬 태극기 들고 '인산인해'. https://

www.joongang.ac.kr/article/5622852#home

한충민, 진희, 이상엽(2011). "한류가 한국 화장품 브랜드의 이미지에 미치는 영향: 한류광고 vs. 국가이미지 효과". 경영학연구, 40(4), 1055-1074.

한팡밍(2014). 공공외교개론. 서울: 동국대학교출판부.

Ang, I., Isar, Y. R., & Mar, P. (2015). Cultural diplomacy: Beyond the national interest?. *International Journal of Cultural Policy*, *21*(4), 365-381.

Dahl, R. A. (1957). The concept of power. *Behavioral Science*, *2*(3), 201-215.

French, J. R. P., & Raven, B. (1959). The bases of social power. In J. M. Shafritz, J. S. Ott, & Y. S. Jang (Eds.), *Classics of organization theory* (pp. 251-260). Boston, MA: Cengage Learning.

Kang, H. (2015). Contemporary cultural diplomacy in South Korea: Explicit and implicit approaches. *International Journal of Cultural Policy*, *21*(4), 433-447.

Kim, H. (2017). Bridging the theoretical gap between public diplomacy and cultural diplomacy. *The Korean Journal of International Studies*, *15*(2), 293-326.

Kim, T. Y., & Jin, D. Y. (2016). Cultural policy in the Korean wave: An analysis of cultural diplomacy embedded in presidential speeches. *International Journal of Communication*, *10*, 5514-5534.

Lee, H. M., Wang, K. Y., & Hong, Y. (2013). E-government in public diplomacy: An exploratory analysis on factors affecting

interactive interfaces in ministry of foreign affairs web sites.
In J. R. Gil-Garcia (Ed.), *E-government success factors and measures: Theories, concepts, and methodologies* (pp. 193-211). Hershey, PA: IGI Global.

Nye, J. S. (1990). Soft power. *Foreign Policy, 80*, 153-171.

Nye, J. S. (2002). The information revolution and American soft power. *Asia Pacific Review, 9*(1), 60-76.

Nye, J. S. (2008a). Public diplomacy and soft power. *The Annals of the American Academy of Political and Social Science, 616*, 94-109.

Nye, J. S. (2008b). Smart power and the "War on Terror". *Asia Pacific Review, 15*(1), 1-8.

Nye, J. S. (2009). Smart power. *New Perspectives Quarterly, 26*(2), 7-9.

Parsons, T. (1942). Max Weber and the contemporary political crisis: I. The sociological analysis of power and authority structures. *The Review of Politics, 4*(1), 61-76.

Schneider, C. P. (2003). *Diplomacy that works: Best practices in cultural diplomacy.* Center for Arts and Culture: Cultural Diplomacy Research Series.

https://www.thecreativeindustries.co.uk

03 국가 브랜딩과 브랜디드 엔터테인먼트

김유경, 김유신(2012). 한국의 국가브랜드 정체성(NBI)과 국가브랜드 자산과의 관계에 대한 연구: 한국, 중국, 일본의 글로벌 시장에서의 비교인식 차원을 중심으로. 광고학연구, 23(6), 259-288.

김유경, 이선엽, 허웅, 이재호, 최창원(2018). 디지털 시대의 국가 브랜드 이해. 서울: 한경사.

김유경, 최창원, 이효복(2011). 국가 브랜드 가치 평가를 위한 선행요인에 관한 연구: 국가 브랜드 자산 구성요소 및 인과 구조를 중심으로. 광고학연구, 22(6), 29-52.

대한민국 정책브리핑(2008). www.korea.kr

연합뉴스(2016. 8. 22.). "공무원 발상 맞아?" 충주시 '도발적 포스터'에 온라인 '열광'. https://news.v.daum.net/v/20160822093119422

외교부(2015). https://overseas.mofa.go.kr/bg-ko/brd/m_7747/view.do?seq=1173949&srchFr=&srchTo=&srchWord=&srchTp=&multi_itm_seq=0&itm_seq_1=0&itm_seq_2=0&company_cd=&company_nm=&page=62

이준웅(2003). 한류의 커뮤니케이션 효과: 중국인의 한국 문화상품 이용이 한국에 대한 인식과 태도에 미치는 영향. 한국언론학보, 47(5), 5-35.

전종우, 이현숙, 최일도(2010). 이민자들의 문화정체성과 한국 국가브랜드와의 관계. 광고학연구, 21(4), 183-197.

조선멤버스(2019. 9. 17.). 서울올림픽, 한국 디자인 발전시킨 결정적 계기됐네요. http://newsteacher.chosun.com/site/data/html_dir/2019/09/16/2019091600356.html

최일도, 최미세(2009). 대한민국 관광브랜드 경쟁력 강화를 위한 전략 방안 연구: 프랑스와 독일 관광객의 경험에 대한 분석을 중심으로. 광고학연구, 20(1), 339-349.

한국기자협회(2020. 5. 20.). 'K-방역' 세계가 집중… 아리랑TV도 들썩. http://www.journalist.or.kr/news/article.html?no=47685

한국일보(2008. 3. 7.). 관광공사 기업홍보물 금상. http://m.koreatimes. com/article/20080307/437140

한국일보(2020. 5. 19.). "평양의 은아입니다" 김정은 띄우는 北 유튜버. https://m.hankookilbo.com/News/Read/202005181544374599

해양수산부(2019). https://www.mof.go.kr/index.do. https:// m.blog.naver.com/rlaghwn89/221714354006

헤럴드경제(2021. 3. 8.). "아이까지 동원?" 북한 8살 유튜버 앞세워…. http://news.heraldcorp.com/view.php?ud=20210308000829

jtbc 뉴스(2015. 3. 5.). 어벤져스2 세 번째 예고편 공개, 상암 MBC 서 전투 벌어지나?. https://news.jtbc.joins.com/article/article. aspx?news_id=NB10793068

SBSNEWS(2018. 2. 20.). '블랙 팬서' 부산 아지매의 반전 과거… "오, 이럴 수가!" https://news.sbs.co.kr/news/endPage.do?news_ id=N1004631815

구글 www.google.co.kr

나무위키 https://namu.wiki/w/2012%20%EC%97%AC%EC%88%98%20 %EC%97%91%EC%8A%A4%ED%8F%AC

리브레위키 https://librewiki.net/wiki/2002_FIFA_%EC%9B%94%EB %93%9C%EC%BB%B5_%ED%95%9C%EA%B5%AD/%EC%9D% BC%EB%B3%B8

우만위키 https://tcatmon.com/wiki/M.A.S.H.

인스티즈 https://www.instiz.net/pt/5878424

컨텐츠 뱅크 https://dongbeier.tistory.com/325

해외문화홍보원 해외문화홍보원 https://www.kocis.go.kr

GE리포트 코리아 https://www.gereports.kr/from-1988-seoul-to-2018-pyeongchang/

Anholt, S., & Hidreth, J. (2004). *Brand America: The mother of brands.* London, Cyon Books.

Ham, C., Cho, C., & Jun, J. W. (2012). Positive vs. Negative Publicity with Advertising: An Application of the Synergy on Country Brand and Country-of-Origin Products. *International Journal of Integrated Marketing Communications, 4*(2), 27-43.

Jun, J. W., & Lee, H. M. (2007). Enhancing Global-scale Visibility and Familiarity: The Impact of World Baseball Classic on Participating Countries. *Place Branding and Public Diplomacy, 3*(1), 42-52.

Klein, J. G., Etteson, R., & Morris, M. D. (1998). The Animosity Model of Foreign Product Purchase: Am Empirical Test in the People's Republic of China. *Journal of Marketing, 62* (January), 89-100.

Martin, I. M., & Eroglu, S. (1993). Mwasuring a Multi-dimensional Construct: Country Image. *Journal of Business Research, 28,* 191-210.

Nakos, G. E., & Hajidimitriou, Y. (2007). The Impact of National Animosity on Consumer Purchases. *Journal of International Consumer Marketing,* DOI: 10.1300/J046v19n03_04

Wang, C. (1978). The Effect of Foreign Economic, Political and

Cultural Environment on Consumers' Willingness to Buy Foreign Products, Doctoral Dissertation, Texas A & M University.

04 글로벌 미디어 플랫폼과 공공외교

고정민(2009). 한류 아시아를 넘어서 세계로. 서울: 한국문화산업교류재단.

뉴시스(2021). BTS '버터' MV, 유튜브 사상 첫 '24시간 최다 조회수' 경신.

문화체육관광부(2020). 신한류 진흥정책.

메조미디어(2020). 2020년 디지털 동영상 광고. 서울: 메조미디어.

미래에셋대우 리서치센터(2017). 동영상 콘텐츠 전성시대. 서울: 미래에셋대우.

이민하(2019). 트랜스미디어 스토리텔링을 활용한 브랜드 마케팅: 방탄소년단의 브랜딩 전략을 중심으로. 한국엔터테인먼트산업학회논문지, 13(3), 351-361.

이상원(2017). 디지털 트랜스포메이션 사회와 새 정부의 산업정책 방향. 언론정보연구, 54(4), 35-66.

이상원(2019). 미국 유료 동영상 OTT 시장 경쟁상황 변화와 전망. 한국전파진흥원. 미디어 이슈와 트렌드 전문가 리포트 02.

이상원(2020). 디지털 트랜스포메이션과 동영상 OTT 산업: 전략과 정책 방향 모색. 서울: 한울아카데미.

이상원, 강재원, 김선미(2018). OTT 제도화와 수평적 규제체계 도입전략. 사회과학연구, 25(4), 247-268.

이성민(2020). 방송한류. 한류백서. 서울: 한국국제문화교류진흥원.

이진영(2018). 문화외교와 소셜미디어 활용. **문화와 정치**, 5(4), 69-94.

장민지(2020). 만화웹툰한류. **한류백서**. 서울: 한국국제문화교류진흥원.

전종우 외(2021). 한류마케팅. **엔터테인먼트 콘텐츠 마케팅**. 시울: 서울경제경영.

최계영(2020). 디지털 플랫폼의 경제학 I: 빅데이터, AI 시대 디지털 시장의 경쟁 이슈. KISDI Premium Report 20-01.

최근도(2020). "범 내려온다" 상 또 받았다…HS애드 올해의 광고PR 대상. 매일경제. https://www.mk.co.kr/news/business/view/2020/11/1222595/

현대경제연구원(2018). **BTS의 경제적 효과**. 서울: 현대경제연구원.

홍재원, 박승배(2014). 한류 콘텐츠의 온라인 확산에 관한 연구: 국가 간 문화적 차이를 중심으로. **마케팅관리연구**, 19(1), 89-108.

황서이, 박정배(2020). '한류'경향에 관한 국내 언론 기사 빅데이터 분석 연구. **한국엔터테인먼트산업학회논문지**, 14(5), 1-14.

IDC (2015). Digital Transformation(DX): An opportunity and an imperative.

Digital TV Research (2020). SVOD forecasts update.

DMR (2019). YouTube statistics.

DMR (2020). Netflix statistics.

eMarketer (2018). YouTube net advertising revenues worldwide.

Martin, A. (2008). Digital literacy and the "digital society". In *Digital Literacies* (edited by Lankshear, C. and Knobel, M.). Peter Lang, New York.

Reis, J., Amorim, M., Melão, N., & Matos, P. (2018). Digital

transformation: A literature review and guidelines for future
research. In *Trends and Advances in Information Systems and
Technologies* (Rocha, A., Adeli, H., Reis, L.P. & Constanzo, S.
(Eds).), 411-421. Springer, Cham.

Statista (2020). Statista statistics.

Statista (2021). Statista statistics.

05 소셜 미디어 공공외교

김상배(2019). "디지털 외교와 공공외교". 김상배 외. 지구화 시대의 공
공외교(pp.139-184). 서울: 사회평론아카데미.

이진영(2018). "문화외교와 소셜미디어 활용: 디지털 문화공공외교의
대두와 개념화를 중심으로". 문화와 정치, 5(4), 69-94.

최영(2013). 공유와 협력, 소셜 미디어 네트워크 패러다임. 서울: 커뮤니케
이선북스.

Bjola, C., & Jiang, L. (2015). Social media and Public diplomacy: A
comparative analysis of the digital diplomatic strategies of the
EU, US and Japan in China. In C. Bjola & M. Holmes (Eds.),
Digital Diplomacy: Theory and Practice (pp. 1-9). New York,
NY: Routledge.

Brown, S. J., & Studemeister, M. S. (2001). Virtual diplomacy:
rethinking foreign policy practice in the information age.
Information & Security, 7, 28-44.

Dodd, M. D., & Collins, S. J. (2017). Public relations message strategies and public diplomacy 2.0: An empirical analysis using Central-Eastern European and Western Embassy Twitter accounts. *Public Relations Review, 43*(2), 417-425.

Fisher, A. (2010). Mapping the great beyond: Identifying meaningful networks in public diplomacy. *CPD Perspectives on Public Diplomacy, 2*, 1-87.

Fitzpatrick, K. R. (2010). The future of U.S. public diplomacy: An uncertain fate. Leiden, Netherlands: Brill.

Gilboa, E. (2002). Global communication and foreign policy. *Journal of Communication, 52*(4), 731-748.

Gurevitch, N. (1994). The globalization of electronic journalism. In J. Curran & M. Grurevitch (Eds.), Mass media and society (pp. 178-193), London, UK: Edward Arnold.

Hazleton, V. (1993). Symbolic resources: Processes in the development and use of symbolic resources. In W. Armbrecht, H. Avenarius, & U. Zabel (Eds.), Image and PR: Can image be a subject of public relations science? (pp. 87-100). Wiesbaden, Germany: Westdeutscher Verlag.

Hazleton, V., & Long, L. W. (1988). Concepts for public relations education, research, and Practice: A communication point of view. *Communication Studies, 39*(2), 77-87.

Jia, R., & Li, W. (2020). Public diplomacy networks: China's public diplomacy communication practices in twitter during Two Sessions. *Public Relations Review, 46*(1), 101818.

Melissen, J. (2005). *The new public diplomacy: Soft power in international relations*. New York, Springer, 2005.

Manor, I., & Segev, E. (2015). "America's selfie: How the US portrays itself on its social media accounts". In C. Bjola and M. Holmes, Digital diplomacy: Theory and practice. Oxon, UK: Routledge.

Nye, J. S. (2004). Soft power and American foreign policy. *Political Science Quarterly, 119*(2), 255-270.

Riordan, S. (2016). "Cyber diplomacy vs. digital diplomacy: A terminological distinction". USC Center on Public Diplomacy. http://uscpublicdiplomacy.org/blog/cyber-diplomacy-vs-digital-diplomacy-terminological-distinction

Su, S., & Xu, M. (2015). Twitplomacy: Social media as a new platform for development of public diplomacy. *International Journal of E-Politics (IJEP), 6*(1), 16-29.

Statista (2021). Number of social network users worldwide from 2017 to 2025. Retrieved from https://www.statista.com/statistics/278414/number-of-worldwide -social- network-users/

Wise, K. (2009). Public Relations and Health Diplomacy. *Public Relations Review, 35*(2), 127-129.

Zaharna, R. S., & Uysal, N. (2016). Going for the jugular in public diplomacy: How adversarial publics using social media are challenging state legitimacy. *Public Relations Review, 42*(1), 109-119.

Zhang, J. (2013). A strategic issue management (SIM) approach to

참고문헌

social media use in public diplomacy. *American Behavioral Scientist, 57*(9), 1312-1331.

06 영상콘텐츠와 공공외교

강선아, 이수범(2015). 한류소비자가 지각한 국가이미지, 한류호감도, 심리적 거리가 태도 및 K-Food 수용의도에 미치는 영향: 8개국을 대상으로. Culinary Science & Hospitality Research, 26(5), 42-54.

곽수경(2006). 중국에서의 '대장금' 현상의 배경과 시사점. 중국연구, 37, 197-213.

김경진, 오대원(2013). 한류 문화가 중국 소비자의 한국 저가화장품 인식에 미치는 영향. 문화산업연구, 13(3), 1-10.

김성(2020). 한국 아이돌의 이미지가 중국청소년의 아이돌 관련 상품 구매의도에 미치는 영향. 상명대학교 일반대학원 박사학위논문.

김성섭, 김미주(2009). 태국사회에서 한류 대중문화 상품이 한국의 국가이미지 인식과 한국 방문의향에 미치는 영향. 관광연구, 23(4), 101-125.

김주연, 안경모(2012). 중국에서 한류콘텐츠 선호가 한국상품 구매, 한국방문 및 한글학습의도에 미치는 영향. 한국콘텐츠학회논문지, 12(5), 447-458.

마영상(2011). 공공외교의 현황과 우리의 정책 방향. Jpi 정책포럼, 83, 1-19.

문효진(2014). 국내 외국인 유학생의 한류 인식과 한류콘텐츠 만족 및 제품선호도, 국가 호감도 관계 연구. 광고연구, 100, 142-171.

백승혁, 양수영(2020). 한류의 지속과 새로운 가치 창출을 위한 정책 패러다임의 전환. 코카포커스, 125, 한국콘텐츠진흥원.

변지영, 정헌주(2018). 한국의 공공외교와 세종학당: 2007~2015년 국가별 지정 요인에 관한 실증분석. 한국정치학회보, 52(2), 173-201.

성병욱(2013). 공공외교의 환경변화와 한국의 대응방안. 대학정치학회보, 20(3), 1-23.

송윤아, 부띠푸엉따오(2015). 한국의 국가이미지와 제품이미지가 베트남 소비자의 전자제품 구매의도에 미치는 영향: 한류의 조절효과를 중심으로. 통상정보연구, 17(4), 73-96.

송정은, 장원호(2013). 인도네시아 내 한류의 의미 분석과 발전방안 모색. 예술경영연구, 26, 107-135.

양문희(2019). 한류 방송 콘텐츠 확산을 위한 방안 연구. 한국콘텐츠학회논문지, 19(11), 201-210.

영화진흥위원회(2021). 2020년 한국영화산업결산.

오민재, 류재숙, 이정민(2020). 드라마 속성이 관광지에 대한 지각된 가치, 만족, 행동의도에 미치는 영향: 드라마 '미스터선샤인'을 사례로. 관광연구저널, 34(12), 43-57.

왕남, 이가희, 유승동, 윤덕인(2015). 방한 중국인 관광객이 지각하는 위험이 한국방문 참여의도에 미치는 효과: 한류 문화콘텐츠 이미지의 조절효과. 호텔경영학연구, 24(7), 185-202.

왕이민, 배소영(2021). 한류 영상 콘텐츠의 시청동기가 시청태도, 한국에 대한 국가 이미지 및 행동의도에 미치는 영향: 중국 영상 플랫폼 'bilibili'를 중심으로. 한국콘텐츠학회논문지, 21(4), 762-772.

이미옥(2020). 한류 관련 요인들이 한식만족도에 미치는 영향의 국가별 비교 연구. 한국데이터정보과학회지, 31(2), 415-425.

참고문헌

이상미(2015). 한류문화가 중국인 관광객의 한식 이미지 및 구매의도 에 미치는 영향. 한국콘텐츠학회논문지, 15(5), 515-522.

이석환, 김성수(2021). 한류가 국가이미지에 미친 영향: 아프리카 유학 생의 인식을 중심으로. 한국공공관리학보, 35(1), 273-302.

이승희(2020). TV드라마 〈사랑의 불시착〉의 서사 특징과 일본 4차 한 류 현상의 상관관계 연구. 스토리앤이미지텔링, 20, 227-259.

이운영(2006). 한류의 원산지효과. 무역학회지, 32(5), 405-426.

이유진, 유세경(2016). 한국 예능 프로그램 포맷 수출 활성화 방안 연 구: 글로벌 예능 프로그램 포맷 특성과의 비교분석을 중심으로. 한국콘텐츠학회논문지, 16(12), 160-169.

이인구, 김종배(2007). 중국과 일본에서의 한류현상에 대한 탐험적 연 구. 마케팅관리연구, 12(1), 91-111.

이장우, 허재원(2012). 한류 엔터테인먼트 산업의 성공요인: 리더십, 조 직역량, 글로벌 전략 간의 관계. 경영관련학회 통합학술대회 자료집.

이희진(2017). 한류콘텐츠 이용정도가 중국인의 혐한정서에 미치는 영 향: 한류호감 한국인에 대한 긍정적 인식의 이차매개효과검증을 중심으로. 한국콘텐츠학회논문지, 17(10), 394-405.

이희진(2018). 한국에 대한 경쟁의식과 문화유입수용성이 중국인들의 자국방어적 대응에 미치는 영향: 합리적 분쟁해결인식의 매개효 과와 한류호감도의 조절효과분석을 중심으로. 한국콘텐츠학회논문 지, 18(1), 277-288.

자르갈마, 유소이(2020). 한류에 대한 몽골 소비자 태도가 한국의 건강 기능성 식품 구매의도에 미치는 영향: 한류 관여도의 조절효과 분 석. 산업경제연구, 33(5), 1547-1570.

장수월, 김한나(2018). 중국 소비자의 한류선호도가 한국 패션 브랜드

태도에 미치는 영향. 한국생활과학회 학술대회논문집, 102.

장치, 오미영(2019). 한류, 수용에서 합작으로: 중국 TV 예능 프로그램 사례 검토. 아시아문화연구, 50, 289-318.

정갑연, 이수희(2016). 중국소비자의 한류스타에 대한 애착이 한국 화장품 브랜드 진정성 및 신뢰에 미치는 영향에 관한 연구. 무역학회지, 41(4), 185-219.

정보통신정책연구원(2018). 방송산업실태조사 보고서.

정보통신정책연구원(2019). 방송산업실태조사 보고서.

정보통신정책연구원(2020). 방송산업실태조사 보고서.

찬티바오엔, 김원겸, 안영직(2020). 한류 콘텐츠가 베트남 소비자의 한국화장품 구매의도에 미치는 영향. 한국콘텐츠학회논문지, 20(12), 145-153.

체렌돌람, 신택수(2019). 몽골 시장의 한류에 대한 태도가 한국의 이미지와 한국 제품에 대한 인식에 미치는 영향. 대한경영학회지, 32(12), 2131-2156.

최문성(2012). 한류가 우리나라 수출에 미치는 효과. 통상정보연구, 14(1), 67-86.

최영준, 김윤영(2012). 소셜네트워크의 발전과 한국의 방송콘텐츠 수출. 무역학회지, 37(4), 189-203.

한국국제문화교류진흥원(2021). 2021 해외한류실태조사.

한국방송영상산업진흥원(2008). 한류의 지속적 발전을 위한 종합조사 연구. 국제문화산업교류재단 연구보고서.

한국콘텐츠진흥원(2020). 2020 대한민국 게임백서.

한국콘텐츠진흥원(2020). 2020 게임이용자 실태조사.

한동준, 조인희(2017). 한류문화콘텐츠가 중국 관광객 방문의도에 미

치는 영향: 국가 이미지를 조절효과로. 한국엔터테인먼트산업학회
논문지, 11(7), 15-24.

한충민, 진희, 이상엽(2011). 한류가 한국 화장품 브랜드의 이미지에
미치는 영향: 한류광고 vs. 국가이미지 효과. 경영학연구, 40(4),
1055-1074.

황서이, 박정배(2020). '한류' 경향에 관한 국내 언론 기사 빅데이터 분
석 연구. 한국엔터테인먼트산업학회논문지, 14(5), 1-14.

Cull, N. J. (2008). Public diplomacy before Gullion: The evolution
of a phase. In Routledge Handbook of Public Diplomacy.
edited by Nancy Snow and Philip M. Taylor, 19-23. New York:
Routledge.

FlixPatrol(flixpatrol.com).

Kim, S., & Wang, H. (2012). From television to film set: Korean
drama Daejanggeum drives Chinese, Taiwanese, Japanese
and Thai audiences to screen-tourism. *The International
Communication Gazette, 74*(5), 423-442.

Melissen, J. (2005). The new public diplomacy: Between theory and
practice. In The New Public Diplomacy, 3-27. London: Palgrave
Macmillan.

Stigler, G. J., & Becker, G. S. (1977). De Gustibus Non Est
Disputandum. *American Economic Review, 67*(2), 76-90.

Tuch, H. N. (1990). *Communicating with the world: U.S. public
diplomacy overseas.* New York: St. Martin's Press.

김현영(2021). NFT, 케이팝과 만나면 어떤 시너지 낼까. 디지털데일리.
　　https://www.ddaily.co.kr/news/article/?no=215129

문화체육관광부(2020). 신한류 진흥 정책.

문화체육관광부(2021). 2020 콘텐츠산업백서.

블립(2019). 2019 Global K-Pop map.

손열(2020). BTS에서 배우는 한국의 매력외교. EAI 워킹페이퍼.

송현민(2021). K-클래식의 미래를 위한 지렛대가 필요한 지금. 한류스
　　토리 59호, pp. 24-37.

외교부(2021). 2021년 공공외교 종합시행계획.

이동연(2021). 예술한류의 형성과 문화정체성. 한국예술연구 32호,
　　pp. 53-74.

이진영(2018). 문화외교와 소셜미디어 활용. 문화와 정치, 5(4), 69-94.

정정숙(2013). 문화 영역 공적개발원조(ODA) 활성화 방안 연구. 한국
　　문화관광연구원.

한국국제교류재단(2021). 2020 지구촌한류현황.

한국국제문화교류진흥원(2021a). 2021 해외한류실태조사.

한국국제문화교류진흥원(2021b). 한류 파급효과 연구.

해외문화홍보원(2020). 2020 국가이미지조사.

현대경제연구원(2020). 신한류 도약을 위한 기회와 도전과제. 경제주
　　평 20-24(통권 888호).

고정민(2003). 산업화에 접어든 공연예술. 서울: 삼성경제연구소.

김기용(1993). 한국 공연 뮤지컬에 관한 연구. 연세대학교 대학원 석사
　　학위논문.

김명환(2002. 2. 9.). "예술도 적당주의인가". 조선일보.

김영번(2005. 5. 25.). "뮤지컬 흥행도, 투자규모도 쑥쑥". 문화일보.

문화체육관광부, 한국문화관광정책연구원(2009). 2008 문화향수실태
　　조사.

문화체육관광부, 한국문화관광정책연구원(2009). **2008 문화산업백서**.

문화체육관광부, 예술경영지원센터(2009). 2008 뮤지컬 실태조사.

문화체육관광부, 예술경영지원센터(2016). 2015 뮤지컬 실태조사.

박경선(1998). 한국 뮤지컬의 역사와 그 문제점에 관한 연구. 중앙대학
　　교 대학원 석사학위논문.

신진아(2019. 9. 30.). "한국뮤지컬 중국서 호응… 2019 K-뮤지컬 로
　　드쇼 성료". 파이낸셜뉴스.

예술경영지원센터(2019). 2019 공연예술실태조사, 예술경영웹진 vol
　　440.

예술경영지원센터(2019). '중국 공연시장 진출 A to Z'.

원종원(2002. 2. 3.). "아쉬운 명성황후 런던공연… 첫날 절반 채워".
　　조선일보.

원종원(2004). 세계 뮤지컬 시장과 우리 뮤지컬 시장의 비교 분석. **한국
　　뮤지컬 산업의 글로벌 전략**. 청강문화산업대학교 국제심포지엄.

원종원(2005). 뮤지컬 산업의 시장 속성에 관한 시론적 연구. 한국공연
　　문화학회.

원종원(2006). 뮤지컬 관극 동인에 관한 연구. 한국주관성학회.

원종원(2007). 대중음악과 무대의 만남−팝뮤지컬에 대한 일 고찰. 한국대중음악학회.

원종원(2010). 한국 뮤지컬 산업의 시장 분석에 관한 연구. 한국문화마케팅학회.

원종원, 이유리(2007). 창작뮤지컬 활성화 방안에 관한 연구. 문화체육관광부.

유인경(2009). **한국뮤지컬의 세계: 전통과 혁신**. 서울: 연극과 인간.

유희성(1995). 한국 창작 뮤지컬의 발전 방향에 관한 연구. 중앙대학교 대학원 석사학위논문.

이대희(2001). **문화산업론**. 경기: 대영.

이수진, 조용신(2004). **뮤지컬 스토리**. 경기: 숲.

이성민 외(2019). **한류백서 2020**. 서울: 한국국제문화교류진흥원.

이윤미(2005. 1. 21.). "극과 극, 뮤지컬 투자 누가 웃을까". 헤럴드경제.

이재훈(2019. 12. 17.). "여전한 한한령에도⋯ 중 진출 활발한 한국 뮤지컬, 이유는". 뉴시스.

전원경(2004. 10. 29.). "'명성황후' 런던행차 '명성' 구겼네". 주간동아.

정재왈(2002. 2. 19.). "뮤지컬 '명성황후' 영 언론의 쓴소리". 중앙일보.

허권(1992). 문화산업을 위한 문화예술 정책의 새로운 접근. 문화가족 6호.

09 관광콘텐츠와 공공외교

구도영(2019). 조선 전기 대명 사신의 북경 관광 탄생과 외교적 의미.

한국문화, 88, 37-61.

Carbone, F. (2017). International tourism and cultural diplomacy: A new conceptual approach towards global mutual understanding and peace through tourism, *Tourism, 65*(1), 61-74.

Cummings, M. C. (2003). Cultural Diplomacy and the United States Government: a Survey. USA: Center for Arts and Culture.

Hus, C., Killion, L., Brown, G., Gross, M. J., & Huang, S. (2008). Tourism marketing, An Asia-Pacific perspective, Wiley.

Kennedy, J. F. (1963). *The Saturday Review*, January 5.

Kotler, P., Bowen, J.T., & Makens, J. C. (2014). 호텔 외식 관광 마케팅 (제6판). (김영태, 최현정 역). Pearson.

Nye, J. S. (2002). *The Paradox of American Power*. New York: Oxford University Press.

OECD(2020). Tourism Trends and Policies 2020.

Reagan, R. (1985, April 18). Correspondence to 25th Session of the Executive Council of the World Tourism Organisation, Washington, D.C.: The White House.

WTTC (2021). Travel & Tourism economic impact 2021.

10 스포츠콘텐츠와 공공외교

국민일보(2014). 브라질 선수들은 왜 노란색 유니폼을 입을까.
김상배(2009). 소프트 파워와 21세기 권력. 서울: 한울아카데미.

김영란, 김홍태(2013). "박근혜 정부 대북정책과 남북체육교류협력 추진방안". 한국엔터테인먼트산업학회논문지, 7(4), 285-300.

노컷뉴스(2020). '한류'와 '백호', 축구 대표팀 새 유니폼의 상징.

설규상(2010). "스포츠 정치와 국가브랜드: 국가브랜드 제고 도구로서 스포츠의 역할과 기능을 중심으로". 사회과학논집, 41(2), 125-142.

신동아(2019). 이란 축구팀 유니폼에 치타가 새겨진 까닭. https://shindonga.donga.com/3/all/13/1870712/1

양순창(2007). "중국 스포츠 외교의 전개과정과 특징에 관한 연구". 대한정치학회보, 14(3), 323-343.

유호근(2008). "남북한 스포츠 교류의 정치적 함의: 기능주의적 시각을 중심으로". 세계지역연구논총, 25(1), 79-91.

유호근(2015). 현대 스포츠 외교사: 올림픽을 중심으로. 경기: 인간사랑.

이강우, 김석기(2006). "메가 스포츠 이벤트의 정치경제학". 한국체육철학회지, 14(2), 151-171.

이준한(2018). "남북 단일팀과 단일기: 역사와 특징". 통일정책연구, 27(2), 55-85.

이찬영(2010). 밴쿠버 동계 올림픽의 경제적 효과. 서울: 삼성경제연구소.

이호영, 유현석, 최경근, 이진택, 이충민, 김세환(2009). 스포츠 외교론. 서울: 시간의 물레.

임번장(2008). 스포츠사회학개론. 서울: 레인보우북스.

전재성(2006). "미국 부시 행정부의 변환 외교: 정보화 시대 제국적 지식 외교의 등장". 국가전략, 12(4), 41-72.

정기웅(2009). "스포츠와 공공외교 수렴 가능성의 모색: 한국의 경우를 중심으로". 동서연구, 21(2), 1-34.

정기웅(2010). "소프트 파워와 메가 스포츠 이벤트: 도구적 관계성에 대한 비판적 고찰". 국제정치논총, 50(1), 241-260.

정기웅(2011). "한국의 스포츠 외교와 복합 외교: 공존 혹은 수렴?".
21세기한국정치학회보, 21(3), 473-491.

정기웅(2018). 스포츠 외교의 신화: 성공과 실패, 그리고 그 밖의 이야기들.
서울: 박영사.

채하연(2009). "중국의 소프트파워로서 공자콘텐츠의 전개현황 및 의
의". 유교사상연구, 33, 321-347.

최병구(2004). 외교, 외교관. 서울: 평민사.

한겨레신문(2018). 아시안게임 남북응원단 자카르타로 출발.

한겨레신문(2018). 여자탁구, 세계선수권 남북대결 직전 '단일팀' 전격
합의.

구글 www.google.co.kr. https://blog.naver.com/bmaster4375/
221893021974

Allison, L. (2005). *The global politics of sport: The role of global
institutions in sport*. London: Routledge.

Carr, E. H. (1983). *The twenty years' crisis 1919-1939: An introduction
to the study of international relations*. Basingstoke: Macmillan.

Leonard, M. (2002). *Public diplomacy*. London: The Foreign Policy
Center.

Morgenthau, H. J. (1960). *Politics among nations: The struggle for
power and peace*. New York: Knopf.

Murray, S. (2013). Sports diplomacy in the Australian context: A Case
study of the department of foreign affairs and trade. *Sports Law*

E-Journal, 1-15.

Nye, J. S. (2004). *Soft Power: The means to success in world politics*. New Tork: Public Affairs.

Nye, J. S. (2008). *The powers to lead*. Oxford and New York: Oxford University Press.

Pantzalis, J., & Rodrigues, C. A. (1999). *Country names as brands-symbolic meaning and capital flows*. Montclairs State University.

Potter, E. H. (2008). Branding Canada: Projecting Canada's Soft Power Through Public Diplomacy. McGill-Qneen's University Press.

Snow, N. (2009). Rethinking public diplomacy. In Snow, N., & Philip, M. T. (Eds.), *Routledge handbook of public diplomacy*. New York: Routledge.

Strenk, A. (1977). Sport as an international political and diplomatic tool. *ARENA Newsletter*, 1-5.

Tuch, H. N. (1990). *Communicating with the world: U.S. public diplomacy overseas*. New York: St. Martin's Press.

4차 한류 붐 156

88서울예술단 244

CJ ENM 256, 268

CJ문화재단 259, 262, 263

CJ아지트 263

CJ엔터테인먼트 246

EMK인터내셔널 270

e스포츠 176

e-외교 133

K-뮤지컬 249, 255, 257, 259

K-뮤지컬 로드쇼 269

K-뮤지컬콘텐츠 254

K-콘텐츠 256, 257, 258, 259,
    261, 262, 265

OTT 104

OTT 플랫폼 157

PLPL 85

RUG 246

VFX 170

XR 기술 189

가극 242

가상 공공외교 133

개인 브랜드 63

거지 오페라 235

게임 171

게임한류 172

경가극 235

경쟁의식 185

공공외교 14

공공외교 커뮤니케이션의 4분면 148

공공외교법 132

공모전 87

공연콘텐츠 229, 230, 232, 233, 249, 264

공정관광 292

공주의 만찬 268

과수원뮤지컬컴퍼니 270

관광지의 지각된 가치 180

관광콘텐츠 272

광화문연가 267

국가 브랜드 64

국가 이미지 21, 310

국가 정체성 65

국제관광 281

국제교류기금 265

극장 구역 237, 238

기생충 165

김종욱 찾기 258, 267, 268

꽃신 262

나빌레라 270

난쟁이들 268

난타 244, 247, 265

남북 단일팀 317

남북공동응원단 317

노트르담 드 파리 267

다문화 사회 95

달콤 살벌한 연인 262

당신이 잠든 사이 258

대구 국제 뮤지컬 페스티벌 261

대중 243

대학로 257

댄스 뮤지컬 242

독무 241

독회 263

돈키호테 244

듀엣 241

디지털 공공외교 132

디지털 문화공공외교 117

디지털 문화공공외교 1.0 119

디지털 문화공공외교 2.0 119

디지털 미디어와 팬덤 221

디지털 트랜스포메이션 99

디지털 플랫폼 104

땡큐 베리 스트로베리 270

라이선스 232

라이선스 뮤지컬 250, 251, 252, 265, 267

랭보 268

런투유 267

레뷰 242

루드윅 270

리틀 뮤지션 268, 270

마리 퀴리 270

마이 버킷 리스트 268

마이 스케어리 걸 262

막간음악 241

맘마미아 246, 247

메타버스 189

명성황후 244, 247, 265

문화산업백서 234

문화외교 21, 288

문화유입수용성 185

문화적 할인 164

물랑루즈 256

뮤지컬 전용관 253

뮤지컬 코미디 235, 236

뮤지컬콘텐츠 229, 232, 234

미녀와 야수 246, 247

민스트럴 쇼 231, 236

민중과 광장 243

발라드 송 241

발레 시퀀스 241

방문의도 179

방송 156

방송한류 156

백 투 더 퓨처 256

버라이어티 쇼 236

번지 점프를 하다 262

벌레스크 231, 236

베른협약 244, 264

변신괴의 255

보드빌 231

보디가드 256

북 쇼 241

브랜드 아키텍처 69

브랜드 이미지 94

브랜드 자산 66

브랜드 포트폴리오 70

브랜디드 엔터테인먼트 75

브랜디드 콘텐츠 75

브러쉬시어터 270

브로드웨이 237, 249, 251, 265

브로드웨이 42번가 244

블루레인 262

빅 피쉬 256

빅데이터 분석 186

빅탑시어터 246

빈센트 반 고흐 268

빨래 267

사냥의 시간 171

사랑은 비를 타고 244

사랑의 불시착 187

사이버 공공외교 133

사이코지만 괜찮아 158

살짜기 옵소예 243

삼총사 267

상품 구매의도 179

상황지성 52

서곡 241

서울예술단 270

서푼짜리 오페라 235

선전 17

설앤컴퍼니 246, 247

셀피 공공외교 133

소셜 네트워크 162

소프트 파워 47, 182, 306

쇼 보트 235

쇼 코미디 244

쇼스토퍼 241

쇼와 노스텔지어 187

수입 뮤지컬 232, 250

스타 마케팅 252

스타 비이클 241

스페셜 레터 262

스페셜 머터리얼 241

스펙터클 쇼 241

스포츠 공공외교 301, 302

스포츠콘텐츠 310

승리호 171

시립가무단 243

신공공외교 19

신과 함께 269

신과 함께 이승편 269

신과 함께 저승편 269

신시 247

신한류 191

심야식당 268

쌍화별곡 267, 268

쓰릴 미 267

아가씨와 건달들 244

아리랑 TV 84

아뮤즈뮤지컬시어터 266

아보카토 263

아비뇽 265

아이 엠 송 241

악극 242

앙상블 241

양방향 교류 223

양방향적 접근 190

에딘버러 265

에딘버러 축제 239

에이콤 265

에이콤 인터내셔널 247

엑스칼리버 270

엔트런트 241

엘리자벳 267

여신님이 보고 계셔 263, 269

연성권력 22

연우무대 268

엽기적인 그녀 268

영상콘텐츠 155

영화 165

영화한류 166

예그린악단 243

예술경영지원센터 269

예술의 전당 247

오디뮤지컬컴퍼니 247, 255

오리지널 뮤지컬 250

오버투어리즘 290

오페라 부파 231

오페라의 유령 246

오페레타 231

오프 251

오프 브로드웨이 238

오프 오프 251

오프 오프 브로드웨이 238

오프닝넘버 241

오픈 런 231

완성작 수출 166

우란문화재단 259

원 소스 멀티 유스 176, 258

원산지효과 72, 184

웨스트엔드 237, 239, 265

유스 컬처 236

음악한류 209

의제설정 기능 145

이벤트 81

이용자 제작 콘텐츠 111

인게이지먼트와 대화 창출 146

자국 우월주의 96

자국방어적 대응성향 185
잭 더 리퍼 267
적대감 67
전시관 83
정부 광고 90
제미로 247
제시 241
제품 선호도 179
조절변수 184
존재의 확장 146
㈜라이브 269, 270
주크박스 뮤지컬 242
중력모형 162
지리적 근접성 162
지붕 위의 바이올린 243
지상파 161
지속가능관광 298
지식재산권 176
지저스 크라이스트 슈퍼스타 243
지킬 앤 하이드 246, 247, 255, 267
지하철 1호선 268

착한한류 정책 226

참 송 241
창극 242
창작 뮤지컬 232, 244, 250, 256, 257, 259, 261, 263, 264, 267
창작 콘텐츠 264
창작 팩토리 259
채널사용사업자 161
첨밀밀 268
첫사랑 찾기 267
초국적화 218
총각네 야채가게 268
축구 유니폼 320

캣츠 244, 246
코미디 송 241
콘솔게임 176
크리에이티브 마인즈 259, 262, 263
클래식 268
키치 형식 92
킬러 콘텐츠 257
킹키부츠 256

탈춤 242
텍스트 마이닝 분석 186

찾아보기

투어 232

투어 뮤지컬 250

투어 프로덕션 254

트라이 아웃 261

트위플로머시 134

파급효과 200

판소리 242

팬레터 269

페임 244

포맷 191

풀 하우스 262

풍월주 263

프로덕션 넘버 241

프린지 239

플랫폼 경제 103

플릭스패트롤 158

하드 파워 46, 182

하이브리드형 비즈니스 모델
    103

한강은 흐른다 244

한국 화장품 소비 180

한국관광공사 285

한국국제문화교류진흥원 174

한류 88, 193

한류 1.0 114

한류 2.0 115

한류 3.0 115

한류 4.0 116

한류 스타의 감성적 매력 178

한류 팬덤 222

한류선호도 182

한류콘텐츠 전문성 178

한류콘텐츠 차별성 178

한류호감도 185

한식 180

한한령 255, 266, 269

합리적 분쟁해결인식 185

헤드윅 269

현대극장 243

혐한정서 188

형제는 용감했다 258

휴먼브랜드 181

저자 소개

이형민(Hyung Min Lee)

현재 성신여자대학교 미디어커뮤니케이션학과 교수로 재직 중이다. 한양대학교에서 신문방송학과 행정학 전공으로 학사 학위를 받았으며, 미국 플로리다대학교(University of Florida)에서 석사 학위를, 미국 미네소타대학교(University of Minnesota)에서 박사 학위를 취득하였다. 전략적 커뮤니케이션으로서의 공공외교에 대한 연구를 수행하고 있으며, 주요 논문으로는 「E-government in public diplomacy: An exploratory analysis on factors affecting interactive interfaces in ministry of foreign affairs web sites」(2013), 「Explicating public diplomacy as organization-public relationship(OPR): An empirical investigation of OPRs between the US embassy in Seoul and South Korean college students」(2013), 「The paradox of public diplomacy on the web: An empirical analysis on interactivity and narratives of nation-states' ministry of foreign affairs web sites」(2015) 등이 있다.

전종우(Jong Woo Jun)

현재 단국대학교 커뮤니케이션학부 교수로 재직 중이다. 미국 플로리다대학교(University of Florida)에서 매스커뮤니케이션 전공으로 박사 학위를 취득하였다. 광고 회사인 LG애드(현 HS애드)에서 일하는 등 광고업계에 종사하였고, 한국엔터테인먼트학회 회장을 맡고 있다. 멀티 컬처 마케팅, 엔터테인먼트와 광고를 강의하고 있고, 브랜드 커뮤니케이션, 엔터테인먼트 마케팅, 신기술 광고, 소비자의 유희 등에 대한 연구를 주로 하고 있으며, 이들 주제에 대한 글로벌 차원의 연구를 선호한다.

이상원(Sangwon Lee)

현재 경희대학교 미디어학과 교수로 재직 중이며, 경희대학교 미디어커뮤니케이션대학원장, 한국미디어경영학회 부회장 및 정보통신정책학회 집행이사를 맡고 있다. 미국 텍사스대학교 오스틴캠퍼스(University of Texas at Austin) 풀브라이트(Fulbright) 초빙학자, 국제전기통신연합(ITU) 컨설턴트, 미국 센트럴미시간대학교(Central Michigan University) 조교수, 한국언론학회 총무이사 및 한국방송학회 방송통신연구 편집이사를 역임하였고, 미디어 및 ICT 관련 정책기구와 방송・통신・인터넷 사업자에게 자문을 제공해 왔다. ICT 및 미디어 산업정책, 미디어 경제경영학 및 디지털 콘텐츠 산업 관련 다양한 연구 활동을 진행하고 있으며, 「Information Economics and Policy」, 「Technological Forecasting and Social Change」, 「Telematics and Informatics」, 「Journalism and Mass Communication Quarterly」, 「정보통신정책연구」 등 다수의 국내외 학술지에 논문을 게재하였다.

박세진(Sejin Park)

현재 한양대학교 정보사회미디어학과 교수로 재직 중이며, 소셜 미디어와 전통 미디어를 활용한 커뮤니케이션 메시지 전략 개발에 관심이 많다. 「The Role of Social Media in Local Government Crisis Communications」, 「Information Channel Preference in Health Crisis: Exploring the Roles of Perceived Risk, Preparedness, Knowledge, and Intent to Follow Directives」를 비롯한 다수의 논문을 Public Relations Review, Journal of Public Relations Research 등의 저널에 발표하였다.

장병희(Byeng Hee Chang)

현재 성균관대학교 미디어커뮤니케이션학과 및 컬처앤테크놀로지융합전공 교수로 재직 중이고, 매스컴 박사이다. 『영화흥행』(2019)을 비롯한 여러 저서를 출간하였고, 「Examining the Use, Perception, and Motivation of Cord-Cutting: A Consumer Segment Approach」(2021)를 비롯한 다수의 논문을 발표하였다.

남상현(Nam, Sang-Hyun)

현재 한국국제문화교류진흥원 운영관리부장으로 재직 중이다. 성균관대학교에서 미디어커뮤니케이션 분야로 석사와 박사 학위를 취득하였고, 미디어 산업, 문화콘텐츠 마케팅, 한류 등에 관심이 있다. 한국국제문화교류진흥원 조사연구팀에서 한류 관련 조사와 연구를 담당했으며, 현재 운영관리부에서는 국제문화교류 전략 수립과 경영 전반의 업무를 맡고 있다. *International journal of Arts management*, *Journal of Mobile Communication*, *Journal of Media Economics* 등 국제학술지에 연구 논문들을 게재하였다.

원종원(Won, Jong Won)

현재 순천향대학교 미디어커뮤니케이션학과 및 공연영상학과 교수로 재직 중이다. 『오페라의 유령』, 『캣츠』, 『지저스 크라이스트 슈퍼스타』, 『뷰티풀 게임』 등을 우리말로 번역하였고, 뮤지컬 평론가로도 활동하고 있다. 『원종원의 올 댓 뮤지컬』, 『뮤지컬』, 『주크박스 뮤지컬』 등을 저술하였으며, 지금도 여러 신문과 방송 등 다양한 매체에서 문화산업 및 공연 전문가로 왕성한 활동을 펼치고 있다.

남윤재(Yoonjae Nam)

현재 경희대학교 문화관광콘텐츠학과 교수로 재직 중이다. 미국 뉴욕주립대학교(State University of New York)에서 커뮤니케이션 박사 학위를 취득하였고, 소셜 미디어, 플랫폼, 소셜 네트워크, 문화콘텐츠 및 관광 분야를 연구하고 강의를 맡고 있다. 현재까지 30여 편의 논문을 SSCI급 국제 저명 학회지에 게재하였고, 다수의 국내 논문을 발표하였으며, 최근 스마트관광도시 및 한류에 관련된 연구를 진행 중이다.

박진우(Jin Woo Park)

현재 한양대학교 미디어커뮤니케이션학과 조교수로 재직 중이다. 전략 커뮤니케이션 박사이며, 소셜 미디어와 공공정책 PR에 관심이 많다. 한국방송학회 연구이사, 한국광고PR실학회 학술이사를 역임하였다. 「A Social dilemma of the nuclear energy issue in south korea」(2021), 「A Sustainable solution to overtourism in the social media era」(2020)을 비롯한 다수의 논문을 발표하였다.

학지컴인사이트총서 007

엔터테인먼트 콘텐츠 기반 공공외교
Public Diplomacy through Entertainment Content

2022년 4월 1일 1판 1쇄 인쇄
2022년 4월 10일 1판 1쇄 발행

지은이 • 이형민 · 전종우 · 이상원 · 박세진 · 장병희 · 남상현
　　　　원종원 · 남윤재 · 박진우

펴낸이 • 김진환

펴낸곳 • ㈜ **학지사**

　　　　04031 서울특별시 마포구 양화로 15길 20 마인드월드빌딩

대표전화 • 02-330-5114　　팩스 • 02-324-2345

등록번호 • 제313-2006-000265호

홈페이지 • http://www.hakjisa.co.kr

페이스북 • https://www.facebook.com/hakjisabook

ISBN 978-89-997-2462-6　03320

정가 17,000원

출판 · 교육 · 미디어기업 **학지사**

간호보건의학출판 **학지사메디컬** www.hakjisamd.co.kr
심리검사연구소 **인싸이트** www.inpsyt.co.kr
학술논문서비스 **뉴논문** www.newnonmun.com
교육연수원 **카운피아** www.counpia.com